"中国好老师"在行动

2017年

"中国好老师"
育人故事

学校篇

主 编

"中国好老师"公益行动计划办公室
北京师范大学中国基础教育质量监测协同创新中心

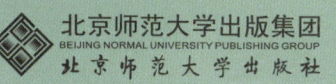

北京师范大学出版集团
北京师范大学出版社

图书在版编目（CIP）数据

2017年"中国好老师"育人故事. 学校篇／"中国好老师"公益行动计划办公室，北京师范大学中国基础教育质量监测协同创新中心主编. —北京：北京师范大学出版社，2018.12
（"中国好老师"在行动）
ISBN 978-7-303-24446-1

Ⅰ.①2… Ⅱ.①中… ②北… Ⅲ.①优秀教师－先进事迹－中国－现代 Ⅳ.①K825.46

中国版本图书馆CIP数据核字(2018)第279097号

营销中心电话 010-58802181 58805532
北师大出版社职业教育网 http://zjfs.bnup.com
电子信箱 zhijiao@bnupg.com

2017 NIAN ZHONGGUO HAOLAOSHI YUREN GUSHI XUEXIAOPIAN

出版发行：北京师范大学出版社 www.bnup.com
北京新街口外大街19号
邮政编码：100875

印 刷：	北京盛通印刷股份有限公司
经 销：	全国新华书店
开 本：	787mm×1092mm 1/16
印 张：	19.75
字 数：	319千字
版 次：	2018年12月第1版
印 次：	2018年12月第1次印刷
定 价：	70.00元

策划编辑：姚贵平 伊师孟　　责任编辑：李云虎 梁丽美
美术编辑：焦 丽　　　　　　装帧设计：瀚视堂 李少华
责任校对：韩兆涛　　　　　　责任印制：陈 涛
特约编辑：李 葳 冯谦益 李少华

版权所有 侵权必究

反盗版、侵权举报电话：010-58800697
北京读者服务部电话：010-58808104
外埠邮购电话：010-58808083
本书如有印装质量问题，请与印制管理部联系调换。
印制管理部电话：010-58808284

序 言
PREFACE

  2014年9月9日，习近平总书记在北京师范大学考察时发表了《做党和人民满意的好老师》重要讲话，号召广大教师做有理想信念、有道德情操、有扎实学识、有仁爱之心的"四有"好老师。同年12月，北京师范大学和其他十余所兄弟师范院校一起，面向全国中小学校和幼儿园发起了"中国好老师"公益行动计划，旨在提升我国基础教育阶段教师的育人素养和能力，推动教育公平及优质发展，促进亿万青少年儿童健康成长。

  几年来，"中国好老师"公益行动计划大力弘扬"四有"好老师精神，营造了立德树人、尊师重教、争做"四有"好老师的良好氛围，提升了基础教育阶段学校与教师的育人能力，产生了广泛的社会影响和认同。

  当前，一方面，各地学校和教师在推进基础教育事业发展的过程中创新了科学有效的实践举措，积累了丰富的育人经验，总结形成了很多优秀成果，但这些好资源和好做法未能得到有效的交流与分享，亦未能得到广泛的传播；另一方面，我国部分地区和学校仍存在重智育轻德育、重教书轻育人的情况，亟须与同行交流，取长补短，提升整体育人功能。有鉴于此，"中国好老师"公益行动计划以学校共同体为基本组织形式，采取"总结—创新—宣传—表彰—推广"的方式，积极在广大中小学幼儿园中播撒优秀育人经验的火种。

  2017年10月，"中国好老师"公益行动计划办公室面向各基地校开展了优秀育人案例征集活动，共收到相关案例近万篇。其中教师育人案例9000余篇，学校育人案例 600 余篇，各省市工作推进经验 60 余篇。"中国好老师"公益行动计划办公室邀请了来自高校、科研机构以及教育一线的 40 余位专家对这些案例进行了三轮评审，在择优表彰的同时，又遴选了一等奖案例结集出版，这就是此刻您手中这套《2017 年"中国好老师"育人故事》。

书中案例丰富翔实，记录了育人过程中生动感人的珍贵点滴。这些案例均来自鲜活的教育实践现场，提炼和总结了不同育人情境中的有效方法，记录了教师在育人探索中的心路历程。它们之所以具有打动人心的力量，不仅因为处处展示出教师的育人智慧、对孩子们的仁爱之心以及对教育的热爱之情，而且更因为它们真实可信。希望这些优秀案例得以广泛传播。我相信，不仅广大教师能从中汲取育人方法，获得育人动力，而且教育研究者和观察者也会受益匪浅。当越来越多优良的育人经验和做法在实践中生长，我们的教师就能收获更为精彩的教育人生，我们的学生就能够拥有更加灿烂的明天。

百年大计，教育为本。教育大计，教师为本。在 2018 年教师节期间召开的全国教育大会上，习近平总书记特别强调了教师的重要作用和崇高地位，指出广大教师是人类灵魂的工程师，是人类文明的传承者，承载着传播知识、传播思想、传播真理、塑造灵魂、塑造生命、塑造新人的时代重任，勉励广大教师在教书育人岗位上为党和人民的事业做出新的更大的贡献。习近平总书记的重要讲话为我们建设新时代教师队伍指明了方向。新时代呼唤新作为，"中国好老师"公益行动计划将继续与各基地校携手，汇聚力量，为亿万青少年儿童的健康成长和美好未来不断努力。作为全国师范院校的排头兵，北京师范大学将进一步贯彻落实习近平总书记重要讲话精神，以习近平新时代中国特色社会主义思想为指引，继续贯彻落实立德树人根本任务，搭建"四有"好老师成长平台，为建设教育强国、努力实现"两个一百年"的奋斗目标和中华民族伟大复兴的中国梦，积极贡献应有的力量。

2018 年 11 月

目 录
CONTENTS

管理育人

活力教育　绽放异彩　　3
山西省实验小学

"中国好老师"公益行动计划的"海淀模式"　　12
北京市海淀区教育科学研究院

依托班主任全面推进心理健康教育校本化实施　　23
黑龙江省佳木斯市光复小学

教育点化"金苹果"　　28
福建省建瓯市实验小学

秉持"适才适性"哲学　定制苏派教育的"彩虹方案"　　36
江苏省南通市通州区实验小学

相伴携手前行，共创美丽人生　　42
——学校文化引领下教师自主研修的实践研究
北京市海淀区七一小学

让每一个孩子平等享受优质的教育　　50
湖北省武汉市武昌区三道街小学

以"手拉手"品牌为载体，建设师生发展的共同体　　54
湖北省宜昌市实验小学

擦亮每一颗星星　　60
北京师范大学贵阳附属小学

携手·分享·共进　　65
天津市河东区实验小学

"1+1+N"模式：文化互助唤醒教师自我成长　　72
重庆市巴蜀小学

实施分层评价，成就七彩童年　　78
安徽省合肥市胜利路小学

家校共育　让每一个孩子健康成长　　89
广东省佛山市元甲学校

和合共生，和谐共进："大拇指家长"行动叙事　　95
浙江省温州市实验小学

让每一位教师行走在成长路上　　101
浙江省杭州市天长小学

好老师成长的共同体　　107
中国人民大学附属中学

行走在教师身边的教育科研　　114
北京市海淀区教育科研种子教师研究项目组

让红色基因代代相传　　123
黑龙江省佳木斯市桦川县冷云小学

从"互联网＋"到"教育教学 ×"　　129
黑龙江省伊春市伊春区南郡小学

让每个孩子都发光　　136
广东省汕头市龙湖区金珠小学

"仁爱、业精、慧美"的教师队伍建设　　148
北京市通州区贡院小学

安然无恙，方能灿烂开放　　152
甘肃省临夏回族自治州康乐县城东小学

心系师生平安　共创和谐校园　　156
云南省玉溪市第一小学

携手家校合作　促进教育和谐发展　　162
宁夏回族自治区吴忠市裕民小学

打造"心"校园　　　　　　　　　　　　　　　　　　170
北京市门头沟区军庄中心小学

明理念、抓课改、重交流、强师德，提升教师育人能力　　177
内蒙古自治区鄂尔多斯市准格尔旗薛家湾第九小学

以"中国好老师"公益行动计划为契机　借助区域合作平台
提升教师素质　　　　　　　　　　　　　　　　　　182
北京市怀柔区第六小学

课程育人

推进课程育人，提升教师育人能力　　　　　　　　　　189
——西安新知小学关于开展"中国好老师"公益行动计划的经验总结
陕西省西安新知小学

以开展特色活动为引领　全力打造"人文德育"教育品牌　194
黑龙江省牡丹江市平安小学

多彩童年　幸福奠基　　　　　　　　　　　　　　　　201
河南省鹤壁市福源小学

让课程改变学校　　　　　　　　　　　　　　　　　　208
湖北省宜昌市葛洲坝实验小学

实验电视台的同学"人小本领大"　　　　　　　　　　212
新疆维吾尔自治区乌鲁木齐市新疆教育学院实验小学

立足学生本位　整合实施德育课程　　　　　　　　　　218
——"1+X"德育课程建构与实施
浙江省丽水市囿山小学

基于学科整合背景下的活动育人的探索与实践　　　　　225
北京师范大学实验小学

课程建设助力学生成长和学校发展　　　　　　　　　　232
北京市清河中学

加强学校课程建设　落实全学科育人　　　　　　　　　242
北京市平谷区第七小学

开发综合实践校本课程，推进学校文化建设 　　　　　　　　　　　248
　　——桂花岗小学"大自然教室"系列综合实践活动
　　广东省广州市越秀区桂花岗小学

汲取儿童漫画营养　拓宽美育教学蹊径 　　　　　　　　　　　253
　　黑龙江省齐齐哈尔市富裕县实验小学

探寻农业嘉年华的文化之旅 　　　　　　　　　　　　　　　　260
　　北京市昌平区巩华学校

浣书传递智慧　大集播撒书香 　　　　　　　　　　　　　　　266
　　黑龙江省哈尔滨市南马路学校

每个孩子都是"客" 　　　　　　　　　　　　　　　　　　　 273
　　——"客+"卓越课程体系建构
　　北京师范大学卓越实验学校

一至六年级主题教育课程 　　　　　　　　　　　　　　　　　278
　　内蒙古自治区鄂尔多斯市准格尔旗薛家湾第九小学

让每个生命都精彩绽放 　　　　　　　　　　　　　　　　　　286
　　河南省濮阳市油田第一小学

推进课程育人建设　关注教师素养 　　　　　　　　　　　　　291
　　北京市海淀区培星小学

弘扬国球精神　点燃校园激情 　　　　　　　　　　　　　　　300
　　青海省油田教育管理中心第三小学

管理育人

作者：张恩溢（五年级一班）　指导教师：刘　影　学校：北京市东城区崇文小学

导 读

良好的学校育人环境不仅是学生获得良好学业成绩的关键，同时也有利于学生身心的健康成长，有利于学生形成正确的价值观和人生态度，培养优良的思维方式、个性特征和文化素养。研究发现，通常学生年龄越小，学校对学生的影响越大。因此，中小学在立德树人中担负着非常重要的责任。如何创设良好的学校育人环境呢？本篇中提供的案例从多个角度做出了非常精彩的回答。

我们可以将育人环境创设分为三个方面。一是可以让学生直接感知和体验到的学习与活动层面，包括课堂教学、课程建设、校园活动、教育实践等。二是上述界面的开展和实施人员层面，也就是学校中的教师，这就涉及教师专业化发展和教师队伍建设。三是提供保障、约束和支持的一系列制度与文化层面，包括教科研制度、评价和激励制度、学校规划、校园环境与文化营造等。本篇的案例涵盖了上述方面，很多学校不仅在具体做法和举措上有独到和创新之处，还形成了系统的思考和实践，从先进的育人理念出发，构建学生的学习和实践界面，并提升和优化教师队伍，创设有利于教师和学校育人的制度和文化。一些学校还通过"中国好老师"公益行动计划这个平台，有效整合内外部育人资源，既提升了本校的育人水平，又带动和引领了其他学校和地区育人工作的有效开展。

立德树人的成效是检验学校一切工作的根本标准，相信本篇中的案例可以给广大校长、教师和教育管理者提供富有价值的启示。

导读者

王昌海，北京师范大学发展与教育心理学博士，"中国好老师"公益行动计划专家委员会秘书长，主要研究方向为教育人力资源管理、区域教育治理与改革、组织变革与发展等，主持和参与国家和地方政府的多项课题与项目，为多家企事业单位和政府部门开展组织变革、组织诊断、管理体系建设、人员评价与激励等方面的咨询服务。

活力教育　绽放异彩

山西省实验小学

山西省实验小学（以下简称实小）始建于1936年，现有63个教学班，学生人数3174名，教职工210余名。作为省级实验小学，实小赋予"实验"一词新的内涵，"引领特色发展，涵养文化育人"是今天实小对"实验"的理解与表达。

一、特色理念，让教育回归育人原点

人的个性很像树的年轮，是一圈又一圈逐渐发展的。婴儿的一圈代表着爱与享受，孩童的一圈代表着创作与幻想，少年的一圈是体验与吸纳，而成年的一圈则是现实与责任。任何一圈不完成，人的个性就得不到充分发展。由此可见，教育的主体是"人"的成长与发展，而活力教育正是"以人为本"理念的升华，它所追求的目标，就是让每一个孩子成为有个性的自己，在思想上、行动上以一种蓬勃积极的状态，表达最好的自己。活力教育的内涵在于尊重教育规律和学生身心发展规律，关心每一个孩子，促进每个孩子主动地、生动活泼地发展，使他们的潜能得到最大限度的开发，进而健康快乐地成长。活力教育的规律是学生在学习、体验与感知过程中，充分吸纳和享受他们年龄阶段特有的幸福感与成就感。活力教育的价值取向是相信学生，相信教师，相信学校领导者的决策，相信人的潜在能力，对学校、教师、学生的未来充满信心。

这种理念让教育回归到育人上。

文化的核心是活力。活力教育持续开发意识与习惯，符合人的发展过程，符合学校发展的现状和可持续发展的要求。

二、文化立校，教育实践的个性探索

（一）建立"以人为本"的管理文化

"管理的极致是发现"，即对"物"的发现和对"人"的发现，换言之，优秀的管理是制度与人文的相互融合。"活力教育"理念下的管理，流淌着一种情怀和一种智慧，关注的是管理细节、教师的生命存在和孩子的生长状态。它让师生具有活力气质，让文化富有活力气息，让"活力"呈现无穷的智慧和蓬勃的张力。

《山西省实验小学年度发展规划》的出台标志着学校进入另一个精细、规范管理的层面。在规划中，学校提出"以人为本，强化服务，公平待人，创新发展"的办学理念。"以人为本"最直接的体现是"尊重人、理解人、激励人、发展人"，以"尊重"为基础，校长以教师为本、教师以学生为本，形成领导服务教师、教师服务学生、学校服务家庭和社会的良好风气。教师做到"公平公正地对待每一个孩子"，让每个孩子都能感受到快乐和幸福。

（二）建立"多元价值"的课程文化

"成功的教育应该是学生在没有意识到受教育的情况下，却受到了毕生难忘的教育，而这种在潜移默化过程中受到的教育往往具有水滴石穿的作用。"活力思想使实小全体师生迸发出教育智慧，使实小生机勃勃。学校精心构建了以"六大特色"项目，即活力课堂、活力教研、活力作业、活力体育、活力艺术、活力环境为支撑的管理目标，确立了以管理观、育人观、教学观为主导的管理架构。

管理观：细节之处见活力，活力之中见智慧。

育人观：让每个孩子主动发现最好的自己。

教学观：全面有个性，特色有内涵。

同时，学校以"百人团队"（器乐团队、声乐团队、舞蹈团队、书法团队、美术团队、乒乓球团队、空竹团队、篮球团队、科技制作团队、国际象棋团队）为载体，立足于学生发展的需要，让学生健康快乐成长。团队由起步时的10支发展到如今的30多支，参与人数达全校学生的70%。

从开始凝练办学理念，到团队活动的蓬勃开展，从专业引领成长，到课程体系的构建及完善，几年的时间，学校建立了独具特色的课程体系。课程体系具有多元性、层次性、选择性，包括必学型课程、选学型课程和隐性课程，同时学校还开发出一系列令人耳目一新的课程。

课程既是教学过程的主要载体，也是实现学校"活力教育"的主要途径。在校本课程的开发过程中，学校注重挖掘国家课程的文化内涵，提升地方课程的文化品质，开发校本课程的文化内容。在课程的具体实施过程中，学校从课程选择、教材编写、课程整合等环节上充分发挥了"名师工作室"以及教师团队的合作优势。

目前学校开发了艺术、体育、创新思维和安全四大类课程。同时，学校将课程分为必学型课程和选学型课程，必学型课程按年级被纳入课表，选学型课程进入第二课堂，由孩子们按照自己的兴趣自主选择。隐性课程贯穿于教育教学全过程。作为必学型的头脑创造思维方法、乒乓球、书法和安全课程已较为成熟，学校"名师工作团队"开发的相关教材已在学校推广使用。同时，四大类课程在学校又拓展出许多分支，艺术类课程有舞蹈、绘画、书法、合唱，体育类课程有篮球、国际象棋、围棋、抖空竹，创新思维类课程有头脑创新思维、创意科技、航模制作等。

学校课程设置的着眼点为是否有利于学生的成长和发展，原则为"在传承中发展，在现实中突破与创新，在心灵中守护与陪伴"。

在传承中发展表现在国家级非物质文化遗产（太原莲花落）及琴（三大乐团）、棋（围棋和国际象棋）、书（软笔书法）、画（美术）方面。

在现实中突破与创新表现在科技创新（头脑创新思维、科技创想和机器人）、舞蹈、体育项目方面。

在心灵中守护与陪伴表现在潜心读书、丰富知识和滋养独特的精神气质方面。

面对如此丰富的课程资源，学校如何发展，如何管理，如何落实，并最终达到理想效果就成为一项重大课题。对此，学校采取了抓住关键、分层推进、制度保障等管理措施，尤其将实施校本课程的人选放在首位落实。校本课程实施的主力军是本校教师，同时，学校引进具有一定专业水准的教师授课，确保了授课的质量和效果。

学校在发展已有课程的同时，适时调整方向和思路，不断寻求更适合学生自身、更符合时代需要的新的课程，保证课程建设是充满活力的、持续健康发展的。

（三）建立"高效智慧"的课堂文化

什么样的课堂才可以称为"活力课堂"？实小这样解读："活力课堂"是"思维的活跃""形式的活跃""生成的活跃"，同时拒绝"零"起点。

1.构建"三三三"课堂教学模式

"三三三"课堂教学模式是学校教学工作的又一举措，来源于课堂，来源于对教师实践的总结和提炼。

三个活力生长点，即活力课前、活力课中、活力课后。

三个活力发展线，即自主学习、互助学习、拓展学习。

三个活力建构面，即学生质疑、教师指疑、积累解疑；分享探究、点拨深化、建构延伸；兴趣探索、温故探新、提升待新。

学生质疑：学生尝试解决自己想了解的问题。

教师指疑：学生努力解决教师提出的参考问题。

积累解疑：收集、整理资料，达到情感的培养和知识的积淀。

分享探究：学生交流在活力课前的收获并相互合作答疑、质难。

点拨深化：教师梳理学生成果并引导学生思维的纵深发展。

建构延伸：教师归纳分析、建构知识框架并引发学生的再思考。

兴趣探索：学生学习后对感兴趣的知识进行再探索。

温故探新：学生重温所学知识并探究教师提出的后续知识的生长点。

提升待新：学生思维提升、情感升华并激发出期待学习新知的热情。

由点、线、面三个活力要素构成的活力课堂，旨在培养学生具有健康的体魄和积极的精神面貌，以及活泼、健康、自信、快乐、有力量、有胆魄、保持童真、富有好奇心和想象力、富有个性、富有梦想等品质。"活力课堂"给予学生更多主动学习、完善自我的机会，给予学生更多表现自我、展示自我的机会，给予学生更多合作交流、发展自我的机会，从而真正激发学生身上的"生命活力"。

2.研发"活力作业"

过重的课业负担严重损害了儿童少年的身心健康，减轻学生的课业负担是全社会共同的责任，政府、学校、家庭、社会必须共同努力，标本兼治，才能真正促进学生学习，使学生健康快乐地成长。作业是课堂的延伸，什么样的作业才能真正激发出学生的学习热情和自觉性呢？课堂以外是否也能让学生具有主动性？这些问题成为我们努力研究、不断创新的突破点。

国内外大量的文献研究显示：课后作业完全有可能成为学生学习的重要财富，而非导致学生课业负担过重的"元凶"；没有经过深度思考、认真研究而随意布置的课后作业，是在浪费学生的生命。

为此，学校组成了由省、市、区资深专家加盟，学校骨干教师参与的作业设计团队，编撰了一年级到六年级语文、数学科目的作业——《小荷苑》。作业设计有以下四个原则。①作业设计不搞"一刀切"，充分考虑学生的智力发展水平和个性差异。②作业设计要更加注重趣味性。爱因斯坦认为，教育所提供的东西应当让学生作为一种宝贵的礼物来接受，而不是作为一种艰苦的任务去负担。趣味性的作业更能激发学生对事物的探究精神。③力争让每次作业都成为学生的成长点，让每次作业都能使学生有所收获。④作业内容紧扣教材，并进行适度拓展。"活力作业"最终使学生通过完成这些作业，智慧得到启迪，能力得到提升。更重要的是"活动作业"减轻学生负担，还他们幸福快乐的童年。

如今，"活力作业"得到认可，受到了学生、老师、家长的一致好评。

（四）建立"开放互动"的教研文化

1. 激发广大教师参与教学研究的自觉性

百年大计，教育为本；教育大业，教师为本。学校在教师队伍建设上积极探索，打造了一支结构合理、师德高尚、专业根底扎实、勇于创新、充满活力的教师队伍。教师呈现出积极工作、唯恐落后的精神状态，自觉地将自己的思想言行统一到学校要求上来；以"学为人师，行为示范"的标准要求自己，朝着"关爱学生、严谨笃学、淡泊名利、自尊自律"的方向努力；遇事学会理解、学会宽容、学会珍惜，积极主动地投身教学研究，不断用新的教育理念来武装自己。可以说，有了这样一支充满活力、充满智慧、充满热忱、德能兼备的教师队伍，学生的成长和学校的发展都充满了勃勃生机。

2. 创建改善教研活动的模式

为了让校本研修更好地为教学实际服务，学校成立了学科教研大组，在教研活动时以学科组、教研组为单位进行研究，每月第一周为大学科活动，其余三周为教研组活动。教研活动主要围绕学习名师优质课进行，全力解决教师在教学中遇到的问题。日常教研做到有安排、有计划、有措施，在"研"字上做文章，让教研工作落到实处，做到一研一得。

学校的校本研修成就了一批批中青年骨干教师，使学校的教研工作得以顺利、持续开展。经过长时间的孜孜探求，学校充分感受到校本研修带给老师们专业上的提升，教师的活力也源源不断地积蓄下来，这些都为实施高效课堂奠定了坚实的基础。

3. 实施梯队战略

教师既是课堂的主导，又是教研的主体，也是"活力"教育思想的最终实现者。学校要求中青年教师根据自身特点认真规划职业生涯，撰写个人成长规划，以规划明方向、促发展。学校还通过实施梯队战略，为教师规划人生。学校根据每位教师的实际情况，按照教师成长的过程把他们分为三个梯队：理论研究型、榜样示范型、奋发向上型。每位教师在科研专家指导组的帮助下，结合学校三年规划，制订出个人三年成长规划。这种递进式的规划不断督促着教师追求更高目标，时刻激励他们前进。"梯队"模式使不同层面的教师在业务、师德等方面得到提升，有效促进了教师的专业发展。

（五）建立"着眼未来"的德育文化

学校的德育工作紧紧围绕两条主线，一是常规养成教育，二是每月一个主题的特色节活动，并且按学生年龄特点及需要，各年级分层要求。

养成教育就是从"小"字着眼，从细微处入手。"小"体现为主题小，就是在一段时间里解决一个小问题。

此外，每周一次的主题校会，是由全体师生共同参与的大型活动。由于内容深刻，形式新颖，场面感人，主题校会给大家留下了深刻的印象。每年毕业生离校时，学校要举行全员参与的"放飞梦想，扬帆远航"主题活动，增强学生的责任感和使命感。

学校全面贯彻落实党的教育方针和《中共中央国务院关于加强青少年体育增强青少年体质的意见》精神，引导学生积极参加形式多样、生动活泼、健康向上的体育活动，提高学生的身体综合素质，促进学生的全面发展和健康成长。学校以大课间活动等为载体，保证学生每天在校体育活动时间不少于一小时。体育教师根据学生的兴趣和活动强度，自编自创了"快乐指南"活力操和手指操，深得学生的喜爱。体育系列活动贯穿全年，常规活动和特色活动成为两条主线，常规活动有春季运动会、冬季体育系列比赛，特色活动有课间操比赛、亲子跳绳比赛、跳绳百强夺冠赛、队列队形赛、低年级趣味技能赛、苹果舞比赛、教师技能赛等。丰富多彩的各类活动极大地推动了阳光体育活动在学校的开展。

教育的最终体现是学生的成长。学生在实小这个舞台上，绽放着令人欣喜的光彩。实小学生代表山西省两度赴美国参加全球最大规模的头脑创新思维大赛，成绩可喜，充分展示了实小学生的风采，赢得国外友人的一致赞誉；欧美及我国港澳地区的教育交流考察团来实小实地参观后，对实小学生全程的引导、讲解及才艺互动给予了高度评价。在保护国家级非物质文化遗产方面，学校也做出了引领和示范。2011年，学校将濒临失传的国家级非物质文化遗产"太原莲花落"引入校园，创建了山西省首个"太原莲花落教学基地"。目前，莲花落团队的 200 余名队员，使"太原莲花落"重新绽放出夺目光彩。中国少年科学院科普教育示范基地在学校落成，学校科技团队、机器人团队的学生屡次登上省、市乃至全国科技发明创造的领奖台。管乐、弦乐、舞蹈、书画等，让每个孩子都找到了发展兴趣爱好的平台，成为释放幸福和快乐的源地。学校的体艺"2+1"，将传统项目乒乓球和跳绳作为学生的必修体育技能，这两项技能已成为实小学生身体素质的一张名片，受到家长、社会的广泛认可。

学校先后被评为全国消防安全示范学校、全国红旗大队、山西省德育示范学校、山西省基础教育课程改革优秀基地学校、山西省小学特色基地校、山西省素质教育先进学校、太原市文明标兵单位，连续三年获杏花岭区综合考核优秀单位，并获杏花岭区小学教学质量优胜奖和青年教师"成长杯"新课堂教学竞赛团体优胜奖。

"雄关漫道真如铁，而今迈步从头越。"管理育人是一项系统工程，它的复杂性、综合性和生成性决定了我们继续在实践中摸索和探求。今后的工作任重而道远，学校仍需要不断总结经验、创新机制，在已有的基础上找准外部需求与自身成长的结合点，边研究、边发现、边完善，在"研究、学习、实践、反思、再实践"的探索之路上不断前行。

点评

对于学校而言，育人是一项系统工程。要充分发挥育人功能，学校需要在各个组成要素上进行系统设计。山西省实验小学基于学生发展阶段的特征，提出活力教育的办学理念，并围绕这一办学理念，从管理、课程、课堂、教研、德育等方面进行全方位的探索。学校在办学实践中始终把"人"放在中心位置。以人为本的管理，让学校教职员工在信任的文化氛围中焕发出新的活动，激发了教职工工作的积极性；丰富多元的课程设置，满足了学生不同的发展需求，尊重了学生的差异性；"三三三"教学模式的核心，将学生作为学习的主体和中心，激发了学生自主学习的热情，并且从减负的角度，用心研究作业设计的科学性；以学科组与教研组为单位的教研活动，有利于打破年级备课的界限，形成开放的研究氛围，有利于教师专业成长；德育活动形式丰富多样，以"养成教育"为常规，以大型活动为平台，取得了良好的效果。

作者：曲宝淇（六年级一班）　　指导教师：陈　冲　　学校：黑龙江省鹤岗市红军小学

"中国好老师"公益行动计划的"海淀模式"

北京市海淀区教育科学研究院

为切实落实习近平"四有"好老师的讲话精神，北京师范大学中国基础教育质量监测协同创新中心联合相关师范院校、中小学校、幼儿园发起"中国好老师"公益行动计划（以下简称"公益行动"）。在经过多次的研讨论证之后，海淀区教育委员会与中国基础教育质量监测协同创新中心合作，于 2016 年 6 月引进"公益行动"，将"公益行动"结合海淀区教师队伍建设工程，全面纳入海淀区"十三五"教育发展规划，统筹海淀区教师教育各项工作。两年多来，海淀区"公益行动"项目组（以下简称项目组）一边实践、一边研究，逐步形成了具有海淀区特点的"公益行动"实施模式。

一、清晰的"公益行动"实施指导思想

项目组在成立之初，认真学习领会 2014 年习近平总书记关于"四有"好老师的讲话精神，研读关于"公益行动"的解读和表述。在学习、研读以及思考之后，项目组收集整理全国各地组织开展的相关活动资料，编印成《参考信息》，以供项目组成员与项目学校学习与研讨。

大家反复思考：这究竟是一个什么样的项目？如何认识和理解"公益行动"的核心理念？项目究竟能为教育经济发达的海淀区的教师教育甚至教育整体发展做什么样的探索？又能为"公益行动"做出哪些贡献？这关系到我们对"公益行

动"的本质的把握,并关系到创造性地开展海淀区"公益行动"的实施工作。经过反复研讨,项目组逐步清晰"公益行动"的实施指导思想,体现在以下三条。

(一)"四有"标准是教师专业发展的新方向

很长一段时间以来,我国在教师专业发展和教师培训工作上,更为注重的是教师的学科专业知识与教学专业技能,忽略了教师职业本身的价值引领和认同,对于教师自身的精神修养和道德涵养缺乏有效的培养途径和策略。习近平提出的"有理想信念、有道德情操、有扎实学识、有仁爱之心"四条标准中,有三条偏重于"德"。当前在我国基础教育"立德树人"的总价值观要求下,偏重于"传道"的"四有"标准,无疑是当下教师教育、教师专业发展等工作方向的一个风向标。这个风向标突出的是教师综合育人能力。教师要做学生锤炼品格的引路人,做学生学习知识的引路人,做学生创新思维的引路人,做学生奉献祖国的引路人,显然更需要强调教师的育人能力。因此,海淀区"公益行动"实施方案的宗旨指向全面提升教师的综合育人能力,将"四有"标准作为教师专业发展的新方向。

(二)"公益行动"是助推教师育人能力提升的大平台

"公益行动"究竟是一个什么样的项目?"公益行动"专家委员会主任、北京师范大学校长董奇总结了"公益行动"的六个特点。第一,"公益行动"是一件大事。它涉及亿万青少年发展,影响亿万家庭、亿万教师的幸福,对我国教育有重要影响。第二,"公益行动"体现的是大爱。这种大爱,首先是公平之心。我们要用教育的公平推动社会公平,用教育改变千万家庭及其后代的命运;关心需要帮助的人,关注特殊需要群体和弱势群体;"公益行动"定位于公益性,不做任何营利性活动。第三,"公益行动"是大平台。中国若干所高校一起开展工作,通过"公益行动"推荐最优秀的育人经验,提供问题供大家交流,并在全国举行各种会议,搭建各种交流平台。第四,"公益行动"是一个大网络。中央和地方都关心"公益行动",做好这个项目需要各级政府的联合工作。这是一个把各种社会力量和各种资源汇聚在一起的网络。第五,"公益行动"要做大众化。"公益行动"不是依靠专家的说教,而是依靠每一位教师的行动。项目推崇尊师爱师的行为，教师需要鼓励、强化和体会到来自学生的正向关怀，把尊师重教变成每个家庭的行动。第六，"公益行动"是一个大跨度的计划，至少列出两个百年的愿景，这不是短期行为。"公益行动"要为实现两个百年目标，实现中华民族伟大复兴做出教育人独特的贡献。

项目组一致认为，"公益行动"的确是一个高起点、大范围的平台。"公益行动"的推进者多元，包括全国省属师范大学、地方教育行政和业务部门、中小学、社会力量、媒体等；"公益行动"推进领域广泛，涉及学生德、智、体、美，教学改进，教师发展，学校管理，区域管理，班主任工作，心理健康教育等；"公益行动"的推进模式包括试验区模式、示范区模式、名校示范推进模式等。尤其"公益行动"提出的培育与发现、总结与提炼、交流与共享等策略，学校发展共同体的实施方式，对各个地区的教师教育工作有很强的指导作用。

因此，项目组以海淀区教育委员会的名义，积极递交了"'公益行动'试验区"申请表，以区域整体推进的形式加入"公益行动"，成为"公益行动"的国家级试验区，以更加积极主动的态度，响应"公益行动""促进教育公平、提升教育质量"的宗旨，同时也借助平台，做好海淀区教师发展的工作。

（三）海淀区"公益行动"是提高海淀区教育质量的重要途径

海淀区"公益行动"将为教师专业发展探索一条新途径，尤其在培养研究型、学术型，甚至是教育家型的教师上发挥重要作用。海淀区借助这个项目平台，必将在深化教育领域综合改革的背景下，实现多元、综合、统筹的改革思路，在海淀区建设教师队伍、深化课程改革、提升办学水平、扩大区域办学影响、增强教育强区应有的引领示范作用等方面发挥重要作用。

首先，引领教师职业道德的新常态。海淀区引领广大教师践行社会主义核心价值观；倡导教师要担起立德树人的重责，率先垂范，以身作则，敢于担当，有使命感；教师要有正确的价值观，以身示范，用自己的行为去改变、感染和启迪学生；教师要在日常教育教学活动中体现对事业的爱、对学生的爱。

其次，满足教师专业发展的新需要。海淀区"公益行动"项目组以提高教师育人能力为核心，弥补传统教师教育、培训的不足，用参与体验的方式，在互助中提升教师的专业能力，强化教师专业发展中的薄弱环节，切实加强教师中华文化素养的养成，切实加强班主任、心理健康辅导员等群体的引领，切实加强所有学科教师育人能力的培养。

最后，落实教育公平、均衡、优质发展的新要求。海淀区"公益行动"项目组以"我帮你，你帮他，大家帮大家"的互通互助方式，促进海淀区山前山后、东部和西部学校办学质量均衡发展，营造良好的教育环境。

二、立体化的"公益行动"实施内容

项目组围绕"四有"标准与"公益行动"的特点，构建了海淀区"公益行动"以"七大专项、四大行动、三大课题"为具体载体，从纵向、横向和点上合力推进的立体化项目。

（一）七大专项聚焦海淀区教师发展核心素养

结合海淀区教师教育实际情况，我们将"四有"标准进行细化和分解，聚焦海淀区教师发展核心素养，形成以下七项研究专项。

1.海淀区教师学科专业能力提升专项

针对区域基础教育中各学科教师和各发展层级的教师，我们要做到造就一批名师、引领一支团队、产生一批成果、带动一门学科，推动区域基础教育的优质发展。本专项以关注每一位教师的卓越发展为核心，立足课堂，聚焦核心领域，面向实践开展体验式的深度学习，聚合国内外优质资源，构建多元互动学习共同体，引导其成长为具备"宽厚的文化涵养、精深的学科底蕴、开阔的国际视野"等综合素养的专家型教师。

2.海淀区干部教师领导能力提升专项

为了切实提升中小学干部教师的领导能力，本专项重点开展两方面活动。一方面，我们要更新干部教师的教育观念、育人观念，帮助干部教师确立和强化以人为本、以全体学生健康成长为本的先进治校理念，帮助他们系统掌握科学诊断学校发展状况、制订学校发展规划的技能，以及建设促进学生、教师、家长、社区积极发展的优质学校的策略和方法；另一方面，我们要让学校干部教师学习先进的学校管理思路，开阔视野，优化教育管理理念，提升自我认知和领导力，掌握正确的人才"选用育留"的方法，掌握组织管理的技能与工具，提高学校文化塑造能力。

3.海淀区教师师德提升专项

"学高为师，身正为范"，师德提升专项首先要从教师的自我反思、自我促进做起。我们要倡导全体教师用日常行动践行社会主义核心价值观，用微行动传递教育正能量；针对海淀区全体教师，开展"四有"好老师标准的学习践行活动；组织"我身边的好老师""讲述我的教育故事""感动海淀十大教师"等评选活动，唤醒教师的职业价值感，营造尊师爱师的良好氛围，成就每一位教师；开展体验式的深度学习，构建跟进式、可持续的教师发展新模式，引领教师在真实的教育事件中自觉反思和提升，建构和谐的师生关系，在全区中小学校中营造"以学生为本"的积极学校心理环境，促进海淀区学生身心和谐发展。

4.海淀区教师传统文化素养提升专项

本专项以"行"求"知"，以多种形式的参与体验式活动提升教师的知识水平和文化素养，提升教师的道德与人文素养，培养具有优秀传统文化素养和现代教育理念的中小学教师，进而促进优秀传统文化教育特色学校建设，带动千家万户的经典传习，推动优秀传统文化"走进课堂、走进家庭、走进社区"，增强海淀区教师传统文化底蕴。

5.海淀区教师研究素养提升专项

时代呼唤研究型教师。教师研究是一种行动研究，这已经引起学术界的普遍认同。本专项以课题研究为载体，开展科研种子教师研修、科研骨干研修、专家型教师研究等子项目，为海淀区学术型教师培养提供专业支持。

6.海淀区教师心理健康教育专项

本专项以培养高素质专业化的心理健康教师为目标,围绕心理健康教师专业能力提升开展主题式培训,通过专题讲座、活动体验、学校心理健康辅导技术学习、辅导案例分享等多种形式,帮助心理健康教师提升开展学校心理健康教育的综合素养,进而提升海淀区学生心理健康水平。

7.海淀区教师队伍培养机制研究专项

本专项结合海淀区教师职业发展的特点,探索区域教师队伍整体建设的有效路径,在海淀区教师入职、培训、晋职、奖励等方面进行创新性实践,为海淀区教育的发展奠定坚实的人才基础。

(二)四大行动践行"四有"标准

我们根据学校所处学区的地理位置,将54所试验学校组成11个学校发展共同体。其中11所优质学校成为基地校,43所学校成为项目校。以基地校为龙头,各试验学校结合实际情况,积极开展以下行动。

1.践行"从我做起"行动计划

理想信念、道德情操、扎实学识和仁爱之心是教师自我修养的表现,需要教师终身学习,自觉追求。本行动计划倡导学校引导每一位教育工作者都要按照"四有"好老师的要求从我做起,提升育人能力,为学生健康成长而自觉行动。本行动计划倡导每一位教育工作者爱岗敬业、言传身教、读懂学生、尊重与信任学生,公平公正地对待每一个学生,关注特需生,构建和谐师生关系,促进每位学生发展。

2.落实"尊师爱师"行动计划

本行动计划倡导学生敬爱师长、感念师恩,营造尊师重教的社会氛围,提升教师的职业幸福感,推动尊师重教的良好风尚在每一个学生心中、家长心中、在全社会深深扎根。第一,在在校学生中开展"尊师爱师"校园主题活动。学校可以根据自身的发展基础和已有传统在在校学生中广泛开展尊师爱师活动,通过定期组织感恩老师活动，将尊师爱师变成常态化的行动。第二，在毕业学生中广泛开展"感谢师恩"活动。学校可以积极举办校友会等活动，鼓励和支持毕业生为学校和老师做实事，通过校友会和广大毕业生感谢师恩，引导社会形成尊师重教的好风尚。第三，在教师中开展"关爱老教师"活动。学校要广泛开展教师互敬互爱、互帮互助活动，特别是开展"年轻教师尊重关爱老教师""在职教师尊重关爱离退休教师"活动，让教师互相关爱的精神在学生中传递、在社会中传递，让教师成为人人羡慕的职业。

3. 做好"记录传承"行动计划

本行动计划倡导采用多种形式记录好老师的生命故事、挖掘好老师的先进经验、塑造好老师的动人形象、传播好老师的崇高精神，让好老师精神得以传承。各学校可以依靠自身力量或者社会资源收集整理在本地区、本校教育发展过程中感人的教育故事。学校可以发起"寻找身边的好老师"活动，充分挖掘典型人物和优秀案例，传播当代好老师的育人故事，唤起全社会对身边好老师的关注与关爱。

4. 开展"互通互助"行动计划

本行动计划倡导通过区域、学校、教师的互通互助、资源共建共享，促进城乡之间、东西部学校之间互通互助，共同成长，通过由一所优质学校带动本区外的若干所学校的方式建立学校发展共同体，搭建名校优质资源辐射平台，尤其鼓励名校发挥作用、担当责任，用行动真正践行"四有"好老师精神，实现教育扶贫、精准帮扶，提升贫困地区的教师育人能力。

（三）三大课题提升教师育人能力

1. 社会主义核心价值观教育的实践研究

本课题面向试验学校的学科教研组长、班主任和德育干部三个群体，通过本课题的研究，切实帮助教师树立新时期的教育理想信念。本课题着重探索学科渗透与活动体验两种社会主义核心价值观教育的重要策略，形成相应的内容资源、活动资源、典型案例和读本。

2.认识学生行动研究

本课题面向学科教师、班主任群体，围绕如何认识和了解学生这个主题，帮助教师提升研究学生的能力，着重探索认识学生的主要内容、认识学生的途径与方法、帮助学生发展的策略与方法三个重点内容，形成认识学生的基本策略。

3.互联网背景下教师育人方式创新研究

本课题针对 35 岁以下的青年教师群体，围绕教师信息与通信技术能力框架的建构，提升教师在新形势下借助信息化手段丰富育人方式的能力，着重探索教师信息与通信技术能力的培养策略、教师运用互联网进行育人这两个内容，形成互联网背景下教师育人方式的典型案例及资源库。

三、行政主导、科研推进、学校实践的区域整体实施框架

项目组要切实发挥海淀区行政、教研、科研和培训等教师教育的职能，用"公益行动"的核心理念统筹各项工作，结合海淀区"十三五"教育发展规划，系统设计教师教育各项工作，形成有价值理念引领、有策略方法落实、有相应机构承担、有系列标准检验的区域教师教育模式。项目组要组织机关相关科室、基地校、项目校进行研讨交流，建立顺畅的交流机制，明确各自的任务分工，完善各自的项目实施方案，形成"公益行动"实施过程性评价管理思路，形成一个团结进取的"公益行动"实施团队。

四、初显的"公益行动"开展成效

两年多来，项目组取得了一定的成效，在社会上产生了良好的影响。

（一）海淀区教师发展核心素养提升专项研究有序推进

根据海淀区教师的不同群体和时代发展需求，项目组对七个素养提升专项进行细化分解，形成 10 余个子项目，全面关注教师职业道德、学科能力、传统文化素养、研究素养、心理健康，关注干部群体的领导力提升，通过对教师队伍的整体建设与培养的探索，完善海淀区教师教育政策。

由海淀区教育委员会机关科室与直属部门牵头的专项，严格按照项目实施要求，完成三年的项目实施方案的制定。在项目实施中，项目组与本部门的重点工作相结合，促进了干部教师的专业发展，为教师教育的政策制定提供了依据。

（二）试验学校积极开展践行活动

项目试验学校两年多来组织开展各类活动 20 余次，包括启动会、系列活动、联盟校共同体活动、专项课题开题活动、骨干培训活动等，在各学校形成了一定的影响。

两年多来，我们征集到学校围绕"四大行动计划"开展的主题活动案例 50 篇，体现了学校在落实项目计划方面的探索。

（三）"讲述海淀好老师的育人故事"反响巨大

2016 年，项目组在 54 所项目试验学校中，针对教师、学生、家长、校友、退休教师等群体开展大型征文活动，积极营造尊师爱师的良好氛围。活动共收到征文 10419 篇，获奖率将近 50%。其中教师征文获奖文章共计 741 篇：一等奖 133 篇，二等奖 237 篇，三等奖 371 篇；家长征文获奖文章共计 809 篇：一等奖 144 篇，二等奖 249 篇，三等奖 416 篇；学生征文获奖文章共计 3514 篇：一等奖 609 篇，二等奖 1178 篇，三等奖 1727 篇；校友征文获奖文章共计 9 篇：一等奖 2 篇，二等奖 3 篇，三等奖 4 篇。项目组利用"讲述海淀好老师的育人故事"征文评审结果，分 11 个发展共同体组织系列育人故事论坛活动，宣传新时代的好老师。163 名教师在不同范围内进行了育人故事分享。优秀教师的育人故事多篇在海淀教育网、"海教思维"微信公众号、《中国教师》杂志等发表。

每一个故事都凝结着教师们的教育智慧，蕴含着教师们的教育情怀，诉说着教师们的教育幸福。它们来自教师平淡的、真实的教育生活，但是就在这平淡、真实中蕴藏着教育正能量和"好老师"群体的共同追求。故事如种子，它们会在每一位教师的职业生涯中，不经意地播下成长的希望，使每位教师受益良多。我们相信会有更多的教师借助"公益行动"的平台脱颖而出。

（四）海淀区教师育人能力有效提升

项目组协助完成总项目组在本区域内进行的各项活动，组织试验学校参与总项目组的各项培训和交流活动；开展体育教师素养提升专项培训，组织完成海淀区五一小学、中关村第一小学、北京大学附属小学、中国人民大学附属小学、清华大学附属小学的体育教师参训；组织海淀区教师云南文山州公益送教支教活动，参与"公益行动"的专属网络平台试用工作；组织"教师育人能力提升系列专项培训活动"，针对体育教师、班主任和校长三种人群，组织海淀区试验学校参加活动，并提出参加培训教师要进行二次培训的要求，使得一批教师在总项目组的培训中成长起来。

（五）"公益行动"实施策略总结提炼

在具体的推进策略上，项目组总结了三个策略：一是统筹策略，需要全面考虑学校教师队伍建设工作，调动学校各个职能部门的积极性，将教学、德育、管理、工会等工作，纳入"公益行动"实施的视野里；二是借势做事策略，要充分借助学校发展共同体、专家资源与区"公益行动"平台、国家项目平台，促进学校教师的发展；三是点面结合策略，活动组织与课题研究结合进行，将规定动作做到位，同时要有自选动作，防止"公益行动"实施泛化，抓不住要点，没有学校自己的"公益行动"实施特色。在理论学习上，我们先后把成人学习理论、共同体建设理论、学习型组织建设理论、教师专业发展共同体理论介绍给项目组，加强学校在活动设计和课题研究上的理论支撑。

在具体实施"公益行动"中的专项项目管理上，项目组提出项目实施"四个一"：每学期做一次工作计划交流、每学期做一次工作总结交流、每学期至少组织一次"公益行动"专题活动、每学年完成一次"公益行动"实施阶段报告。我们要逐步形成规范的"公益行动"推进纪要，建立起学校通讯员联络制度和学校"公益行动"活动简讯上传机制。伴随着"公益行动"的推进，我们研发出一系列"公益行动"实施工具，如《"公益行动"实施方案模板》《学校互联校现状调研表》《"公益行动"试验学校专项申报表》《试验学校"公益行动"推进评价表》《基地校负责人职责》《基地校职责》《项目校职责》《试验学校项目实施评价表》等。

两年多来，在项目的推动下，海淀区教师在各个发展层次上，形成了梯队完善的教师队伍，一批综合育人能力突出的"好老师"涌现出来，深受学生的喜爱。部分专项推进效果喜人，总结提炼了富有操作性的经验和成果。项目组的大部分试验学校与我国东北、西北、西南等经济欠发达地区的省市建立学校发展共同体。一批项目试验学校发挥担当精神，用行动真正践行"四有"好老师精神，将优质资源辐射至中西部教育发展薄弱地区，为实现教育扶贫、精准帮扶，提升贫困地区的教师育人能力做出了海淀区的贡献。由于海淀区试验学校的突出表现，海淀区 54 所项目试验学校被纳入京城百校联盟，并成为全国的"公益行动"基地校。海淀区的"公益行动"实施模式，也多次在全国各地做交流，得到"公益行动"办公室与当地教育界同行的认可。项目组将继续扎实推进每一项工作，为我国基础教育的发展尽最大的努力！

点评

北京市海淀区通过顶层设计、有效整合、研究引领的立体化模式，将"四有"好老师与本区的教育、科研结合起来，并且形成了非常系统有效的工作和保障机制。海淀模式不仅有完备的整体设计，而且有具体的实施策略和操作路径，如七项能力提升活动、四大行动、三项课题研究，鼓励所有教师在日常的教育教学中弘扬"四有"好老师精神、更好地理解学生、改进教学设计、拓展育人工作的途径，并取得了非常显著的效果。这一模式值得进一步实践和推广。

依托班主任全面推进心理健康教育校本化实施

黑龙江省佳木斯市光复小学

佳木斯市光复小学秉承"为生命奠基"的办学理念,以"爱的教育"为办学特色,以"健康阳光、诚信友爱、文明乐学、合作创新"为学生培养目标。为真正落实"健康阳光"的培养目标,学校十分重视心理健康教育工作。

让班主任做心理健康教师,我们认为是明智的选择。班主任做心理健康教育工作具有很多优势:第一,班主任最了解学生,容易与学生建立良好的辅导关系,能使心理辅导达到最佳效果;第二,班主任参与学校心理健康教育具有涉及面广、热情高、办法多、实践性强等特点;第三,班主任实施心理健康教育,可以将心理健康教育的原则、技巧渗透到班主任课堂教学及常规工作中去,使每一项常规工作成为实施心理健康教育的良机。班主任做心理健康教育工作最大的不足就是缺少专业知识,于是我们从抓校本培训入手,依托班主任做心理辅导,全面推进学校心理健康教育工作。

一、校本培训,提高班主任的专业素养

学校保证每年进行至少200学时的校本培训,通过专家引路、自主学习、双角色培训等多种形式的活动组织班主任学习教育学、心理学的基本理论,提高教育科学理论素养;组织班主任学习班级心理辅导的一些方法与技能,提升心理教育的效果;组织班主任学习心理保健知识,掌握心理自我调适的方法等。这些活

动可以让班主任充满自信地走上心理健康教育课的讲台。

从 2002 年开始，学校组织全校教师参加了东北师范大学研究生学习班的学习，全校教师利用每年假期进行了为期三年的学习，58 名教师获得东北师范大学在职研究生的毕业证书；2006 年，学校全体教师参与了心理健康辅导员的培训，91 名教师通过考试获得了心理健康辅导员资格证书；2008 年，全体教师参与了辽宁师范大学金洪源教授的"元认知干预技术学习"；2010 年，全体教师参加了团体心理游戏体验及培训；2012 年，全体教师参加了"团体心理游戏实用解析"培训；2013 年，全体教师学习了吴增强《班主任心理辅导实务》一书；2013 年，学校请华东师范大学心理学博士李莉来学校做了"小学生心理游戏课程"的讲座；2014 年，学校教师学习了心灵成长课程。同时学校也积极参加了省市教育研究院多年来坚持开展的多种形式的心理健康教育的培训。大规模的培训提高了班主任的心理知识水平和辅导技巧，为班主任做好心理辅导工作打下了坚实的理论基础。

"读书、教书、写书"是班主任成长的轨迹。10 年来学校教师人均记学习笔记、工作反思等 15 本以上，人均约 50 万字。厚积薄发，水到渠成，2009 年，学校 23 名教师整理编辑了个人教育教学集《年年月月》《回望》《幸福像花一样》，其中嵇鸿校长的专著《好大一棵树》由黑龙江教育出版社正式出版。

二、全面推进，促进心理健康教育校本化实施

学校安排了国家二级心理咨询师对班主任进行心理调适和团体辅导。在此基础上，班主任充分发挥角色优势，根据学生的年龄特点及心理特点，通过学科渗透、心理辅导课、团体游戏课、个别辅导等多种形式，对学生进行心理辅导，深入开展心理健康教育工作。

（一）立足课堂，寓心理健康教育于课题研究之中

课题研究是推进心理健康教育工作的重要策略。学校的心理健康教育工作在课题申报、课题研究、课题成果推广中逐步发展推进。"十五"期间，学校进行

了"关于小学生心理辅导课的实践研究"课题的研究，收集整理了66个成功的教案，编辑了校本教材《心理健康教育活动课教案集》；"十一五"期间，学校进行了"通过校本教材对学生进行心理健康教育的研究"课题的研究，开发并正式出版了校本教材《奠基成功之路》，编辑了校本教材《心理健康教育案例集》《心理健康教育与各学科整合》。

"十二五"期间，学校进行了"关于小学生团体心理游戏内容与实践的研究"，将团队游戏引入心理辅导活动，把游戏的形式和心理教育的目标有机地融合成一个整体，以班级为单位，使学生在游戏中体验，在体验中感悟，在感悟中分享，在分享中提升。在参与体验的过程中，学生感受、表达、交流、修正、成长，营造了积极向上的"爱"的校园文化。学校将课题研究成果转化为系列化的心理健康教育教材《小学生团体活动66例》，由黑龙江教育出版社正式出版。2012年12月17日《德育报》头版发表了题为《团体心理游戏：让教学更好玩——黑龙江省佳木斯市光复小学把团体心理游戏引进课堂》的文章。

课堂教学是学校教育的主渠道，班主任根植课堂，研究课堂，通过大量的专题辅导、学科渗透、活动课等多种课型，在"实践—问题—反思—调整—再实践"这样循序反复的校本化实践过程中，促进心理健康教育校本化实施。课题的深入研究，使班主任变成学生心理及行为的引导者，使教室变成润物无声的心理咨询室。再加上多位资深专家对课题的科学指导和引领，学校的心理健康教育工作更加规范、科学和深入。

（二）润物无声，寓心理健康教育于日常生活之中

班主任与学生接触时间长，甚至比家长还了解学生，所以班主任的每一项常规工作都是实施心理健康教育的良机。在学校，班主任的角色更加丰富，班主任站在心理辅导员的角度，留心观察，善于发现，利用自己的专业知识，将辅导融入日常生活中的时时处处，点点滴滴。当学生进步时，当学生遇到困惑时，当学生忧郁时，班主任通过倾听、启发、关注，通过"心语日记"、班级QQ群、微信群、家访、"五日活动"、六大节日等多种形式促进学生的心理健康成长。这种教育的力量已经超越了时间和空间的限制，架设了师生间沟通的桥梁，构建了

良好的师生关系，形成了积极向上的班风，这是非班主任教师无法比拟的强大作用，是真正的润物无声的教育。

（三）培训家长，寓心理健康教育于家庭教育之中

学生的心理健康和人格的形成发展离不开家长和家庭教育。家庭教育中的不利因素会对学生心理健康产生不良影响，这种影响可能比学校教师的影响还要深远、持久。因此，学校心理健康教育要走进家庭，我们要对家长和孩子一起进行辅导，要把家长心理健康教育看成整个学校心理健康教育的一个组成部分、一个重要的支持系统。完成这项重要任务的桥梁和纽带就是班主任。

学校开办了"家长心理学校"，每学期对家长进行心理指导，包括指导家长提高自身的心理素质、树立正确的教养观念、营造良好的家庭文化氛围和掌握疏导孩子心理障碍的技巧；教会家长对孩子进行心理指导，包括教会家长对孩子进行"正确看待自己""善于调节情绪""塑造良好性格"等指导。

班主任开设"家庭教育"热线及班级 QQ 群和微信群，在线与家长共商教子良方。"家校通"网站开设了《在线答疑》和《心桥热线》栏目，教师通过在线答疑解决学生在生活、学习中遇到的各种心理问题。

每月一期的"家长学习材料"为家长们传递了有关学生心理健康的知识，使家长们对心理健康教育也有了深入的了解，与学校同步，科学地对学生进行心理健康教育。每年两次的家长会也是对家长们进行心理健康知识培训的机会。在家长会上，班主任不仅使家长们掌握了心理健康知识，也对家长们进行了心理健康教育，使家长们也具有良好的心理品质，同时对学生的教育也起到了促进作用。

综上所述，班主任发挥角色优势，当好学生的心理辅导教师，既是学生身心发展的客观需要，又是社会发展对班主任工作提出的新要求。我们要认真学习、深入探讨这个新课题，把心理辅导与学生教育管理工作紧密结合起来，不断提高教育工作的实效性。

三、展望未来，班主任工作任重而道远

2013年11月7日，课题中期检查中，张晓光教授说："光复小学班主任教师虽然不是专业心理教师，却做出了十分专业的工作。能否做出专业的工作，在很大程度上不在于你是否是专业出身，也不取决于你具备多少专业知识，关键在于你的工作态度，在于你是否具备对专业工作的敬业精神。事实也充分证明他们的做法是科学的、有效的。这些恰恰就是让我们备受震撼与感动之处。"这些成绩与鼓励，让我们相信：只要努力，不是专业的同样可以精彩！

点评

教育之道，在于育心。伴随着社会发展和转型速度的日益加快，人们的各种心理问题日渐突出。社会心理问题必然会投射到校园，关注学生心理健康教育，意义重大且刻不容缓。在当前教育的现实条件下，专业心理健康教育师资匮乏。依托班主任队伍，推进学校心理健康教育是一条可行而且必要的道路。光复小学提升班主任队伍心理健康教育专业水平的做法值得推广。首先，班主任担任心理健康教育工作的出发点，是要借助心理健康教育专业知识，解决在班级建设、学生发展方面的问题。学生发展面临的很多问题，如果缺少了心理健康的视角，就找不到解决办法。其次，班主任切入心理健康教育的抓手，要聚焦在班级日常活动和家校沟通两个方面，发现问题并运用心理辅导的技能加以干预和解决。最后，班主任需要借助课题研究，将问题解决与心理健康专业知识技能的运用结合起来。研究是提升班主任水平切实可行的策略，通过课题研究加深对心理健康教育专业化的掌握程度，同时也凝聚队伍、形成团队。

教育点化"金苹果"

福建省建瓯市实验小学

金苹果教育旨在以焕发每一位师生的生命自觉为价值引领，以寻找适合学生发展的教育为导向，让"三成"（成人—成才—成功）成为全校师生的共同愿景，成为学校发展的内生力量。建瓯市实验小学历经 12 年的实践探索，经过实践检测、试错、反思、凝练、提升，把原来的金苹果育人工程升级为金苹果教育思想。

一、金苹果教育思想

金苹果教育的探索就是追寻教育本真的过程。金苹果教育是建立在"合目标""合规律""合道德"之上的本真教育，是以学生发展为本的教育，是激励每一个学生"成人—成才—成功"的教育。为此，我们的教育一要"归本"——遵循教育发展规律；二要"求真"——遵循学生语言、心理、思维发展的规律；三要"悟体"——学生是人，是独一无二的人，是正在成长中的人，是具有个性特征和自主精神的生命个体。只有正视差异，尊重人格，敬畏生命，我们的教育才能回归理性，回归本真。

"成人—成才—成功"是金苹果育人理念。在小学阶段，"成人"就是培养合格的小公民，强调一个"德"字；"成才"以"标准＋多元"为培养方式，实现个性和谐，全面发展，强调一个"能"字；"成功"力求实现品学兼优，人格健全，强调一个"果"字。

二、金苹果教育思想的形成

学校提出了金苹果教育理念，构建"本真教育"的实践探索方向。2006年，学校启动了以"成人—成才—成功"为主题的金苹果育人工程，并通过"四大"工程（红色工程——生活德育化，德育生活化；金色工程——课改领航，探求规律；创新工程——发展个性，培养能力；希望工程——十个一百，人人成长）进行实践探索。

（一）本真德育——在润物无声中育人

学校让学生树立正确价值观，在纷繁复杂的社会中分辨是非，学会正确地判断和选择。

1.让德育回归本真，变说教德育为行动德育

（1）横向系列：建立12个德育实践基地

学校让学生驻军营、下农村、进企业、到社区、亲自然，形成"学校—家庭—社会"齐抓共管，三位一体。

（2）纵向系列：抓"领导—教师—学生"

在党员中，学校开展了"让党旗更红，让步伐更坚定"活动；在教师中，学校开展了"让师德更美，让师风更严明"活动；在学生中，学校开展了"让队旗更艳，让言行更美"活动，使德育工作丝丝入扣，环环相生。

（3）在内容上，挖掘学科中的教育因素

用童心想问题，用童眼看世界，学校寓理想教育、耐挫教育、感恩教育、心理健康教育于活动之中，关注学生人格成长。

（4）在途径上，从五个方面入手整体优化

学校强化德育实验，抓系列教育；强化教师队伍，抓终身教育；强化课程改革，抓全面教育；强化社会实践，抓体验教育；强化家校联动，抓同步教育。

（5）在方法上，针对小学生的年龄特征寓教于乐

学校抓"天时"（依据新形势，紧贴时代脉搏，开展教育系列活动），运"地

利"（挖掘社会教育资源，因势利导，因材施教），探索养成教育"三层次"，即"学做人—做文明人—做有底气的中国人"。

2.打造富有个性和生命力的金苹果文化

金苹果文化既重"外化物表"，又重"内化人格"，让每堵墙都是无声的老师。金苹果雕塑、笑脸墙、金苹果吉祥物、可爱的卡通形象——金苹果文明奖牌等，无时不在引领着孩子们阳光生活、快乐成长。

（1）创建金苹果激励机制，使金苹果成为孩子们成长的好伙伴

有机结合，完善制度

真正的激励教育是外部激励与自我激励统一的教育，为了使管理更加精细化，学校各处室以人为本，分别制定并汇编了集十几项规章制度和方案为一册的工作读本。

推陈出新，扩大奖励面

学校运用学生自我推荐、中队评选、学校考核的方式，每月进行一次"十星"评选；每学年评一次"金苹果十佳魅力少年"，对获奖的班级、个人采用动态管理的办法，随时抽查，对不文明行为亮黄牌加以整改。

分层激励，促进成长

学校采取了分层激励的方法，即青苹果给予成长奖，红苹果给予进步奖，金苹果给予优胜奖，从"青涩—成长—成熟"三个层面螺旋上升，象征着孩子们向着目标，不断挑战、不断进取、不断成长的体验过程。

（2）拓展育人空间，使金苹果成为孩子们成长的大舞台

在活动中，学校让学生参与多元体验，同时注重过程性评价的有效跟进，开创金苹果育人五大阵地。

开展"雏鹰假日小队"特色活动

每年寒暑假，学校至少有80个小队开展主题活动，收到良好实效，并多次登上省报，今年还被少先队福建省工作委员会确认为省级少先队课题。

创办"金苹果爱心银行"

学校开展了"巧用压岁钱，捐息献爱心"活动，创办了"金苹果爱心银行"，

活动坚持了10年，已募捐出几万元的爱心款。

开设"金苹果"微信公众号

学校开设"金苹果"微信公众号开展德育大讨论。师生不仅喜欢在"金苹果"微信公众号上发表观点，参与辩论、沟通，还带动广大家长参与活动。

构筑"金苹果阳光少年"平台

学校构筑"金苹果阳光少年"平台，每周开展"你有优点我有亮点、阳光少年共同成长"评选活动，开设"知心姐姐信箱""成长热线"，采用面谈辅导、电话咨询、信息互动等形式对学生进行心理辅导。

组建"金苹果值周中队"

每周一举行升旗仪式，"金苹果值周中队"从主持、演讲、升旗、宣誓到列队展示，成为一道亮丽的风景线，成为孩子们的能力展示台。

（二）本真课程——在远离功利中求真

1. 课程文化建设是学校教科研的"支点"

审美的课堂还需要课程支撑。学校办学特色离开教科研就只是标签和口号，学校着力关注课程文化的"三大关系"：师生关系、理念与课程的关系、课程实施与教学评价的关系；创建了"五位一体"的课程生态发展模式：生态型学校、生命型课堂、智慧型教师、阳光型学生、发展型课程。

2. 教师发展战略是学校教科研的关键

金苹果教育思想，体现了陶行知先生"学真知，做真人"这一教育思想。学校着力下好"五盘棋"。

围绕一个核心：立足教师个体专业成长，从"经验型"向"智慧型"教师转变。

打造"两大空间"：校内教、学、研的空间；校外高位嫁接的空间。

做到"三个到位"：观念到位；培训到位；教研到位。

把握"四个维度"：任务驱动，提升"三养"（学养、修养、涵养）；课题带动，力促教师专业成长；校际互动，优势互补（一校带"多校"，共创共荣）；跨区联动，资源共享（建立名校教科研联盟，与武夷学院以及上海、广东、江苏等地区的学校结成联谊学校，力求实现1+1>2的最佳值）。

实现"五大突破"：课题研究上新水平；教学基本功有新突破；评课、议课、讲课有新思想；撰写论文有新思维；课堂教学要有新智慧。

（三）本真文化——在美的旋律中立人

学校要关注教育思想层面的文化建设，要有先进的教育思想作引导，只有认识到这一点，学校的文化才能走得更远。

1.用"第三只眼"审视

文化基因就是以真善美的形式表现出来的，就是一种人化，是一种生存方式与生存状态。为此，学校在文化传承与发展中，不要忘记借鉴、融合与创新。

2.用科学态度理性定位

学校将"静水深流，止于至善"的儒家哲思作为福建省建瓯市实验小学百年名校文化源脉的自然流向，将金苹果文化作为学校主流文化一以贯之，将金苹果有机嫁接在"陶树"上。

3.用真心实意做本真文化

一所好的学校是靠精神站立的，精神是靠文化塑造的，靠精神站立的学校充满生命力。

（1）特色为品：本真文化的理性回归——不为特色而特色

学校办学特色是有"根"的特色，这个"根"应该是从师生的心灵中生长出来的。

组建"金苹果艺术团"

学校组建"金苹果艺术团"，实现"十个一百"人人成长。每年的校园文化艺术节都有近400位小演员登台献艺。

打造"小科学家俱乐部"

学校打造"小科学家俱乐部"——构筑"金太阳平台",面向全体促发展;打造"金手指平台",注重个体促提升;挑战"金镶玉平台",竞赛熔炉炼高手。学校从"普及—提高—竞争"的发展轨迹中,融入陶行知的创造教育思想。

举办校园"五节"

学校举办了读书节、科技节、文化艺术节、英语节、体育节。

抓实"金苹果小记者团"

学校把文明的触角延伸到社会各个角落,组织了"金苹果小记者团",下农村、进社区、驻军营、入企业、亲自然,开展了"五送融情"(送文化、送爱心、送知识、送品德、送温暖)等活动。

(2)文化为魂:"五位一体"的文化生态情理相融

"观乎人文,以化成天下"是"文化"一词在中国典籍中的最早出处。它包含了中国传统文化的两大核心理念,即"天人合一"与"人文合一"。

学校的"三园"(行知园、求真园、百和园)、"一堂"(国学堂)、"一塑"(金苹果主题雕塑)等环境文化的建设充满力量与智慧,闪烁着行知思想和先贤教育哲思的光辉,它们构成了一道朴实而厚重的风景线,为隐性课程提供强有力的文化支撑。

三、金苹果教育思想产生的影响

(一)点上经验,面上推广

金苹果教育思想多次在省内外学术高峰论坛上被介绍,点上经验得以面上推广。

学校积极推动实验小学片区内各校均衡、高效发展,通过"一校带多校"的方式,把先进的教育理念和教育资源的半径最大化,形成多所学校"一校一貌、一校一品"共同提升的办学格局。

（二）新人辈出，新苗茁壮

2016 年，学校有 13 位教师分别被评为建瓯市名师、建瓯市学科带头人；有 6 位教师的课例分别获得全国一、二、三等奖及"教育部优质课"奖；有 30 多位教师的课例获省级一、二、三等奖。

（三）专家盛赞，形成特色

全国著名教育家于永正对学校的金苹果教育给予好评，并为金苹果塑像题词。金苹果教育获得各界人士的高度赞美。

金苹果教育已形成体系，构成系列。"金苹果"这个品牌不仅成了学校的教育特色，更成了一种文化力量，是助推学校创造性发展的能源。

点评

一所学校办得成功，一定是基于正确的教育理论和合乎社会发展需求的教育理念。福建省建瓯市实验小学的"成人—成才—成功"育人理念通俗易懂且富有操作性："成人"就是培养合格的小公民，"成才"就是以"标准＋多元"为培养方式使个性和谐、全面发展，"成功"就是力求实现品学兼优、人格健全的目标。学校从德育、课程和文化三个角度阐释了办学理念是如何转换为办学实践的。分析学校经验，有如下做法值得我们借鉴。首先，思考教育本质，回到原点。学校在开展每一项教育工作的时候，都强调"本真"，突出教育的出发点，避免急功近利。其次，强调综合与统筹。在进行德育工作的时候，绝不仅仅依靠单一途径；既有班主任、学科教师，也有家长和社会力量；既有主题活动，特色做法，也纳入课程，借助学科；既注重设计，也关注评价落实。在学校的工作中，各项工作彼此呼应，而不是各自为政。最后，尤其强调教师队伍的参与和专业提升。无论是德育、课程还是文化，学校均非常注意教师的参与，强调对教师的培训。学校通过教师的专业化发展，落实对学生高质量的培育。

作者：曲宝淇（六年级一班）　　指导教师：陈　冲　　学校：黑龙江省鹤岗市红军小学

秉持"适才适性"哲学　定制苏派教育的"彩虹方案"

江苏省南通市通州区实验小学

　　苏派教育重视"创新品质"的教育，和芬兰"适才适性"的教育有异曲同工之妙。因此，苏派教育所采用的培养方案自然是"彩虹方案"。学校在探索苏派教育方案的过程中，选择的是"芬兰式路径"。

一、苏派教育面临的世纪难题

　　我们的教育中存在的一些问题，和不能真诚面对"钱学森之问"有关，和不能真诚地发展学生的个性有关。苏派教育如何转型，我们似乎到了一个真正的十字路口。

二、苏派教育秉持的童质哲学

　　最近几年，世界教育的目光纷纷聚焦于芬兰教育，它是全力促进学生个性最优化发展的教育。这种对教育本质的审思，对于我们培养优秀人才是非常有益的。正是在这样的背景下，通州区实验小学顺应全人教育的理念，进行了"属我"的理论思辨与实践探索。

　　在学生个性发展的理论方面，学校通过批判性阅读与哲学性思辨，达成以下共识。

（一）在生命的林子里，儿童有灵且美

生命化校园是最佳的教育生态场，最适于激发儿童的生命灵性。实现了校园的生命化，儿童的个性化发展就拥有了绿色的教育生态。在生命化校园里，课程是"有生命"的，能保证学生"有生命"地学习课程。生命化校园有能力发展学生完整、丰富的文化生命。生命化校园的建构倡导学生通过嬉戏来释放生命，通过丰富文化来丰富生命，让学生像花儿一样成长绽放。

（二）"孩子是脚，教育是鞋"

促进儿童个性发展的最优化教育必定是适合儿童的教育，是"适才适性"的教育。我们要让教育去适应学生，而不是让学生去适应教育。我们总能找到适合每个学生的成长方式的另一种可能性。我们应该倡导为人的精神生活、个体发展服务的教育理念，努力让学校成为个体精神发展的温室。

（三）教师的真性情是儿童个性发展的催化剂

教师的性情是儿童个性发展最大的影响源。我们认为，阳光、活力、有个性的教师才能培养出独特、自信、具有生命灵性的学生。在学校，"人人做自己的第一，个个是学校的唯一"是师生共同的座右铭。我们运用多元智能理论成就教师，变"少数人的胜利"为"所有努力者的胜利"。"人人发展""发展人人"，让每个教师成为教育领域的孤本，成为最独特的自己。

三、苏派教育推行的全人实践

学校诗意营造"生命化校园"，依靠阳光、活力、有个性的教师来培养独特、自信、具有生命灵性的学生，引领每个学生做最好的自己，成为最独特的自己，

使学生的个性得到最大可能的发展。我们探索出以下四条有利于儿童个性发展的有效策略，即主推"适才适性"教育的"彩虹方案"。

（一）尊崇"儿童时代"的红色方案

1.积极的个性应该真正成为好孩子的标准

"通州区实验小学的孩子有灵性，有精气神儿！""通州区实验小学的孩子特别有思想！""通州区实验小学的孩子有个性，敢于表现，善于换一个角度思考问题。"……曾经在我们学校借班上课的教师都会对学生给予高度评价。这是因为我们的课堂以学生为本，适应学生发展的不同层次，接近学生的最近发展区，强调"师"的支持与服务，所以才培育出眼更"慧"、嘴更"巧"、脑更"智"的学生。

2.教育者必须真正成为儿童研究家

我们尊崇孩子的"儿童时代"，以儿童的"我经验"为基础来设计、运行教学，让课堂成为孩子自己的课堂，让每个孩子在尝试、讨论、感悟、体验、合作、总结、拓展中得到发展。

3.课堂必须真正成为儿童化的乐园

在学校"多维互动'我'课堂"教学模式的模型图中，钟面表示一堂课的学习周期，课堂分为四大模块。每个大模块又分为三个环节，展示学生开展"我学习"需要完成的12项活动。第一模块："我准备"——"我知道""我质疑""我规划"。第二模块："我探究"——"我尝试""我讨论""我感悟"。第三模块："我提升"——"我总结""我反思""我拓展"。第四模块："我检测"——"考自己""考同伴""考师长"。这样的课堂真正促进全体学生的个性化发展。

（二）延展"梦想跑道"的蓝色方案

学校尊重学生的自主选择和个体差异，依据未来人才发展的要求，构建了"学科课程、活动课程、选修课程、校本课程"四位一体的课程体系，努力使每个学生尽展多元智能，尽显个性智慧。

1.彩化选修课程

学校开设了航模、乒乓球、舞蹈、京剧、独轮车、武术、象棋、声乐、器乐、国画、书法等特色选修课程，学生根据自己的兴趣爱好和个性特长，自主选择课程，快乐成长。

2.趣化绿色课程

人，就是游戏者。学校精心策划"水趣""树趣"等童年地域嬉乐25趣活动，带着学生走到室外，将大自然作为"绿色作文"的天然情境场，"打陀螺""跳房子""滚铁环"等传统游戏成为学生当下幸福的体验。

3.深化校本教材

学校开发了一系列校本教材，如《一切为了生命》《蕊春探寻》《习惯成就未来》《童年写真》等。学校正在探索与生命化学园、美育课程对接的课程体系。

4.精化活动课程

游戏是儿童的天性，活动是学习的有效载体。为了给学生一方灵动的天地，学校除了教师自主设计、组织的各项小型活动外，每学期都要举行两三次全校规模的大型综合实践活动。

为了丰富数学教学，激发学生学习数学的兴趣，学校确定了每个年级的数学"步道"内容，并由备课组组长牵头编写了"数学步道"活动方案，每个年级开展了两次数学步道活动。数学教师共同开发适合每个年级学生的数学游戏课程。"智慧金字塔""聪明小方块""有趣的汉诺塔"等游戏深受学生的喜爱。

一、二年级的班级社团活动将绘画与阅读巧妙融合，大大培养了学生的创新能力和审美能力。四年级的班级社团活动巧妙地与时令相关联，效果良好。部分班级的师生一起养蚕、一起记观察日记、一起制作《蚕宝宝》绘本。五年级手工社团根据节气的变化安排手工内容。立夏前夕，教师带学生一起编织蛋网，学生们在给蛋宝宝们安家的过程中享受着创造的欢乐。

（三）铺展"星光大道"的金色方案

走进美丽的校园，你一定能处处感受到学生的灵动与大气：小导游举止大方，口齿伶俐；小主持潇洒沉稳，机敏老到；小记者活泼敏锐，采写俱佳……这些可爱的孩子都是我们生命化校园中最美丽的风景，他们在"星光大道"中尽情地绽放着生命的精彩。

学校致力于品牌活动的打造，着力于活力校园、活力童年的氛围营造，着力于张扬学生个性的品牌活动的立体布排。

1.十佳系列活动，为儿童搭建最个性的舞台

十佳童星评比是学校一年一度的品牌活动。学校有序组织开展了"校园十佳系列评比"活动，为每个学生寻找展示的机会，让每个学生都成为校园里冉冉升起的新星。

2.读书系列活动，为儿童补充最个性的能量

小小藏书家评比、班级图书漂流、图书接力棒、与作家的对话、亲子阅读……一项项丰富多彩的读书活动成为学生童年的精神盛宴。

3.淘宝系列活动，为儿童创设最个性的交际场

小跳蚤市场活动在每年的元旦举行。学生成了商铺的主人，热情而略带腼腆地招呼顾客，熟练而充满诚意地介绍着自己的商品。他们成了畅游市场的小淘客。在角色的快乐转换中，他们摸索到适合自己的与人沟通、有效推销的个性化方式。

4.节日系列活动，为儿童布排最个性的全空间

学校还定期举办校园英语节、体育节、戏剧节等活动。

（四）启动"大地阅读"的绿色方案

"大地阅读"是儿童个性发展的自然方式，学校要发展学生的个性，需要加大力度发展儿童的天性，让他们的生命触角延伸到家乡的角落。学校将学生带到

开沙岛踏青，到忠孝园访古，到江滨海滩捉蟛蜞、踩文蛤，到农田掰玉米、摘番茄，用竹管和木轮做成小推车，到蓝印花布作坊寻找南通记忆……在分校区，"习耕园"运行的方式越来越成熟：在学校政教处的组织下，三至五年级各班学生分别体验了种收小麦、油菜、小葱、茼蒿、蚕豆等活动。广袤的江海大地到处都有红领巾的欢声笑语，主题实践活动也成为学校江海实践活动的无限舞台。

苏派"适才适性"教育注重把群体培养目标与个体培养目标统一起来，坚持全面发展与个性发展的和谐统一，让共性存在个性之中，个性中又蕴涵着共性。希望每个孩子在共性和个性成长中都能找到适合自己的"一百种成长语言"。

点 评

生命本身是教育关注的核心。南通市通州区实验小学积极回应教育关注的时代难题，解放思想，大胆尝试，提出的"彩虹"育人策略让人耳目一新。当教育从工具价值取向转为道德价值取向之后，关注人的生命成长就成为教育的核心。学校围绕个性发展展开研讨，形成的三点共识富有启发意义。学校着力在课堂、课程、校园活动以及校外实践四个方面开展积极探索，总结提炼了促进学生"适才适性"发展的有效策略。学校在课堂上，积极营造激发儿童思想迸发的开放、民主的课堂文化氛围；在课程建设上，大力开发促进学生个性发展需求的特色校本课程；在校园活动上，着力打造"活力与个性张扬"的品牌活动，为学生提供多样的展示平台；在校外实践活动的设置上，力图让学生与身边的社会环境深度融合、与学生实际生活融合，将"生活即课程"的理念真正做实。从南通市通州区实验小学的育人实践上，我们能清晰地感受到这个时代教育发展的脉搏。

相伴携手前行，共创美丽人生
——学校文化引领下教师自主研修的实践研究

北京市海淀区七一小学

著名管理学家德鲁克于 1954 年在《管理的实践》一书中指出，"人力资源是所有资源中最有生产力、最多才多艺、也最丰富的资源"。这就要求管理者有长期战略的眼光，将"人"看作一种能够为组织创造价值的战略性资源、资产和资本来加以开发、利用和管理。

对一所学校来说，最重要的人力资源是教师。建设一所优质学校，培养优秀的教师队伍，已经成为学校永恒的话题。随着政府均衡化办学的力度不断加大，对学校环境和硬件设施的不断更新，学校与学校之间的差别越来越小。随着社会和家长对教育的期望值越来越高，最终学校的人力资源建设将成为学校竞争力的最重要因素。

一、有效分析学校教师队伍，明确教师职业发展需求

学校在编教师 172 人，其中 35 岁以下的教师 53 人，占教师总数的 30.8%，这些教师精力充沛，大胆创新，为学校教师队伍增添了新的活力。同时，学校骨干教师中 35 岁以下的教师数量偏少，有 4 个学科还没有 35 岁以下的骨干教师。学校大多数骨干教师已经进入中年，学校需要尽快优化教师梯队。

培养教师队伍需要调动教师个人的自主性和积极性，找到教师自主进行专业发展的原动力。

二、有效规划教师发展路径，促进教师自主发展

（一）了解需求，明确目的

学校采用访谈法对教师培训需求进行了调研，针对学校办学理念、教师个人发展规划及学科特点需要的培训进行了访谈。通过访谈我们发现，教师们对于培训的形式和内容有一定的要求。大多数教师需要进行培训，而且对自己的专业有追求。他们更喜欢从自己的学科需求和困惑角度选择适合的培训内容。另外，教师们更喜欢轻松和愉悦的培训形式。

从教师需求的角度出发，学校需要合理安排适合教师的多元化培训。如何提高每个教师自主研究的自觉性，挖掘教师的内驱力，成为研修的主题。

（二）定位准确，思路清晰

从教师的发展角度看，"文化自觉"是教师专业发展的"内动力"。

教师专业发展是以专业结构的丰富和专业素养的提升为宗旨的，教师自觉地追求专业发展，我们称之为"专业自觉"，即教师自主、自发地开展教学研究。"文化自觉"是实现教师专业发展的内在动力机制，影响着教师人生观和价值观的形成。因此，"文化自觉"不仅是教师自主学习、自我完善、自我超越的过程，也是实现自我价值、体现人生意义的过程。

综观学校的教师状况，教师们积极开展教学研究，将工作重点放在课堂教学的领域。学校"大空间"课堂教学理念和小组合作学习方式深入人心，并且在市区不断推广。学校在课程的建设和课堂教学中将学生自主发展作为核心目标。学生的自主发展建立在教师给予的空间上。因此，学校给教师更大的空间，促进教师自我专业发展是促进教师群体共同成长的根本。

（三）文化引领，激发动力

学校的"和"文化基于中华民族的传统文化，"和"生百福，"和"能致远，美好事物常因"和"而生或伴"和"而行。正如《论语》中所说："礼之用，和为贵。"学校的"和"立足于合作、和谐，最终达到和美。

结合学校的文化内涵看，学校确立了"传承与创新"的文化重构思路，将国际视野与满足新时代发展的"和文化"理念融入其中。基于此，学校以实现"美丽中国"的伟大梦想为思想指引，提出"美丽教育"，让全体师生都具有"海洋情怀"的人文素养和"国际视野"的现代精神，拥有美丽人生。

学校"和"文化的理念和"美丽人生"的实现构想，将学校教师队伍建设定位在"团结协作""相互促进"上。学校用文化提升教师的研究凝聚力，"激发教师内在的动力需求，自主与创新"，以"开放与包容"创造和谐的价值理念。

三、制定有效培训战略，为教师自主发展提供平台

（一）统筹规划，合理布局

学校成立了以校长为组长的领导小组，学校各部门统筹规划教师发展，专人负责，将学校教师培训规划作为学校发展规划的重要组成部分，将学校不同的规划内容合理协调，形成学校的校本培训的总体规划。

本着"和"文化的理念，学校引导教师与教师之间、教师与干部之间、教师与学生之间的和谐共生。在教师队伍建设上，学校需要在教师之间建立起研究、思考、共享、共赢的合作关系，将教师的发展成为教师自愿和自发的行为，成为教师与教师之间共同成长的纽带。

（二）形成组织，深化研究

英国现代思想家齐格蒙特·鲍曼在《共同体》一书中指出："共同体是指社会中存在的，基于主观上或客观上的共同特征而组成的各种层次的团体、组织。"

1.成立研修团队，促进教师自主发展

学校课程改革的效果依赖于教师群体的专业水平。教师的职业幸福感要从他们的职业价值的成就感中获得。学校建立了教师研究共同体，每个教师在专业上都不是独立的个体，都是群体中的一员，关键词就是互动、互助、分享。

学校中有党员学习共同体、学科教研组研修共同体、课题研究共同体、青年教师研修群体、师带徒协作体，教师在不同的研修群体中开展校本研修。

在教师研究共同体中，教师定期交流互动，立足备课组、教研组，提倡集体备课，积极开展研课、听课和评课活动，促进学校教育教学质量稳步提高和学校的可持续发展。

共同体本着共享性原则、自主性原则、实践性原则、有效性原则，追求优势互补，取长补短，实现共赢；以德研、教研、科研为主要研修方式，提高教师育德能力，提高教师学科教学能力和水平；把教学、教研、科研和培训这"四张皮"融为"一张皮"，切实提高"研修一体"的水平和实效。

党员学习共同体就教师思想、教师师德建设进行研讨和学习；学科教研组研修共同体以教研组为单位开展教研活动，进行学科教研；课题研究共同体以科研引领的方式展开研修，学校共有15个区级以上的课题成功立项，15个课题组按时开展研修活动，以课题为依托打破年级界限，以研究专题为核心促进教师专业发展。

教师研究共同体打破了年级界限，打破了学科壁垒，将教师凝聚在一起。每个共同体在负责人的带领下制订相关计划，进行自主研修。

2.组织研修沙龙，激发教师发展兴趣

教师研究共同体的另一种形式是研修沙龙。"海韵"教师阅读沙龙共有86名教师报名参与，定时活动，并且在微信群中分享优秀书籍和文学作品，营造了书香校园环境；"素描七一课堂"是学校最具特色的校本培训，利用"互联网+"的平台，及时分享成功的教学案例，促进教师彼此交流；青年教师研修沙龙由工作5年以下的青年教师组成，他们定期学习，定期反思，彼此促进；学校青年班主任沙龙旨在引导青年班主任不断积累班级管理经验，形成自己的管理风格。

学校还定期开展"海韵"微课堂的活动，充分挖掘每一位教师的特点，激发每一位教师的专业成长积极性。例如，活动通过整本书阅读研究、儿童文学作品赏析、中外文学作品比较等，不断提高教师的专业素养。

3.促成教师结对，促进教师整体发展

为了不断提高教师整体素质，学校成立"青蓝携手"师带徒组织，由学校骨干教师和工作3年以下的青年教师组成，每对师徒都制订共同的目标，在交流中不断发展专业水平。

师带徒组织大大促进了学校教师队伍的整体提升，共同体及沙龙等组织极大地促进了教师课程领导力的形成。课程的深度开发让学生受益的同时，也推动着教师队伍的提升，营造了学校的主动研究的氛围，教师之间谈论更多的是教学策略，分享更多的是教育思考。

（三）关注个体，推动发展

在教师研究共同体之下，学校需要关注教师个体发展。学校根据教师的骨干级别和职称程度给不同的教师提供了发展方向，让每个教师在原有的基础上进一步发展。学校为骨干教师提供了高级别的研修平台，使他们参与更高级别的培训，同时让骨干教师在专业上发挥引领作用。

学校为年轻教师搭设平台，促进他们专业提高。例如，在青年教师基本功展示活动中，各学科都聘请教研专家到学校指导，注重教师的成长过程；学校还邀请北京市教育科学研究院的教研专家到学校进行全学科的指导工作，促进每个教师的专业提升。

学校提倡教师个性发展，形成自己的教学风格。例如，学校设立了柯达伊音乐教学基地；杨广鑫工作室进驻学校美术学科，传承中华民族传统文化；"好玩数学"的活动进入课堂；语文教师引导学生的整本书阅读工程等。

（四）课程策划，提升素养

学校根据教师的需求和不同学科的不同特点，全面提升教师综合素养，给教

师提供了丰富的菜单式课程。本着尊重差异、个性选择的原则，学校开展了理论基础课程，提升教师理论修养；开展了艺术课程，提高教师审美品位；开展了体育健身课程，提高教师身体素质……教师既可以得到教育理论的学习，也可以得到书法、绘画、插花、茶艺、剪纸等艺术素养的提高，还可以拥有健步走、球类、瑜伽等运动体验，从而真正做到自主选择，自主发展。

从教师课堂的魅力，到教学研究的热情，再到撰写文章，我们看到了教师在专业领域的成长；从教师和学生一起舞蹈，到舞台指挥的精彩，再到陪伴学生奔跑，教师的精神中体现着学校"美丽"文化的内涵，教师专业成长里浸润着人生的精彩。通过自我主导、自我发展追求幸福，学校教师达到了"各美其美"；通过自我实现、自我超越创造和谐，教师达到了"美美与共"，其折射出的核心价值观以及校风为自主、创新、开放、包容。

四、队伍建设初现成效，推动教师不断发展

（一）课程改革的引领者

教师培训需要与课程改革结合起来，这样的教师培训才有生命力。教师在自主研修的同时，将个人的学习成果予以深化，运用到自己的课堂教学中，为学生开设了丰富的课程。例如，在"阅读沙龙"活动的启发下，青年教师尚老师的公众号课程"与尚尚老师同成长"立足于学生的课外阅读指导，引导学生与古代经典对话，将传统文化根植于学生的内心；在学校实践课程理论的引导下，数学老师的"魔方课程"，引导学生动手实践，不断开发学生思维；在整本书阅读的培训中，语文老师开设了"与经典对话"的整本书阅读课程，《西游记》《三国演义》等经典的阅读课程成为深受学生喜欢的课程。

（二）课堂教学的研究者

每位教师在课堂教学中，都将"研究"放在首位，教研组活动围绕研究专题开展；教师在备课中研究教材、研究学生。学校将转变学习方式作为教师培训的

重要目标，教师培训的效果莫过于学生学习方式的转变和教师教学行为的转变。目前，学校的小组合作学习方式和课堂"大空间"理念深入教师思想，让每一个学生都有自主发展的获得感。

（三）学校活动的策划者

教师在培训中不断成长，培养了多方面的兴趣，成为学校活动的策划者。例如，学校青年教师基本功总结活动的策划，学校阅读活动总结的策划，学校儿童节活动的策划等，这些丰富的策划活动均来源于教师在培训中的灵感。

（四）个人成长的践行者

学校创造条件努力让教师个人价值获得充分体现，将每位教师的个人成长放在首位，结合学校文化，每年评选学校最美教师、最美党员、优秀班主任等，以表彰教师在自己岗位上的突出表现，展现教师职业幸福。一大批年轻教师在各级各类研究课、评优课中获得优异成绩。很多中年教师成为市区级骨干教师及业务能手。

进入21世纪，随着"以人为本"的思想逐渐深入人心，教育界对教师职业价值的认识也开始发生变化。在学校中，"以人为本"之"人"不但包括学生，也包括教师。教师这一职业不但要"育人"，也要"育己"；不但要促进"学生的发展"，也要促进"教师自己的发展"。教师的专业活动，不应该单纯是消耗型的，而应该是发展型的。作为与成长中、发展中的人打交道的一个特殊职业，教师在教育过程中谋求自身发展，比其他的职业更有必要，也相对更有条件。

教师是一份特殊的职业，承载着教书育人的重任。教师的专业提升需要同伴之间不断研讨和碰撞，需要有相伴携手的温暖和感动。学校文化定位与教师专业发展有深深的联系，学校的教师培训就是基于学校"和"文化的理念指导下，让教师与教师、教师与干部、教师与学生、教师与家长携手前行，共同创造学校美好的明天，真正实现师生"美丽的人生"。

点评

　　毫无疑问，教师队伍质量直接关乎学校发展水平和学生培养质量，教师队伍建设也是每一所学校关注的核心工作之一。北京市海淀区七一小学的教师队伍建设为我们提供了可贵的经验。首先，我们要把教师的职业价值认同与学校办学理念进行深度融合。每一位教师都有自己的教育观，这些教育观与学校办学理念并不是天生一致的。学校要把学校发展的愿景与教师个人发展的愿景做深层次的交流和融合，解决教师发展的深层动力问题。其次，准确把握学校教师现状及发展需求是学校教师队伍建设的前提。教师队伍建设不能仅仅凭借经验和照搬别人的做法，借助研究的思路，分析教师现状是工作的起点。再次，学校要善于建立各种教师学习和发展的共同体。个体的努力对教师的发展很重要，但发展团队的形成，对于教师发展更为关键。学校尤其要借助教学研修这一核心主题，把教师发展的动力和意愿从内心深处调动起来。最后，学校要从研修培训课程设置、制度机制、组织保障等方面进行顶层设计，固化经验，形成教师队伍建设的长效机制。

让每一个孩子平等享受优质的教育

湖北省武汉市武昌区三道街小学

武汉市武昌区三道街小学创建于 1946 年，现有 70 多年校史。学校获得武汉市素质教育特色学校和武汉市首批标准化实验学校、湖北省信息技术与教育教学深度融合试点、武汉市基础教育信息化先进单位等荣誉。学校成为全国信息教育名校，成为一所老百姓家门口满意的学校。

一、打造全国一流的智慧校园环境

在整个校园环境建设中，学校注重校园文化与办学理念的统一，以智慧校园为主打，花了将近 4 年的时间，逐步完成学校硬件基础建设和校园文化建设。学校拥有学生机房、多功能报告厅、录播室、微格教室、智慧教室、创客室、美术室、舞蹈室、音乐室，还拥有英特尔一对一学习机、电子白板、双白板、电子书包、双网覆盖等先进的设施设备，大气高雅的校园文化，为学生提供了舒适的学习生活环境。

二、打造武汉市一流的课堂教学模式

在全面推行素质教育的今天，在绿色教育的理念花开武昌的今天，每个武昌教育人都在努力探索，寻找科学有效地提高课堂效率的教学方式。5 年来，学校以提高 40 分钟教学质量为目的，经过"30+10""20+20"教学模式的探索后，确定了今天的"魔方课堂"。"魔方课堂"是在云环境下，利用信息技术为学习者提供丰富的教学资源，通过对大容量知识的搜索、整理、运用，激发学生学习兴趣，激活学生思维，实现课堂的最大化效率和最优化效益；实现学生的自主学习、合作学习、自我反思、自我评价，让学生成为课堂的主人，为学生终身学习奠定基础。

2014 年年初，"魔方课堂"教学模式荣获武汉市第二届"高效课堂十佳教学模式"的第一名。学校并没有满足和停留在这一荣誉上，而是开始赋予"魔方课堂"更多的内涵。2016 年 9 月，学校开始新一轮的改革，这次改革意义更大、更深远，因为这不再是单一的课堂教学模式的改革，而是课程的改革。学校将原来的 13 门学科，根据学校学生核心素养和学习领域，整合成 5 个领域课程：品德与健康、语言与阅读、数学与思维、科学与技术、艺术与体育。

三、探索数字化德育管理体系

随着云计算、大数据时代的到来，物联网、移动互联网已经融入我们的生活，也渗透到教育的方方面面。人与人、人与物、物与物通过网络紧密连接，社会进入一个全新的时代。如何在新形势下开辟新的德育管理体系是每所学校的管理者应该深思的问题。

一是活用教育云空间。教育云空间的教师资源栏目有《教海拾贝》《人海拾贝》《育人感悟》《星光闪烁》《热点聚焦》《心灵沟通》等；学生资源栏目有《自我介绍》《成长记录》等。教育云空间在充分展现师生的特色和个性的同时，也为家校联系搭建了良好的平台。

二是学生成长电子册。在区管理平台上"图说校园"这个板块，通过时光轴（以时间为坐标），用图片和简要文字形式记录学生在校学习生活。时光轴有学校、班级和学生三个层面。每个学生有一条属于自己的时光轴，所有师生时光轴合并形成班级时光轴，最终形成学校时光轴。它让学生在人生路途中，学会欣赏风景，享受人生的美好，传播正能量，增强德育实效。

　　三是"蜜蜂争章"自动化。蜜蜂是学校学生设计的吉祥物，"蜜蜂争章"是根据学生素质发展的八项内容而设计的评价体系，有尚礼蜂、环保蜂、智慧蜂、创新蜂、才艺蜂、爱心蜂、健体蜂、自律蜂。这样的电子化评价体系和表格让德育评价及时化、节能化、系列化、完整化，从而让学生体验自我教育。

　　四是班级名片动态化。学校将学生机房里淘汰的电脑显示屏利用起来，形成各班班级名片，师生将班级介绍、班级寄语、班级特色活动，以及本班学生在校学习生活的照片、视频等，通过电子幻灯片进行展示，以彰显班级特色和学生的个性风采。

四、打造老百姓家门口满意的学校

　　6年的时间，学校通过知识呈现方式的改变、课堂教学模式的创新，学生的综合素质和教师专业水平以及学校办学品位的大大提升，成为全国信息技术名校，武昌区老百姓家门口满意的优质学校。

　　学校于2014年托管了民主路小学，并在民主路校区增设了附属幼儿园。学校获得了国际生态学校、全国全民低碳行动优秀学校、湖北省教育技术实验学校、湖北省语言文字先进单位、湖北省绿色学校、武汉市基础教育信息化先进单位等荣誉。2013年7月，《中国教育报》专题报道了学校教育信息化工作；2013年9月，学校应邀参加了在哈尔滨举行的"全国信息化教学现场观摩活动经验交流会"，作为唯一代表小学的学校做了大会发言；2014年学校入选了教育部教育信息化工作经验交流的联合国案例；学校连续两年代表湖北省优质学校到全国信息教育现场会参展；学校承办了教育部组织的多媒体运用展示活动、武汉市小学高效课堂巡礼"三走进"系列活动；学校举行了武昌区质量月启动仪式；学校连续四年被评为武昌区绩效目标管理先进单位、绿色教学质量管理先进单位。

　　不破则不立，化茧才成蝶！

点 评

  进入信息化时代之后，数字环境支持下的学校教育，成为优质教育不可缺少的重要内容。武汉市武昌区三道街小学将自己的优势做强，将信息化手段运用到学校教育的各个方面，进行技术与教育的深度融合，走在了学校发展的时代前沿。除信息化硬件环境建设之外，学校在课堂教学与德育两项中心工作的管理上，探索信息化手段的运用。"魔方课堂"的核心是培养学生自主学习、合作学习的能力与习惯，信息技术充分发挥了其数据资源优势，极大地促进了学生信息素养的提高。新时代背景下的德育工作也面临挑战，学校通过教育云空间、学生电子成长手册、班级名片等大数据支持下的平台开发，增强了学生管理的实时性与动态性，全方位记录和展示了学生成长的轨迹，有利于增强学生的成长体验。借助信息化办学优势，学校不断扩大影响，成为名副其实的老百姓满意的优质学校。

作者：夏晓寒（五年级）　　指导教师：陈万龙　　学校：安徽省马鞍山市采秣小学

以"手拉手"品牌为载体，建设师生发展的共同体

湖北省宜昌市实验小学

宜昌市实验小学确立了"首善"文化立校发展战略，以"学校的一切努力都是为了师生幸福、家长满意、社会称誉、政府认可"为使命，以"卓越绩效管理模式"为抓手开展现代学校治理，取得了突出的办学效益。目前，学校在文化立校、现代管理、课改实验、德育活动、心理健康、艺术教育等多个方面居全国先进水平，在引领区域教育现代化发展中做出了突出贡献。

一、文化立校，培育首善教师

宜昌市实验小学具有悠久的历史和丰厚的优秀文化底蕴。近年来，在步入省市名校行列的同时，学校进入了发展的高原期。面对新的形势与任务，学校重新定位和寻找发展方向，探寻新的发展道路。在外部专家团的指导下，学校发动全校师生、家长和专家们一起追问历史，思考明天，确定了"首善"文化立校的发展战略。

"首善"，一为：首端。首，开始；善，良好的内涵素质。"首善"就是给孩子最好的人生起步，为孩子终生发展奠基。二为：首位。首，第一；善，好。"首善"就是最好，首善之校就是办最好的学校，办宜昌市、湖北省乃至全国最好的现代化基础教育名校。学校从环境文化、制度文化、课程文化、活动文化、主体文化五个维度出发，通过三大策略建设首善教师文化。

（一）认证首善身份，共生价值观

学校根据习近平提出的"四有"好老师标准，开展全校师德大讨论，在广泛征求全校师生家长意见和建议的基础上，立足传统、面向未来，把价值定位在"向善有爱，向上有品"。"向善有爱"即心存"善念"，践行"善行"，给孩子最适合的教育；"向上有品"即有高尚的品质追求，奋发有为，不断攀登更高的人生目标。同时，学校把首善文化主题的三个方面内涵"首端、首创、首位"细化为全校教师的具体目标：首端——做身正为范的教师，强化德高为范，即为人师表的底线要求；首创——做教育有方的教师，强化学高为师，即实验小学教师必备的教育创新精神和能力；首位——做学生喜爱的教师，强调学生需求至上，并从这三个方面切入，实化"向善有爱，向上有品"的价值规范。

（二）建设首善校园，共拓精神地

学校在二期改造中，发动全校教师自己动手，建设首善文化校园，传承宜昌市实验小学教师近70年的开拓创新、敢为人先等精神品质。经过全体教职工1000多个日夜的加班加点，成功建成了尽显首善品质，备受各方盛赞的"四园九景"广场文化、"四馆一厅"功能室文化、"五梯八廊"楼道文化及36间教室和12间办公室文化所组成的首善文化校园。首善文化校园的建成极大地改变了教师们的生活、学习和工作方式，学校成为教师们温暖的小家、温馨的精神港湾。

（三）根植首善文化，共谱发展曲

一是全校教师在总体规划的基础上，人人制订自我发展规划，学校分层建立梯队培养目标，助力教师人生事业的发展。学校重点加强教师思想的引领、教学实践的锻炼，并通过教师文明素养工程，把纪律放在前面，坚持教师的职业认同、专业发展共进，使更多的优秀教师成长为德技双馨的学科专家。

二是开展"U-S合作"（大学与中小学合作）下的现代教师队伍建设。学校与华东师范大学基础教育改革与发展研究所签订合作协议书，杨晓微教授领衔的教授专家团每学期两次深入学校，开展名师工程建设，引入最前沿的教育理念，培养具有现代素养国际视野的名师团队。

三是以新课程理念为指导,先后以"教学大赛""高效课堂""学为第一,教助学成""一师一课"等活动为载体,以课题研究和实验为手段,开展"现代课堂"构建活动,锤炼高超的教育教学技能。

四是支持教师根据兴趣爱好发展社团组织。比如,学校在中青年教师中成立"志业研究会",开展师资培训、课题研究、教学改革、文艺分享等活动,引领教师思想、道德和专业发展。

五是开展丰富多彩的"智慧传递""实小微言"等多种形式的首善论坛活动,让教师讲述自己的和身边的故事,推介先进的教育思想和理念以及阶段性学习收获体会,提升教育艺术水平。

六是开发以传承宜昌市实验小学的优秀历史文化为内涵的《实小理解课程》,实行新进员工入门培训、全体教职工定期授课制度,以考核合格作为转正的依据。理解学校、认同学校文化,提升了全校教职工对首善文化校园的认同感和归属感,增强了全体教师热爱学校、建设学校和发展学校的责任意识。

二、拓展品牌,构建育人网络

"小手拉大手"是学校20世纪90年代末创建的全国著名文明创建和德育品牌。学校作为首创之地,与时俱进,将"小手拉大手"升级为"手拉手"品牌,不断增加其社会效益。

(一)教师培育方面

一是与农村学校、薄弱学校手拉手,结对帮扶,资源共享,传递名校文化。学校作为全国"国培计划"挂职校长和跟岗教师培训基地,先后为全国各地培养了60多名优秀校长和150多名骨干教师。区级范围内与南津关小学结对,市级范围内与点军区联棚小学、点军区点军小学、猇亭区实验小学和市特殊教育学校结对,省级范围内与恩施市实验小学等学校结对,全国范围内与青海省玉树藏族自治州囊谦县第二完全小学结对，为他们培训了一大批校长、骨干教师和管理人员。

二是与优质学校手拉手，互访互研，交流不同地域文化。学校目前与台北市信义区福德小学建立了合作关系，将与北京农业大学附属小学开展以作文教学为主题的同课异构联谊活动。

三是与华东师范大学、上海交通大学、复旦大学和湖北大学手拉手，通过合作，改进学校管理方式，全面提升教师素质，培养高水平教师。

四是走出国门，与美国俄亥俄州西尔学区小学部手拉手，进行广泛的教育合作与交流，向世界传递优秀的中华民族文化，培养师生面向世界的国际素养。

（二）学生德育方面

学校高度重视德育品牌创建工作，从环境文化、制度文化、课程文化、活动文化、主体文化五个维度进行构建，始终把"小手拉大手"德育品牌创建列入学校总体发展规划，成立了以校长为组长的德育品牌创建领导小组，强力推进"1+4"模式，使德育品牌创建工作不断常规化、常态化。"1+4"模式即紧抓一个特色，把德育品牌创建与"首善"特色名校的建设结合起来，不断挖掘首善精髓与未成年人思想道德建设的共同点，不断打造环境文化、制度文化、课程文化、活动文化四大载体，使德育品牌创建与学校工作齐头并进、协同发展。

学校以"首善"文化为指引，针对不同年级学生特点，孕育出"小手拉大手"的年级组德育课程。

一年级——手拉手知首善。以"实小护照"为载体，开展做礼仪操、唱规范歌、戴流动红领巾等一系列活动，规范学生日常行为，给学生最好的人生起步。

二年级——手拉手学首善。发挥首善之师的示范引领作用，让学生明理知行，把首善行为规范转化为学生们的具体要求。

三年级——手拉手建首善。发挥校外实践基地作用，让学生们走出校园、走向社会，建构首善少年的实践能力和社会责任感。

四年级——手拉手推首善。发挥校园博客、班级QQ、家长委员会短信等平台作用，让首善文化进入家庭和社会，共同建立立体化的首善教育网络。

五年级——手拉手行首善。"把班级还给学生",开展学生自主管理研究和实验,让学生发现自我价值、发掘自身潜力、确立自我发展目标、形成适应社会发展的意识和能力。

六年级——手拉手立首善。发挥社会优质教育资源的作用,让社会名流走进校园做学生人生、事业的导师,引导即将毕业的学生追求首善人生目标。

三、创新评价,促进名师成长

学校是宜昌市卓越绩效管理试点学校,于2013年引入卓越绩效管理模式,通过把卓越绩效管理与文化立校相结合,在全国率先完成了卓越绩效管理校本化。一是建立了与卓越绩效管理相适应的"三合一"行政管理体制和更贴近师生的"年级组负责制"扁平化高效管理组织结构,提升了教师管理效能。二是梳理完善了80多条管理流程规范并形成了现代学校管理的制度体系,规范了教师管理流程。三是开发了"项目负责制管理""团队考评制调节""末尾问责制约束"三大管理工具,定性分析、定量评价,持续改进,不仅全面调动了全校教师工作的积极性、主动性和创造性,也不断推动了学校名师队伍建设持续发展进步。学校"中小学卓越绩效管理模式"课题阶段性成果,在2017年9月被推荐参加全国第二届创建成果公益博览会,并获优秀奖,成为博览会上中小学校长高度关注的教师管理优质产品的焦点。

宜昌市实验小学将进一步努力发挥区域实验名校的实验性、示范性和辐射性作用,创新育人发展共同体,着力培养"四有"好老师,为促进基础教育发展做出更大的贡献。

点评

　　学校发展需要愿景规划，愿景的形成源于学校所有利益相关者的参与。作为学校办学的核心主体，教师的发展至关重要。宜昌市实验小学的教师队伍建设工作卓有成效，有以下经验值得学习借鉴。首先是进行学校核心价值观的认同。学校提出的"首善教育"，经过各种途径，逐步成为教师们认同的办学理念。其次，善于借助各种资源为教师发展助力。学校积极引进高校专家资源，引进重点研究项目，借助项目实施来提升教师能力。学校通过手拉手互助交流活动，促进教师综合育人能力的提升。学校围绕"首善德育"的品牌活动，运用工作凝聚队伍。最后，学校特别注重通过制度机制的创新，为教师发展建立长效机制。学校的年级组负责制、项目负责制、团队考评机制和末尾问责制，既为教师成长搭建平台，也为教师发展明确了方向。

擦亮每一颗星星

北京师范大学贵阳附属小学

北京师范大学贵阳附属小学（以下简称北师大贵阳附小）从建校以来，尤其是成为"中国好老师"公益行动计划（以下简称"公益行动"）的基地校之后，"发现好老师、培养好老师、成就好老师"成为学校内涵发展、达成育人目标的重要行动之一。学校将"公益行动"的推进与日常课程建设、课堂改革、课题研究等常态工作紧密相连，彼此助力。"公益行动"深度带动学校全面工作，提升办学质量、凸显育人效果，在区域内发挥了良好的辐射引领作用。

一、氛围营造，唤醒每一位教师的价值认同

做一名真正意义上的好老师，有理想信念、有道德情操、有扎实学识、有仁爱之心，应该是我们每个教育者真诚的职业价值观。要得到每个教师的认同，开局的氛围营造一定必不可少。

北师大贵阳附小是由北京师范大学和贵阳市观山湖区政府联合创办的一所创新型公办小学，它是一所造型别致的"魔方"型学校，是一所水木相映、鱼鸟共生的园林学校，是一所有着优秀教育质量的区域品牌学校，是一所以科技教育为龙头的"发现型"特色学校。而现在看来氛围很不错的这所学校，却曾经风雨飘摇，建校 5 年，换了 6 任校长。暂不说当时家校矛盾何等突出，最关键的是教师队伍没有核心育人目标的引领。

于是学校通过带着师生"发现学校建筑特点""发现人（教师、学生、家长）的优势和缺点""开展刨根问底辩论会"等方式，营造浓厚的发现与研究氛围，调

动了近3000人参与学校育人目标研讨，最终获得百分之百的认同。研讨最终形成如今家校师生耳熟能详的办学愿景：每一颗星星都闪亮（每一个人都是独一无二的，都能成为最好的自己）。学校把刻在角落石头上几乎没人发现过的"敏而好学"确立为校训，并由全员讨论细化了"敏而好学"的基本"四好"特征（好奇、好问、好思、好行）。这看似几句简单的话，却汇聚着每一个参与者的思考和价值判断。研讨的过程就是一个思考动员和价值认同的过程。尤其可贵的是，当我们把经过每一个人思辨过的一句话镌刻到墙上的时候，老师们找到了一种真诚的信念："我是重要的！"在潜移默化中，学校形成了一种氛围：问题不可怕，可怕的是我们不去发现和研究，学校好，我们才会好。

在逐渐形成的发现与研究氛围中，学校以教师参与为主开展多轮研讨，先后出台了《北师大贵阳附小五年发展战略》《每一颗星星都闪亮——北师大贵阳附小学校文化顶层设计》《北师大贵阳附小学生宣言》等一系列带着鲜明校本色彩的学校育人规章。这些凝聚着全校教师心血的核心育人理念使得每一个教师都会更好地践行。

此外，学校还通过"造句式"诠释"人、爱、创新"的北师大贵阳附小平台价值，聚焦"目中有人、心中有爱、敢于创新"的北师大贵阳附小价值解读、充满"心机"的阶梯化教师共读（教师开局选择可以触动灵魂的书《窗边的小豆豆》《第56号教室的奇迹》营造诗意美好教育的氛围，再选择很难读的《项目学习指南》）、基于唤醒教师想象力的全员体验式"教师创意涂鸦"、每一位教师一句"名人名言"等方式，让每一位教师觉得自己很重要，让全体教师相信"每一颗星星都闪亮"是可以通过努力达成的，让每一个人在设计每一项活动的时候，总会自然地问一句：我关照到每个学生了吗？我有发现和研究吗？一支有价值认同的、充满向心力的教师团队在无处不在的发现与研究氛围中逐渐形成。

二、发现课程，带动每一位教师的专业成长

学校通过重新设计《教师个人发展规划表》的内容，引导每一位教师发现自己的特长，提出自己的二次成长挑战，明确学校需要提供的支持，让每位教师找

到自己的闪光点和需求点。学校基于满足学生、教师成长的双赢目标进行课程招标，采用世界咖啡屋的形式，引领教师把自己的"小"特长变成有育人目标解读、操作流程、评价标准的真正意义上的课程。这样学校先后两年开发了70多门选修课程，有些经过考验的获得师生认可的课程已经纳入学校的校本系列，成为传统，如"我发现身边的科学系列——校园科技馆""我发现身边的科学系列——农耕文化与立体种植"等课程，以"我发现、我研究"为主线的"北师大贵阳附小暑假生活""我发现美丽贵州系列"等课程。

教师在创新课程中逐步找到专业自信的时候，学校通过主题研讨联动课堂，以"让学习真的发生"为主题，引领教师开展对部颁课程学科思想的解读与研究，通过项目学习的方式尝试进行部颁课程重构、整合。于是语文组的"爱阅读、写好字、善表达"九字板块学习开始了，科学老师、语文老师、美术老师共同开展的以"蚕"为主题的学习见成果了，英语学科组的"中国魂、世界眼——我发现英国"国际研学课程实施了，"基于核心素养的2016年课堂关键词"出台了，"基于项目学习的课程统整设计研究"市级课题立项了。

在此不得不说我校的家长众筹课程。在教师中生发的"无处不课程、无处不资源"的认识也渗入了我们的家长群体，通过"师生发展家校研讨会"的集思广益，家长助力部的卓越家长的亲身示范、学生发展中心设计的课程单的引导，180余门家长众筹课程产生了。

三、项目负责，推动每一位教师的行动自觉

基于把目光聚焦人、聚焦"师生发展"的这个主题，学校在组织结构上做了调整，成立了教师发展中心、学生发展中心、师生发展服务中心，并经过家校研讨把家委会变成了负责校服采买、安全保卫、活动助力接待的家长助力部。同时学校引入项目负责制，不仅解决了我们组织结构不健全的现实问题，还大大提高了工作效率，增强了教师成长内驱力。

例如，在刚结束的"生态文明行项目学习周"中，从基于学生核心素养的项

目书设计到前期教师培训，从财务预算到各个组织协调以及最后团队集体亮相总结分享等，全部由一位普通的科学老师担当项目负责人。一位普通老师通过一个项目调动近千名师生，享有一定的财权、人权，这种历练远远超越了学科教学本身，让每一位老师都有机会成为真正的管理者，更宏观深度地理解教育、融入教育。

四、多样评价，促成每一位教师的职业理想

学校创新各种评价表彰方式，让每个人的付出、进步都能获得肯定。

发现卓越教师表彰采用"你申报、我认定，你分享、我点评"的展示方式，包括改变课堂评价表中师生表现权重中的认可，推进媒体报道树立典型人物（《一节让人流泪的美术课》《用漫画记录班级生活的阿邵老师》）、微信群的一线传真，每个项目刚结束后第一时间发布视频，家长与学生的"我眼中的好老师"微信推送、校长笔下的发现好老师系列。

当教师走进校园，感受到的不仅是繁忙的工作，还能时不时地想到一些温暖的事情、美好的回忆，一种文化生态下的升级版本学校雏形诞生了。

学校师生在各级各类的实践探究比赛中，获奖率屡创新高，尤其是科技创新类奖项尤为突出。近年来，学校共获得近400项科技类奖项；在2016年贵州省青少年科技创新大赛中，北师大贵阳附小是唯一的小学参赛代表，两名同学的科技创新项目均获得一等奖，并被推选参加全国比赛。近一年多来，学校教师获奖或者受邀讲学近200人次。马巧凤、赵国华、朱友杰、段道燕等数十名老师，分别被认定为省市区级骨干名师。2016年，王羽校长被评为贵州省名校长。

学校先后被授予"北京师范大学戏剧教育示范学校""北京师范大学基础教育合作办学平台图书馆建设示范学校""北京师范大学基础教育合作办学平台京师家长学堂基地""贵阳市科技教育特色学校""贵阳市文明单位""发现型特色学校"等荣誉称号。2015年，北师大贵阳附小不仅摆脱了内忧外困的局面，还获得了"贵阳市科技教育特色学校"荣誉称号。"每一颗星星都闪亮"为愿景的学

校文化建设获得一等奖中的最高分；学校年度综合考核从区域内的倒数跃居第一名；师生各类获奖率创下历史新高；仅教师赛课类获奖从平台到地方共计 20 余项，在刚结束的区级教学比赛中 7 个项目我们获得四个第一名、两个第二名、一个第三名。仅 2016 年，因为家校合作的典型事迹、创新学生培养方式和评价方式等，学校先后被当地 6 家媒体报道 10 多次。学校先后接待了来自国内的台湾省、河南省以及国外的以色列等国家和地区专家的考察；共接待 6 次约 400 名贵州省校长团队的入校考察学习。

我们一直研究在路上，行动在路上……

点评

新时代的价值观已经进入以人的发展为追求的管理新价值观上，单纯追求效率的管理观，难以应对现代社会复杂多元的挑战。北京师范大学贵阳附属小学的办学实践极具启发性，学校"擦亮每一颗星星"的办学观，暗合教育工具论向教育道德论的时代转型。我们发现，当真正激发起学校每一位教师内心的发展愿望时，学校的发展就迈上了发展的快车道。学校办学有三点经验很有价值：第一，学校发展规划的制订，一定要经历"自下而上"的深度探讨过程，只有经过这样的过程，学校发展的愿景才是每一位教师的愿景。这样的过程其实就是凝聚人心、进行价值认同的过程。第二，要把关注每一位教师的专业特长发展，作为教师发展最为持久的动力。学校借助的载体是课程开发与项目承担，想方设法根据教师的特长，为教师提供展示的机会和平台帮助教师找到专业的自信。第三，个性化评价方式激发教师的创新激情。适合的评价总是能激发人向上的发展愿望，学校善于制造不同的评价方式，调动全校每一位教师的工作热情。

携手·分享·共进

天津市河东区实验小学

核心素养包括三个方面：文化基础、自主发展和社会参与。三个方面中内含人文底蕴、科学精神、学会学习、健康生活、责任担当、实践创新六大核心素养。六大素养还具体细化为人文积淀、国家认同、批判质疑等 18 个要点，各要点也确定了重点关注的内涵。学校参照核心素养培养学生。培养好学生，必须有好老师。"中国好老师"公益行动计划，我们必须在路上，且只有起点，没有终点。

一、内部学习型共同体，塑造"四有"好老师

我们的好老师团队就是围绕习近平定义"好老师"的"四有"标准——有理想信念，有道德情操，有扎实学识，有仁爱之心这四点来打造的，只有成为学校的好老师，才能影响和带动更多的同伴成为好老师。

（一）根植于内心的修养

1.修养源于不断地学习和积淀

首先，我们用博客和学校 App，还有日清记录表上的"每日美文"引导教师阅读。我们已经坚持了 7 年的说教材活动，现在已经推广到了全国 20 多个省市 1000 余所学校，每位教师每学期开学前必须说教材，所以教师在假期当中就需要

认真研读课标和教材，有的教师还钻研了各种版本的教材，做了横向和纵向的比较。这一活动极大地促进了教师的专业成长和教师队伍的整体提升。

2.给压力还要给动力

学生需要表扬，教师同样需要认可。我们发给学生"你真棒"激励卡片，学生集齐十个就可以去大队部换一枚学校定制的书签，集齐三枚书签换一件T恤。学校给教师准备的是"倍儿棒"激励卡片，由校长和副校长为教师颁发。

我们特别强调团队和谐。比如，捆绑课由教师每星期抽签决定，抽到谁谁就做课，这节课的质量代表这个学科组，他的成绩就是学科组内每个人的成绩，所以不管谁被抽到，大家都齐心协力帮助他。再如，学校开展办公室卫生评比活动，我们把标准和检查要求发下去，不定期抽查，一个月评一次星级办公室。评上星的办公室，每人获得一枚"倍儿棒"激励卡片。现在每个办公室都特别干净。学校每学年还有和谐班组的评比活动。

3.各类能手型教师评选

我们评选出"说教材能手""教学基本功能手""课堂教学能手"等，以此鼓励和激励更多的教师。还有"最受同伴认可的教师"评选，最了解教师的莫过于朝夕相处的同伴，这项评比对教师们的触动很大，胜过于市区级评优，效果特别好。

（二）无须提醒的自觉

1.素质就是不用提醒

我们全校教师都知道学校对"素质"这一概念的界定，所以学校没有教师上下班签字打卡规定，我们开会从来不用提醒教师关闭手机。

2.越努力越幸运，越努力越幸福

第一，我们要制定适合自己学校、教师和学生的制度，并不断修订完善。第二，我们要充分体现制度的执行力，坚守警告性原则、确定性原则、及时性原则、公平性原则等。

比如，学校的"日清周结月评"制度，凡是违反学校规定的教师或班级必上日清批评记录，三次被点名批评的教师不能参加评优、班级不能参加三好班集体和文明班集体评选。

（三）为他人着想的善良

学校每个班约有 35 名学生，每位教师付出一份爱给一名学生，这名学生就会回报教师一份爱。我们如果爱 35 名学生，那么 35 名学生的爱就会回馈在我们身上，我们该多么富有！学生都愿意和我们在一起，我们被温暖包围，我们将多么幸福！爱是可以传递和辐射的，一直善良下去，我们会越来越幸福。

二、外部发展型共同体，打造中国好老师

"中国好老师"公益行动计划是围绕教师素养提升的全国性、常态化的行动；以提升基础教育教师的育人能力为核心任务，关注中西部、老少边穷岛[①]地区的教育发展；以建立"互通互助"教育发展共同体为推进思路；以提高教师素养，促进教育公平、提升教育质量。

（一）牵手三校

学校成为天津"中国好老师"公益行动计划首批基地校，是一种责任和担当。我们必将以"实验最好教师"来展现"天津好老师"的形象，并带动更多的老师成为中国好老师，去影响学生、影响社会，共同为儿童青少年的健康成长不懈努力。借助这个平台，我们发挥好学校的示范辐射作用，引领天津教育基础教育的发展。

1.牵手东丽区刘台小学

刘台小学的苑校长是一位有思想、有魄力的校长，她在一次农村骨干校长培

[①] "老少边穷岛"这个提法参照《乡村教师支持计划（2015—2020 年）》中的提法。

训班上开始了与我校密切的联系,多次到我校学访、多次邀请我们的教师去说教材、讲课,多次派老师参与我们的教改大课堂。我们两所学校的牵手早已注定。

2.牵手武清区石各庄敖嘴中心小学

敖嘴中心小学的刘如刚校长是一位想干好、能干好、干得好的校长,我们也有过多次交流,刘校长有一股积极向上的干劲,因而我们两所学校成功牵手。

3.牵手西藏昌都实验小学

2013年,我校李勇主任援藏支教,把我校的教育教学理念与昌都实验小学的实际相结合,取得了很好的效果。2014年至今,我校先后义务为昌都实验小学培训了5批共19位教师。这些教师现如今都成了骨干教师,有的已经走上领导岗位,而我们的培训还在继续。

(二) 分享交流

我们与刘台小学和敖嘴中心小学结为共同成长、共同进步、共同发展的共同体。这样的活动有力地推动了两校项目校新课程改革进程,同时也为学校间,特别是城乡间相互学习交流搭建了重要平台,更有利于提高两校的教育教学质量,教师们需要这样的活动。

2016年4月5日,我校王雅娣、吴文颖、刘三好三位教师分别代表语数英三个学科走进武清区石各庄镇敖嘴中心小学进行了河东区实验小学教师教材分析专场交流活动。

(三) 效果反馈

1.来自刘台小学

2017年以来,我们两校先后开展了一系列活动,河东区实验小学的教师到刘台小学与教师们共同研读教材,上示范课,进行说教材展示。刘台小学的教师到河东区实验小学参加大讲堂活动,听课、上课。这一系列活动的举行,为刘台小学的教师带来了先进的教育理念、优质课程。基地校教师们对教育的执着、对工作的热忱、对学生的关爱、对业务的严谨，都对刘台小学的教师产生了深刻的影响，激发了更多的教师爱岗敬业、钻研业务，争做中国好老师。通过学校、教师间的互通互助、资源共建共享，教师们快速成长起来。冯国翠、杨学辰、李海南、王力等多位教师做了区级展示课、研究课。刘扬的微课获得市级二等奖。在"一师一优课"活动中，程硕获得国家级优秀课荣誉，李静获得市级优秀课荣誉。在区教师基本功大赛中，多位教师获得一、二、三等奖。学校作文教学入选区校本教研特色项目，参加全国作文大赛，20余位教师获得辅导奖，40多名学生分别获得不同奖项，学校获得"作文教学先进单位"荣誉称号。

2.来自敖嘴中心小学

在基地校河东区实验小学的帮助下，学校从农村校自身实际出发，为教师们搭建提升平台，开展各种教育教学活动，树立师德典型，教师们找到了努力的方向，不再盲目虚度教育时光，心中有了做"四有"好老师的理想信念，努力方向更加明确具体。以前，学校要经过多次鼓励才能说服教师们参加展示课、公开课活动，现在学校稍作宣传大家就会踊跃参加。现在，敖嘴中心小学已经有多名教师参与了网上晒课活动。敖嘴中心小学教师在全镇期末教学检测中获得9个第一名、5个第二名、10个第三名的好成绩；四篇教师论文获得市区级奖项；教师自制教具获得市级二等奖；说课、优秀课比赛中，敖嘴中心小学1位教师获得区级二等奖，5位获得镇级奖；学校获得"武清区科普教育基地"和"全国校园足球特色校"称号；学校暑期组织师生到科研院所、消防主题公园、科技馆参观体验，受到社会和家长好评。

3.来自昌都实验小学

2017年7月我们赴昌都讲座，曾经到我校培训的19位教师中，曲西等4位教师已经升职，其余15位教师都参加了座谈会，每个人都发了言。

第五批学员张苏说道："在基地校老师身上，我学到了很多，对自己也有了一个重新的认识，更加明白了以后的教育方向。因为我是老师，就要对学生负责，要平等地对待身边的每一位学生。我没有理由以貌取人，厚此薄彼。我唯一能做的就是关爱学生，为每一位学生提供均等的发展机会，让每一位学生都能感受到老师的爱和尊重。因为我是老师，就要对家长负责，当家长把他们的孩子送到学校的那一刻，我们就有责任和义务去帮助他们，培养他们良好的习惯，教他们如何做人，引导他们明白生活的意义。因为我是老师，就要对学校负责，尽我所能，把工作做得更好……"

（四）携手共进

我校已经与刘台小学、敖嘴中心小学、西藏昌都实验小学三所项目学校签订姊妹校协议，我们将通过加强学校管理优势互补、教师定期交流培训、联合举办教学研讨活动、教育教学信息交流和开展学生"手拉手"活动，充分开发、利用、共享四所学校的教育资源，互通互助，稳步推进"中国好老师"公益行动计划在学校的落实。

1.共商校园管理文化

四所学校不断创新管理方法，提高管理能力和执行力。

2.共同进行教学活动

基地校与项目校教师共同参加教育教学培训活动，共同参与"说教材"和"教改大课堂"活动，共同进行学科教研活动，如教学主题论坛、课例分析评比、微课题研究等，坚持定期走进对方学校进行学习交流，积极利用网络资源进行学习研讨，提升教师们的理论素养和专业水平，促进学习型团队的形成。

3.共创学生德育活动

共创学生德育活动促使四所学校的班主任形成一对一的合作关系，培养一支"四有"班主任队伍；促使学生们建立小伙伴的学习关系，加强城市学生与农村学生的互访交流，两边学生互学优秀品质，以辐射我校的习惯教育特色，促进学生健康成长。

我们努力用行动传递教育正能量，用师爱引领社会新风尚。

点评

　　天津市河东区实验小学是一所有教育情怀的学校,学校独树一帜,借助内外两个共同体,进行教师队伍建设。学校对教师的修养,首先定位于专业修养。对于教师而言,专研教材是一项持续终生的业务能力,如何才能让这项业务活动走进教师内心,成为自觉自愿的行为？学校借助"说教材"活动,并且坚持了7年之久,真正让教师从思想意识到行为能力都得到质的提升。而捆绑式评比与展示,又为这项艰苦的脑力活动提供了支持。这的确是一项值得推广的活动。此外,学校善于借助激励性评价方式,来养成教师追求卓越的职业习惯；通过专业阅读等活动,丰富教师的教育情怀。在借助外部共同体时,学校将交流活动做实,使本校教师在交流中得到真正的收获。学校确立的管理、教学和德育三大交流领域,有力地促成学校发展共同体的真正形成。

作者：唐亦恬（五年级一班）　　指导教师：刘　影　　学校：北京市东城区崇文小学

"1+1+N"模式：文化互助唤醒教师自我成长

重庆市巴蜀小学

巴蜀小学基于课题研究探索的重庆"城乡学校文化互助"发展模式，可以简单地概括为"1+1+N"模式，这一概括既是一种方法的表述，又是一种过程的呈现，同时还是发展共同体这种结果的表达。

巴蜀小学对自身这个"1"（学校内涵）的厘清和探索，是推动城乡教育良性互动以及促进教师自我发展的内生动力。

一、提升教师综合素养

学校根据新时代对教师的要求，积极引导教师投身于统筹城乡教育的活动中去，将这项研究转化到教育教学管理常态工作中去推广。每年6月，学校会举办"学术年会"，对前一年课堂教学改革进行回顾和梳理，规划下一阶段的工作；在学期中举行"阳光互助杯教学竞赛"，1~20年教龄的教师，每年循环开展一次校级教学技能大练兵竞赛活动，将年会的研讨转化到课堂的现场；将参与的教师和竞赛讨论的课堂整合到"阳光互助区县行"活动之中。学校通过这样一个系统，提升教师综合素养。

二、建立"超市菜单资源"

以教学的岗位实践经验为基础，学校建立了文化互助"超市菜单"。"超市菜单"主要在管理、教学层面提供丰富资源。"管理超市"收录了 65 个管理讲座，涵盖学校管理、教育科研等全方位的管理课程。"课程超市"从教学理论、课堂文化等问题的研究上提供了 33 个课程，包括各级教师各类精品课例 74 节，有力地保障了牵手学校按需"点菜"的针对性。

三、研发"巴蜀文化标准"

秉承"与学生脉搏一起律动"的教育理念，学校从"目的""总则""内容""释义"和"教育理念类故事"五个方面讨论并制订了新时期学校未来三年的发展规划。同时，学校在 80 余年的办学历史和经验基础上，通过对"巴蜀"品牌背后的文化内涵的梳理，系统研发出"巴蜀文化标准"，总结并提炼了"巴蜀三大文化精髓"：精神与行动并举的管理文化、创造与个性共生的课程文化、科学与人文统整的形象文化，从而使学校的优质教育资源更清晰、更系统，据此形成的"文化互助超市"，成了文化互助的资源保障。

巴蜀小学"1+1+N 阳光互助区县行"活动已成为重庆统筹城乡教育的一个教研品牌，其持续的活力源于它是一个"1+1"互学互动的动态过程，更是一个"1"与另一个"1"共进共长的过程。我们每次开展活动，尽管各区县学校都会热情地称之为"传经送宝"，但我们对此一直有着清晰的认识与定位，那就是"文化互助"。

（一）管理：联体"大部制"

巴蜀小学主动适应建设国家统筹城乡教育综合改革试验区的需要，将城乡教师素养的提高作为结对帮扶的切入点，强调内涵发展，坚持"城乡携手，互助共进"的原则，构建了"大部制统整，小学校落根"的城乡学校联体"大部制"。

一是校务部牵头管理，着眼统筹城乡长远规划；二是课程部具体实施，具化工作务求互助实效；三是物业部全力保障，精细服务确保工作顺利开展。三部携手，整体规划，系统推进。巴蜀小学充分发挥联体"大部制"的研究、支持、服务功能，强化科研支撑、督导评价与发展管理，有效强化城乡学校对接，加快现代教育要素的延伸，带动牵手学校提高办学质量，助推城乡教育统筹发展。

（二）课程：联合教研

1.联合教研的基本形式

联合教研的基本形式大致分为课堂展示、教学反思、主题讲坛、互动交流四个模块。参加了学校"阳光互助杯"教学竞赛的执教教师和牵手学校一位教师同课异构、分别执教，并就研课和上课情况进行当场反思交流。同时，领队教师对学校"阳光互助杯"教学竞赛主题及情况做专题报告，从而把活动由单一的"说课、上课"转变成了"城乡牵手、互动发展"的互助互学联合教研形式。

2.文化互助案例：五步工作法

五步工作法的策略，遵循循环往复、螺旋上升的过程，特别是牵手学校的互动，在当地很好地发挥了领头雁效应。我校对口的牵手学校之一——重庆市奉节县师范附属小学，作为奉节县教育委员会直属小学、重庆市领雁工程示范学校，在当地也承担着许多引领任务。

望闻问切：奉节县师范附属小学在长期教学探索中提出"四心课堂"（同心、顺心、开心、匠心）的课堂文化核心理念，但在建构过程中，奉节县师范附属小学始终感觉无论在理论层面还是操作层面都定位模糊，都找不准方向。

开出良方：巴蜀小学认为，巴蜀教师不仅要在理论构建上，更要在操作层面给予学校实实在在的示范，并提出由巴蜀教师按照自己对"四心课堂"的理解，为奉节县师范附属小学上现场示范课。

备货上架：针对奉节县师范附属小学提出的困惑，巴蜀小学汇集了学校文化建设管理经验、学科建设管理策略、学科文化建设讲座、精品（学科）律动课堂、经典课程辅助活动案例资源包。

整体打包：活动案例供奉节县师范附属小学根据具体时间与最急迫需要进行选择，从而将一次语文课堂文化建设讲座、数学音乐精品课堂资源整体打包。

上门服务：2011年秋季巴蜀小学开展"巴蜀小学阳光区县奉节行"的送教活动，经巴蜀小学的认真准备和奉节县师范附属小学的精心组织，活动获得圆满成功，两所学校都受益匪浅。

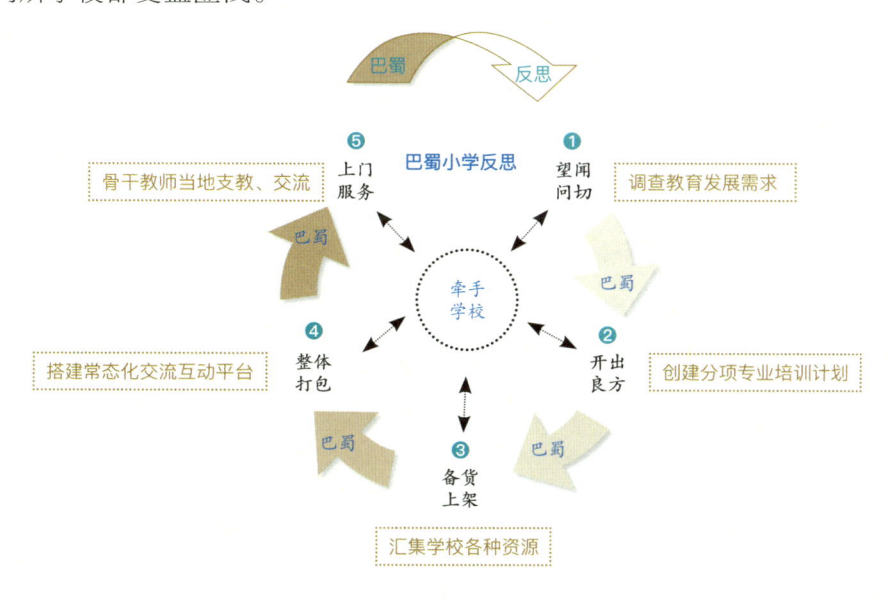

五步工作法

（三）师训：访学交流

"1+1+N"模式的互助平台还有一种全开放的学习培训模式——访学交流。访学交流有短期、中期、长期多种形式，交流内容从旁听学校行政会、参加班级文化活动到家长沟通专题讲座，涉及教育、教学管理等方面。学校成立"梦想网校"，借助网络平台，让农村的教师和学生享受到与城市的教师和学生一样的优质教育资源。

巴蜀小学在重庆市统筹城乡教育中，充分发挥一所小学的示范带动作用。教师培训打破固定的思维模式，进一步激发内生动力，促进教师的自我发展。

"1+1+N"城乡学校文化互助发展模式，旨在城乡学校互助、共进、双赢。

其一，"1+1+N"即通过巴蜀小学牵手一所农村学校做支点，带动周边N所学校，影响N片区域，推动城乡教育均衡发展的N个效应，并最终实现城乡学校互助发展。"N",即辐射和影响。学校组织的每次交流活动,不仅局限于特定的牵手学校的交流、访谈,还争取区域内更多教师、学校受益;开展的支教计划,支教教师不仅满足于支教班级学生的提高,还争取周围教师的共同进步;创新搭建的平台,不单是为本校发展服务,更致力于影响和带动其他学校的共同发展。

其二,"1+1+N"即以1个教师或1个团队的深入交流,带动周围N位教师,推动整所学校教师队伍建设。这种方式,我们是通过访学交流实现的。

其三,为了能够实现辐射效应的最大化,学校通过搭建多元平台,拓展教育空间,分享教育资源。我们于2003年5月成立了"梦想网校",将市区学校优质的教育资源进行整理提升,建立了网络学习课程,并创设了适合网络发布及网上学习的机制。网校自成立以来,先后向永川、綦江、石柱、巫溪、万州等地的30多所小学,免费捐赠了1000个学习账号。

四、成效与思考

"1+1+N"模式给重庆市农村学校带来了实实在在的变化。例如,重庆市彭水苗族土家族自治县第二小学把巴蜀小学的"律动课堂"理念用于自己的教学工作中,其教师在县课堂教学大赛中荣获一等奖;垫江县实验小学6位教师参加培训,都成为校、区级骨干;作为我校领雁工程项目学校的酉阳县麻旺镇中心小学,更是在培植积极的学校精神、明确办学特色、提高学校干部教师的战斗力,以及课堂教学改革等方面均有明显效果。如今,巴蜀小学开发的"儿童七礼课程"已在很多牵手学校落地生根。越来越多的牵手学校在主动模仿和复制推广"1+1+N"模式,产生了显著的雪球效应。

"1+1+N"城乡学校文化互助发展模式,是巴蜀小学与30个区县、200多所友好学校,持续10年实践探索的成果。学校通过发展模式研究,有效地影响和带动了一批学校、一批教师,使牵手学校的管理和教育教学质量明显提高,得到了当地教育部门和乡村学校的肯定与赞扬,在重庆统筹城乡教育发展中,力所能及地发挥出了一所小学独特的重要作用。

"1+1+N"模式，有力地促进了城乡学校共同追求内涵式发展。在此过程中，巴蜀小学带领牵手学校履行社会责任的示范与创新作用得以充分展现。也正因为"1+1+N"模式卓有实效，目前重庆市已有多个区县选择与巴蜀小学深度合作，进而形成巴蜀教育集团壮大发展的良好开端。

目前，伴随"1+1+N"模式被重庆市教育委员会批准为教育领域综合改革试点的重点项目，巴蜀小学正通过管理输出、教师互派、定向培训等方式，与多个区县开展深度合作，以此不断拓展"1+1+N"模式的外延。在今后的工作中，我们将通过有助于唤醒教师自我成长的"1+1+N"模式，在努力实现城乡义务教育均衡发展的进程中，引导城乡教师争做有理想信念、有道德情操、有扎实学识、有仁爱之心的"四有"好老师。

点评

在新时代，教育公平是基础教育的核心价值取向之一。如何实现教育的公平与均衡，是各个地区教育发展面临的重要课题。本案例提供的学校发展共同体建设经验，为解决我国基础教育发展不均衡问题提供了一条解决路径，即借助优质校资源，带动一批学校共同发展。做好学校发展共同体，首先，要梳理作为牵头校的办学经验与资源，进行课程化。巴蜀小学将自己多年在教育教学管理中积淀的经验，形成了"超市菜单"，为拉手学校提供切实可行的课程与培训内容。其次，将学校发展共同体用制度机制固化，保证实施成效。学校以校务部、课程部与后勤部三部合一的共同体发展保障机制，确保了每一项共同体之间的交流活动顺畅开展。最后，学校发展共同体要实现真正的发展，教师队伍的培养至关重要。各种交流、研讨和互访活动的策划和设计，一定是以推动教师专业发展为目的的。尤其是"联合教研"的形式，抓住了教师专业发展的核心内容。巴蜀小学的探索，为解决区域教育均衡优质发展提供了宝贵的经验。

实施分层评价，成就七彩童年

安徽省合肥市胜利路小学

所谓的分层评价，实际上是指在评价上分学校层面、教师层面、班级层面、学生层面和家长层面，全方位评价学生的行为，促进学生良好品德的养成，促进学生个性化全面发展，成就精彩的童年生活。

一、学校层面

学校层面的评价指的是通过开展校园"十星"评价，进一步推进学校的激励和评价制度改革，进一步培养学生良好的学习行为习惯和道德品质，鼓励学生发展特长，教育和引导学生求真、求善、求美，同时注重发挥榜样的示范、教育作用。

（一）勤学之星

1. 基本目标

切实推进素质教育发展，强化学生学习习惯养成教育，培养学生良好的文化素养和科学精神，促进学生全面发展。

2. 主要措施

以落实各科课程标准为抓手，狠抓课堂教学常规，优化课堂结构，促进学生文化素养的提高。

狠抓学生良好学习习惯的养成，培养一批勤奋好学的学生，促进学生文化素养提高。

开展学科兴趣活动，激发学生学习兴趣，丰富学生学科体验。

开展学科竞赛活动，发现、树立一批学习典型。

（二）创新之星

1.基本目标

切实推进素质教育发展，强化学生创新能力培养，促进学生全面发展，构建积极创新的校园氛围。

2.主要措施

以课堂学习为主阵地，积极开展学生学习兴趣培养活动，促进学生科学精神的养成。

以科幻画创作、机器人兴趣小组、发明小组等兴趣活动为抓手，加强学生动手能力和创新思维培养，提升学生科学素养。

以校园文化艺术节为载体，搭建学生自我展示平台，丰富学生创新体验。

积极参加瑶海区德育文化艺术节和创新大赛活动，发展、树立一批创新典型。

（三）读书之星

1.基本目标

切实推进素质教育发展，激发学生阅读兴趣，培养学生读书能力，促进学生综合素养提高。

2.主要措施

开展"晨读午阅、间诵暮省"活动，促进学生良好阅读习惯的养成。

开展校本教材的使用和修订工作。

以课本剧、经典诵读、童谣传唱为抓手，促进学生良好阅读习惯的养成。

开展读书笔记评比活动，参加各级各类征文活动，发展、树立一批阅读典型。

（四）进步之星

1.基本目标

切实推进素质教育发展，强化学生学习习惯养成教育，树立进步明显的学习典型，促进学生的全面发展。

2.主要措施

狠抓课堂常规，实施分层教学，促进学生文化素养的提高。

班级开展学科"学友"活动，让学困生在学优生的帮助下取得进步。

各科教师积极落实学校制定的转化方案，开展学困生转化工作，促进学生全面发展。

积极开展学生绿色评价活动，善于发现学困生的特点和专长，不断探索学困生转化方法，积极搭建学生自我肯定平台，评选"进步之星"。

（五）礼仪之星

1.基本目标

实施素质教育，培养学生良好的公民道德素养，促进学生的全面发展。

2.主要措施

以《小学生守则》《小学生日常行为规范》为抓手，加强对学生的文明礼貌教育和行为训练，促进学生从小养成良好的行为习惯。

以《弟子规》等中华经典诵读作品为载体，以读促思，以读促行，培养学生在家、出外、待人、接物以及学习上应该恪守的行为规范。

加大校园文化建设力度，营造优美、整洁、健康、向上的文化氛围，发挥校园文化潜移默化的育人作用。

健全"一日常规"等检查评价制度，不断探索新的德育教育方法，进一步规范学生的言行，评选"礼仪之星"。

（六）志愿之星

1.基本目标

实施素质教育，培养学生的志愿服务精神和社会责任感，促进学生的全面发展。

2.主要措施

组织开展各类社会实践活动，为学生搭建参与社会、了解社会、服务社会的活动平台。

鼓励学生积极参与义务劳动等各类公益活动，充分发扬不怕苦、不怕累的精神，并在活动中培养学生的团队合作精神。

继续坚持每月开展"学雷锋"活动，不断拓宽"学雷锋"阵地和渠道。

进一步加强活动宣传，发挥榜样示范作用，吸引更多的学生积极参与志愿服务活动。

对各项活动中表现突出的学生授予"志愿之星"称号。

（七）绿色之星

1.基本目标

倡导绿色文明，培养学生的环保意识，促进学生的全面发展。

2.主要措施

学习和掌握并宣传环境保护知识，带动或影响家长共同参与社会环保活动。

美化绿化学校、家庭和社区环境。

倡导良好的环保生活方式和习惯，做到节约用水、用电，少用、不用一次性制品，积极参加植树等"爱绿、护绿"活动。

组织开展各种关于环保的小制作、小发明或手抄报评比展示等活动。

征集环保的好方法、好点子，并付诸实施。

坚持开展检查评比活动，评选"绿色之星"。

（八）孝敬之星

1.基本目标

实施素质教育，培养学生崇孝、行孝精神，促进学生的全面发展。

2.主要措施

利用晨会、班队会时间，召开孝心感恩主题班队会，积极宣传"孝敬之星"评选活动。

家校联手，以"孝敬之星"评选活动为契机，加强对学生进行孝敬父母、尊敬师长的教育，并创造机会让学生在实践中得到锻炼。

"老吾老，以及人之老"，和志愿服务活动相结合，开展尊老、敬老服务活动，教育学生不仅要敬爱自己的长辈，还要敬爱他人的长辈。

对"孝敬之星"进行大力表彰，颁发荣誉证书，广泛宣传他们的事迹。

（九）演艺之星

1.基本目标

实施素质教育，培养"合格+特长"的学生，促进学生的全面发展。

2.主要措施

开展课本剧展演活动。继续开展校本课程研究，不断丰富学校编印的《童心童趣演童剧》校本教材，并根据教材，排练学生喜闻乐见的课本剧，每学年开展一次集中展示活动，进一步丰富学生的文化生活。

开展童谣传唱活动。充分利用大课间、班队会等时间，组织师生"学童谣、编童谣、唱童谣"，使学生在潜移默化中滋养心灵、提高素质。

不断丰富和完善少先队活动的内容和形式，拓展适合学生个性发展的平台，丰富各类校外辅导资源，培养学生兴趣，发展学生能力。

对活动中表现突出的学生授予"演艺之星"称号。

（十）运动之星

1.基本目标

展示学生体育风采，树立优秀典型，形成良好的体育文化氛围。

2.主要措施

根据《体育与健康课程标准》开设体育课，开展课间操、大课间活动，保证学生每天锻炼 1 小时。

组织开展阳光晨跑、"三跳"比赛等体育活动，积极参加区级各项体育赛事。

根据《国家学生体质健康标准》，对学生开展体质达标检测，培养学生体育锻炼习惯，提高学生身体素质。

鼓励学生选择 1~2 项体育运动项目，并坚持锻炼。

对在体育活动中表现突出的学生授予"运动之星"称号。

二、教师层面

（一）激励性评语

1.基本目标

深入推进新课程的实施，转变广大教师的育人观念，激发学生进步动力，培养全面发展的学生。

2.主要措施

进一步规范教师课堂执教行为，让学生过有精神动力的学习生活。

课堂上推行激励性评价，营造良好的课堂教学氛围，促进学生学习兴趣的形成，帮助学生把握好自身发展方向，促进技能与方法的形成。

期末实行激励性评价，帮助学生肯定自我，明确下一阶段努力目标。

开展课堂"激励评价语言"征集大赛活动，促进教师对激励性评价的认识和评价技巧的形成。

（二）等级制评价

1.基本目标

端正教育思想，实施素质教育，尝试"绿色"评价，助推学生各方面素质综合提高。

2.主要措施

开展"绿色"评价理论学习，转变教师教学理念。

期末考试结束，将学生各科成绩用等级进行分类，实行等级制评价学生。

教研组（备课组）要认真组织教师学习和落实学校的等级制评价方案，制定落实方案的具体举措，有效开展等级制评价方案对学生成长成功的影响效果的研究指导。

三、班级层面

1.基本目标

改革评价方式，增加评价主体，掌握评价方法。班级评价学生侧重于学生集体生活行为，注重学生在公德与学校纪律方面的遵守情况，引导学生在集体力量的帮助下规范自己的行为。

2.评价标准——班级评价18颗星

每月"晨读午阅"认真，加1颗星。

预备铃响后不在教室大声喧哗，加1颗星。

每周一升国旗时戴红领巾，加1颗星。

每月上课专心听课，加 1 颗星。

认真完成当天的作业，每天作业优秀，加 1 颗星。

学习、书写上取得明显进步，加 1 颗星。

认真做"两操"，加 1 颗星。

课间不追逐打闹，加 1 颗星。

值日认真的小组，每人加 1 颗星。

主动帮助有困难的学生，加 1 颗星。

积极参加班级、学校各项活动，加 1 颗星。

爱护公物，爱护花草，加 1 颗星。

使用文明用语，对人有礼貌，加 1 颗星。

积极为班集体做贡献，加 1 颗星。

班干部工作认真负责，在期末加 1 颗星。

班集体获校级公开表扬一次，每人加 1 颗星。

班集体获校级以上奖励（不含校级），每人加 2 颗星。

四、学生层面

自我评价是学习者为促进学习成功，提高学习效果，检测学习成果，主动积极地评价认识、动机和行为的过程。它是自我意识的一种表现，更是激发人向上进取的内在动力。在整个小学阶段，教师的主要任务就是注重培养和引导学生形成自我评价能力。

1.基本目标

培养自我评价能力，使学生学会对自身学习进行即时有效的监控，并掌握与其有关的知识和技能。

2.主要措施

教师客观评价学生的行为，为学生自我评价做好示范。

引导学生正确地认识自己,帮助学生形成自我评价能力。

在自我评价偏低的学生中倡导"自我竞赛",即将今天的"我"与昨天的"我"进行比较,让学生及时发现自身的进步,进而培养自尊和自信。

组织好班集体,形成正确的班风,密切同学关系,开展友好的相互评价,让学生在集体中受到教育。

3.评价标准——学生评价20颗星

上学不迟到,加1颗星。

上下楼梯靠右行,加1颗星。

使用文明用语,加1颗星。

"晨读午阅"认真专心,加1颗星。

做好课前准备,加1颗星。

上课认真听课,加1颗星。

课堂积极发言,加1颗星。

课间不追逐打闹,加1颗星。

认真做"两操",加1颗星。

列队做到快、静、齐,加1颗星。

按时完成作业,并做到干净整洁,加1颗星。

尊重老师,与同学和睦相处,加1颗星。

使用普通话,加1颗星。

不带玩具和零食到学校,加1颗星。

关心集体,主动为集体做好事,加1颗星。

爱护公物,保护花草树木,加1颗星。

爱惜书本,加1颗星。

注意个人卫生,加1颗星。

自觉做到将果皮、纸屑等垃圾放进垃圾桶,加1颗星。

做到按时打扫卫生,加1颗星。

五、家长层面

1.基本目标

改革评价方式，增加评价主体。家长评价侧重于学生家庭行为，注重学生生活能力。孝亲敬长、自主自律素养的培养，旨在利用家长的评价机制，促进学生在家规范自己的言行，养成积极健康的生活习惯，促进学生成长。

2.评价标准——家长评价16颗星

尊重、尊敬长辈，加1颗星。
懂得勤俭节约，不乱花钱，加1颗星。
不说谎话，诚实守信，加1颗星。
按时独立完成并检查家庭作业，加1颗星。
主动帮助父母做力所能及的家务，加1颗星。
收拾整理自己的学习用品，加1颗星。
饭后主动帮助父母收拾餐桌，加1颗星。
自己的衣服自己穿（叠），加1颗星。
选择适合自己的运动并尝试坚持，加1颗星。
讲卫生，勤洗澡、勤换衣服，加1颗星。
每晚睡前洗脚，加1颗星。
早睡早起，洗脸刷牙，加1颗星。
有自我保护意识，加1颗星。
不乱吃"三无"食品，注意饮食安全，加1颗星。
遵守公共秩序和交通规则，加1颗星。
放学后及节假日在父母陪同下玩有益健康的游戏，加1颗星。

点评

教育评价是学校管理中的动力系统，有什么样的教育评价就有什么样的教育发展。在中小学的日常管理中，我们倡导的评价一定是发展性和过程性的评价，这样的评价不定位在好坏与优劣的甄别上，而在促进学生健康成长的引导上。合肥市胜利路小学的分层评价，实质上是一种主体多元的评价。这样的评价通过不同的视角，对学生的发展进行多维度的观察，是一种发展性评价。合肥市胜利路小学的分层评价有两点经验尤其值得借鉴：第一，是对评价内容的细化和标准化，依据学生全面而有个性发展的培养目标，将宏大的目标细化为可观察和可测量的标准，使得评价真正发挥了引导学生健康成长的指引作用；第二，是在评价操作方式上的尝试，使评价得以落地。在操作层面上，学校根据评价主体与评价内容两个维度，设计了以目标、措施和标准为主体内容的评价操作体系。在标准的研制上，尤其注意具体。学校真正实现了借助评价促发展的目的，评价的思路方法以及内容和标准，都值得学习借鉴。

作者：王翕恺（四年级八班）　　指导教师：张翼飞　　学校：北京市昌平区昌盛园小学

家校共育　让每一个孩子健康成长

广东省佛山市元甲学校

学校应积极主动地做好家校共育工作，帮助家长提高教育子女的能力，促进孩子健康成长，以便获得更好的教育效果，实现学校教育与家庭教育的同步协调发展，实现家校共育的真正双赢。教育需要社会的支撑，需要全体家长的参与。学校教育、家庭教育、社会教育"三位一体"有机结合起来，才能更好地促进青少年健康成长。家长委员会（以下简称"家委会"）的产生顺应了时代发展的潮流，更符合学生成长的需要。时至今日，家委会成为学校、家庭、社会有机结合的纽带和桥梁，在实践中显示出强大的生命力。

元甲学校家委会成立于2008年3月。成立初期，在校领导主持组织下，家委会选取优秀班集体，由班主任推选出的关心子女教育、主动关心班级建设的优秀家长组成。经过一个学期的探索，从第二学期开始家委会的组织在全校各班级逐步铺开。自成立以来，在校级和班级各位爱心家长的大力支持下，元甲学校家委会已日趋成熟，颇具规模，在学校的发展与建设中起到了积极协调作用，为孩子的健康保驾护航。现就家委会在学校发展中的作用展开陈述。

一、坚守工作职责，积极配合学校

家委会自组建以来始终牢记职责，经常与梁颂青校长、梁惠霞副校长等学校领导沟通联系，对学校工作提出建设性意见，帮助学校改进工作，并大力配合学校各方面工作，给予充分支持。家委会始终贯彻"校荣我荣"理念，通过 QQ 群、微信群等多种渠道向社会宣传学校、宣传教师，让社会进一步了解元甲教育，支持元甲教育。

二、加强沟通交流，共商元甲未来发展

校级、班级家委会每学年都安排 2~3 次与学校及班主任沟通交流的机会，共同参与学校、班级管理制度的制订和修改，协助学校及班主任解决学校和班级里存在的问题，为元甲学校的发展出谋划策。

三、开展亲子活动，营造和谐快乐的校园氛围

家委会自成立以来，在爱心家长的大力支持下，开展了各项有益孩子身心发展的活动，活动效果良好，受到家长、社会的一致好评。

（一）参与"创文"活动

为了配合佛山市开展创建文明城市的活动，元甲学校曾开展了"家校同创文明城市"的大型清洁劳动。爱心家长踊跃报名参加，当天参与的爱心家长多达 400 人。家长与孩子一起，老师与学生一起，大家用实际行动创建文明城市。从劳动实践中，家长们明白了身体力行的重要性，亲子关系也进一步增强。

（二）举行"爱心嘉年华"活动

"爱心嘉年华"活动是元甲学校家委会的品牌活动，活动在每年的校庆期间举行，为帮助困难家庭，全校师生、家长一起奉献爱心。大家全力以赴，以创新的思维不断改进活动，爱心善款金额屡创新高。《佛山日报》、佛山电视台《小强热线》栏目组分别报道了此项爱心善举。佛山市电视台因此为学校颁发"爱心慈善

奖"。"爱心嘉年华"活动现已成为元甲家委会一张亮丽的名片。

（三）组织精彩的校外活动

在校内开展的活动趣味盎然，在校外举行的活动更是形式多样。以校级家委会牵头组织的"警营开放日"活动、"爱牙日"活动、亲子趣味运动会、亲子连南探访活动、家长课堂、篮球俱乐部活动等，无一不给家长、孩子留下深刻的印象。各班家委会组织的活动也同样精彩纷呈："共筑一份爱，共享一片天"的爱心捐赠活动、"送温暖，献爱心"的敬老爱老活动、亲近自然植树活动、班级联谊活动等，每一项活动的成功开展都离不开各班家委会的精心准备和辛勤付出。为了孩子的健康成长，家长们不遗余力。

通过参与各项家委会的活动，孩子们走出校园，接触社会，在活动中成长，在活动中进步，真正实现了家校共融。

四、组建爱心护卫队，为孩子的健康成长保驾护航

孩子们快乐、健康地成长是学校和家庭的共同愿望。为了使孩子们在学校也能如在家里一样快乐、健康地成长，教师和家长通力合作，为他们搭建起一片安全舒适的空间，家长爱心护卫队由此诞生了。家长爱心护卫队为孩子们的健康成长保驾护航。

（一）参与学校午间管理

学校收取学生在校的午间托管费属于不合法的行为，因此这项收费在2014年9月被叫停了。学校考虑到学生的安全和家长的实际需求，创新思维，推出"家校共管"的新模式，由家长和老师共同完成午间学生的管理。经过2个学年的实践探索，"家校共管"效果良好，受到上级部门及家长的一致好评，既解除了家长的后顾之忧，又创新了家校共育的理念。

（二）组建"警校家护畅队"

2016 年 7 月，禅城区精神文明建设委员会办公室及禅城区公安局、禅城区教育局联合发文，要求各校组建一支"警校家护畅队"，保障孩子们上学路上最后 100 米的安全。校级家委会接到文件，马上行动起来，很快就在各班组建了护畅队伍，并在公安干警对班级骨干成员的训练下，以点带面，在新学期开学的第一天就开启了保驾护航的任务。"警校家护畅队"活动开展近 2 个月的时间，效果明显，校门前的拥堵情况得到明显改善，受到家长及周边居民的一致好评。

（三）组建食品安全监督队

自 2012 年配餐进校园起，家委会就承担起监督午餐的责任，每天都有家委会成员到校检查配餐的质量，为孩子们吃得卫生、吃得健康及时提出整改建议。自配餐进校园以来，午间配餐情况一直良好，且学生和家长也普遍认同。

（四）组建校运会义工队

每逢学校举行运动会，家长义工队必活跃在比赛场地，有的家长负责检录，有的家长负责医疗，有的家长负责维持纪律，有的家长负责书写成绩表和奖状等。家长义工们不单是为了看孩子们在竞技场上出色的表现，更多的是为学校办实事，为孩子树榜样。家长也为能参加学校的义工服务感到自豪。

五、架起家校桥梁，解决家校矛盾

为做好学校、班级与家长之间的信息沟通工作，家委会积极参与学校、班级和家长的思想疏导工作，化解矛盾，促进理解。同时家委会利用《致家长一封信》、校讯通、班级会长微信群、QQ 群等渠道，向其他家长宣传正确的教育理念和科学的教育方法，不断提升全体家长的家庭教育素养。学期初，很多家长都不明白"警校护畅队"是怎么回事。校级家委会通过《致家长一封信》、校讯通的形式，让全体家长知晓活动的开展，并通过集中训练班级骨干成员的方法，让各班骨干成员以点带面，再去培训班级的家委会成员。在家委会的组织带动下，在新学期开学的第一天，护畅队的活动顺利开展，并取得良好的效果。

六、参与学校的建设，营造书香校园

学校仅做好学生的教育教学工作，远远不够，还需做好家长的引导与配合工作。由校级家委会倡议，语文学科主导的"书香校园"活动在校园里顺利开展。学生、教师和家长一同投入各项阅读活动中。学生、家长都积极参与"亲子共读一本好书""图书跳蚤市场"等亲子阅读活动，校园里掀起一片阅读的浪潮。校级家委会也因此荣获了禅城区"优秀阅读家委会"称号。

七、交流分享，相互学习，共同提高

每学期，家委会都会组织各班家长开展班级家委会活动分享会。家长们踊跃发言，谈自己在班级实际工作中的一些体会、困惑与感悟。分享会上，家长们互相学习，共同进步，力争把家委会的工作做得更细、更完善。同时，学校也为家长们的成长铺路搭桥，组织校级、班级的家长到家校工作开展优秀的兄弟学校观摩学习，吸收先进的经验。学校曾经组织家长们到香港、中山、珠海等地的学校取经学习，通过亲自观摩与学习，家长们收获丰硕。大家在交流分享中，有所感悟、有所启发。

家委会工作是建设现代学校的一项重要内容，发挥家委会作用，对提高学校的管理和教育教学水平起到了促进作用。要真正做到学校和家长同心同德、同向同行，我们还有很长的路需要探索，但我们相信：在校级家委会和各班家委会会长的带领下，元甲学校的家委会工作定会更上一层楼！家长用爱心促进孩子健康成长，用行动谱写了一曲曲家校合作的新乐章。家校同心，共育元甲美好的每一天。

点评

  家长是学校教育的一支重要力量。随着教育的发展，家长主动关注学校教育的趋势越来越明显。学校应该主动适应社会发展要求，把家长纳入学校发展的整体规划中去。佛山市元甲学校借助家长委员会的形式，探索出家校合作的有效路径。家长在学校发展规划、班级管理、学生活动、校园安全等诸多方面，发挥了重要作用。家长已经不仅是学校办学的旁观者和监督者，而且深度参与了学校的发展。从学校的经验来看，有三点启示：第一，家长是学校办学的利益相关者，应该与学校一起，成为发展的共同体，学校要主动将学校发展的愿景规划与家长进行共享，形成一致的价值认同；第二，学校要特别注意利用学校的优势，创造家长与孩子深度交流的机会，要关注家庭环境与教育氛围，亲子活动是非常有效而且必要的形式；第三，要充分挖掘家长资源，积极为家长参与学校发展提供机会和平台。

和合共生，和谐共进："大拇指家长"行动叙事

浙江省温州市实验小学

"和合"语出《国语》。"和"表示不同事物、不同观点的相互补充，是新事物生成的规律。"和""合"互通，是"相异相补，相反相成，协调统一，和谐共进"的意思。本着"和合共生"的理念，温州市实验小学开展了大拇指行动。所谓"大拇指"，狭义是指学生家长，广义是指一切支持学校教育的社会资源。其标志是一个竖着的绿色大拇指，"绿色"是我们对教育的一种追求：原生态、可持续、尊重生命个体；"大拇指"寓意着榜样、力量、认同、赞赏与成长。

美国学者兰根布伦纳和索恩伯格把参与学校教育过程的家长角色分为三类，即支持者和学习者、学校活动志愿参与者、学校教育决策的参与者。根据三角色理论，学校开展了大拇指三大行动——大拇指学习行动、大拇指志愿行动和大拇指督学行动，从而构建了相互支撑、助力的家校联动支持体系。

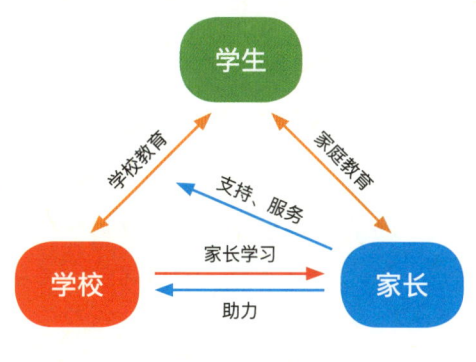

家校联动支持体系

一、大拇指学习行动：提升家庭教育质量

伟大的人民教育家陶行知曾说："一切的学问，都要努力向着人民的幸福瞄

准。"2010 年，积极心理学提出全新的心理概念——幸福力，旨在帮助人们拥有一种看得见、用得着、学得会的幸福能力，一种方便实用的幸福能力。学校以提升家庭幸福力为切入点，以"FM 家庭幸福力"课程为抓手，促进家长素养的提高，提升家庭教育质量。

FM 即 F 与 M，意为"father"与"mother"，也即"family"与"me"，FM 更是调频之意，我们希望通过学习，家庭与学校、孩子与家长，这些关系都能同频共振。"FM 家庭幸福力"课程包含了解教育规律、亲子关系、自我觉察、学习力提升、情绪管理、教育视野等几个方面。父母如何与儿童建立温暖平等的家庭关系，如何让心灵更滋润，让精神更丰盛，是"FM 家庭幸福力"课程的核心内容。根据课程内容，学校开展了三个阶层的家长学习模式。

（一）初阶课程：大拇指学习会

大拇指学习会指家长每学年必须参加的一次学习会。学习会根据孩子年龄段特点与需求，引导家长了解各年龄段孩子的心理特点，了解相应的教育规律，初步形成一个固定的序列，如家长在孩子一年级时了解学校办学理念，帮孩子做好入学适应；二年级时，家长与孩子进行亲子阅读；三年级时，家长与孩子参加家庭实验室活动等。

（二）进阶课程：大拇指学堂、大拇指心灵工作坊

大拇指学堂，指根据学校工作需要或者阶段性的主题需要，在家长开放日或特殊活动时，为来校的家长开展混龄学习会。学习会的内容一般具有针对性。

大拇指心灵工作坊，是学校每月定期开展的深入式工作坊，人数少而精，话题更为深入，也更具有体验性。工作坊围绕"FM 家庭幸福力"课程几方面的核心内容，有针对性地邀请各方面的专家开展一系列的讲座与沙龙活动。例如，亲子关系方面的讲座有"情绪管理与亲子沟通技巧""让孩子在'真爱真管'中茁壮成长""正面管教"等，学习力提升方面的讲座有"卓越父母铸造孩子健康人格""做知心爱人，养省心孩子""提升孩子的学习力，家长可以做什么"等。

心灵工作坊一般采用家长自主报名的方式，以主题式、参与体验式的活动课

为主，每月 5 日上午 10 点通过学校微信公众号组织家长定时抢票。一般情况下，几分钟之内，50 个名额会被一抢而空。

如今，大拇指心灵工作坊已经举行了 15 期，参加培训受益的家长达到了 2230 人次。为了便于家长的学习交流，我们创建了微信群，如今 200 多位家长已成为心灵工作坊的会员。微信群的创建使"FM 家庭幸福力"课程得到了很好的拓展与延伸。全程参与了课程的余妈妈说，女儿有时会问她："妈妈，你是不是去学校上心理课了？"孩子会有明显的觉察，参加活动之后的妈妈，变得更加平和与理性。家长认为，通过心灵工作坊"不仅能了解前沿的教育资讯，保持着对自身的反省与觉知，还能与教育大咖成为朋友，通过微信方式保持互动，这对于家长在教育孩子方面，真是一份实在的智力支持"。

（三）高阶课程：大拇指效能训练营

参加高阶课程的家长需经班级家长委员会及班主任推荐。课程内容是固定的，参加者需坚持学完整套课程。高阶课程是一种集训式的学习形式，通常两周举行一次。

学习者身兼两职，一是学习者，二是传播者。因此，学完之后，学习者需回到班级，将所学知识与全班的家长进行分享，并对他们进行引领，以此达到"孵化"的作用。该课程注重效能训练、积极心理学及情商训练，同时结合学校学生的实际，融入有针对性的问题解决方案等内容。

二、大拇指志愿行动：每一位家长都是潜在的资源

每一块站对地方的石头都是闪亮的珍珠。毋庸置疑，家长是一股强大的教育资源，每一位家长，都是一笔潜在的财富。家长参与学校教育的形式丰富多彩，而成为义工则是家长参与学校教育的一种基本形式。

从学校的家长构成实际情况以及学校特点来看，目前学校的家长资源相对丰富，主要集中在三个方面：人力资源、物力资源、智力资源。根据资源的分布情况，学校成立了四大志愿团队，即大拇指讲师团、大拇指专家团、大拇指资源

团、大拇指服务团。

大拇指讲师团的家长来自各行各业，好多都是各自领域的骨干或专家。讲师团发挥家长的一技之长，根据学校课程需要，邀请家长走进校园，给学生们上课，这是开阔学生视野、丰富学生知识体系、提升学生各方面能力的有效途径。目前，由家长充当教练自发组织的班级足球队，就达到20多支。家长讲师越来越多地参与到学校各项工作中来。

以三年级四班"拿破仑班"为例，一个班级就有皮划艇队、拉丁舞队、瓯剧社、合唱队、足球队、相声曲艺社等十多个社团，这当中，许多社团的指导老师都由家长聘请或者担任，解决了人手不足的问题。一位老爷爷，在孙子都已经毕业两年的情况下，至今仍继续留在学校担任七巧板课程的老师，还专门开发了七巧板的教材供孩子们学习。

大拇指专家团，则充分发挥了家长专业的不可替代性，致力于为学校的整体发展服务，如学校周边的综合治理、教师发展、学校专业社团发展等。大拇指资源团积极联系学生活动场所，为学生创设多种实践平台与机会。学校39个班级，每个班级每学期都有家长义工组织的实践活动，这些实践活动成为学校德育活动课程开发以及班本课程开发的重要内容，也为孩子们"关注世界"开启了一扇扇窗。

大拇指服务团义工也各显神通。一年级每班每天由两位家长义工参与服务午餐管理工作，风雨无阻，从未间断；在全国外国语学校年会上，学校的妈妈礼仪队，成为年会一道亮丽的风景；全校三到六年级的孩子人人建有家庭实验室，所有的家长共同参与家庭实验室的建设与指导……

为充分尊重每一位家长义工的优势和强项，妥善分配家长义工的工作内容，家长报名时需先填一张申请表，写出教育背景、兴趣爱好、特殊技能、志愿工作的种类，再建立家长义工资源库。资源库的建立，为学校统筹大拇指课程，进一步深入开展大拇指行动提供了保障。目前，学校共有800多位大拇指家长义工，2015学年，仅参与午餐管理的家长义工就达到了2520人次，一学年所有家长义工志愿服务达3200人次。

三、大拇指督学行动：共情让家校更和谐

2013年年底，一批家长反映，秋冬季节学校食堂的饭菜偏凉，孩子吃了容易伤脾胃。本着共同议事的原则，学校诚挚邀请了各年级的家长代表共商对策，其中包括在食品药品监督管理局工作的家长以及从事餐饮业的家长。一些热心家长表示，他们愿意参与到食堂膳食工作管理中来，帮助学校共同改善食堂的各项工作。家长们当即自愿报名成立了食用油采购小组和保温箱采购小组。一周之后，两个小组均交了一份满意的答卷。采购小组的家长们经过货比三家，多方了解，实地察看，最终采购了物美价廉且质量过硬的物品。这样温暖的监督，解决了学校管理存在的实际困难与问题，也让家长们通过走进学校，走进食堂，进一步理解了学校。这种参与式督学行动，渐渐成为学校工作不可或缺的一部分。

每学期的家长开放日，学校都会向家长征集意见和建议，鼓励家长为学校发展建言献策，学年末评出"金点子"奖，并在结业典礼上隆重颁奖。重大政策出台前，学校也会多方征集家长的意见，集思广益，认真听取。例如，在学校章程的制订过程中，学校专门召开家长座谈会，充分吸取家长们的可行性建议，几易其稿，成为兄弟学校参考的样板。一年级的"毛毛虫成长嘉年华"期末过关活动，每个班级十几位家长倾情参与，担任考官或后勤工作，家长们请来了糖画师傅，带来了冰激凌机，制作了康乃馨花束等，孩子们通过一关关的趣味面试，用赚取的成长币去购买各自喜爱的食物和礼物，整个活动变身小小庙会，孩子们兴趣盎然。此外，学校楼宇名字的征集、每周题的征集等活动，都凝聚了家长们的智慧。

大拇指行动，打通了家校之间的壁垒。让家长走进校园、提升自我、开展服务、参与监督，是学校"适合每一位孩子发展"办学理念的需要，实现了学校教育与家庭教育的无痕连接。

点 评

  越来越多的学校认识到,家长是办学过程中极为重要的力量。如何用好家长资源,成为现代化办学面临的问题。温州市实验小学将家长与学校视为一体,用"和合共生"的理念,把家长融为学校发展的共同体。正因为把家长视为学校教育的重要力量,学校首先承担起了社区学习中心的角色,把家庭教育作为家校合作的基础。学校将家庭教育课程进行了序列化,针对不同需求的家长提供不同的培训课程,同时也借助家长的力量丰富家庭教育课程的内容和形式。在对家长资源的挖掘上,学校经过科学的调研,形成四大家长志愿团队,极大地调动了家长参与学校教育活动的积极性。要实现真正的家校合作,家长一定要深度参与到学校发展的决策中去,这也是现代学校制度的必然要求。学校创造性地提出"参与式督学行动",赋予了家长一定的权利,解决了家校合作中出现的问题。温州市实验小学开展的家校合作,有理论的支撑和科学的设计,取得了理想的效果,值得学习和推广。

让每一位教师行走在成长路上

浙江省杭州市天长小学

促进每一位教师的差异发展,让每一位教师能够在自己的教育教学领域里得到较好的发展,是教师实现人生价值的需要,也是办好一所学校的根本。

一、发现:寻找教师自主发展的"蓝海"

好教师的成长,都是建立在教师自身主动发展基础上的。教师只有主动发展,才能真正发挥其积极主动性,才能在教育教学工作中反思自我、总结自我,达到真正提升自我的目的。如何促进教师自主发展?要寻找不同教师的发展状态,形成对教师状况的基本认识;根据不同教师的发展状况,以教师不同的学术兴趣为横向发展目标,以"入门、达标、骨干、名优"为纵向发展目标,做好教师职业发展规划。

(一)借助新技术

一年级的一位教师,发现一名学生上课总不能认真听课,基本不能参与师生讨论,严重影响了他的学习进程。到底是什么原因导致这名学生出现这样的问题?该教师积极寻求帮助。在浙江大学专家的指导下,教师运用课堂观察技术,采用录像分析的方法,逐节课统计学生的行为方式,并分析原因。在此基础上，该教师设计促进学生参与的策略，逐项实施，力求达到最佳的效果。围绕这个教育事件的发展，该教师真正学会了解决教育实际中的问题，提升了自己的专业水准。

（二）借助专题讨论

不同阶段教师的困惑和需求是不一样的，学校召开不同形式的教师教育教学问题交流会——新教师座谈会、5年教龄以下教师恳谈会、促进学生主动学习交流会等，让教师说出自己工作中存在的困惑，并聆听同伴的困难。教师发展中心整理出有共性的问题，作为一定阶段教师学习的主题。例如，如何促进学生积极主动地参与、如何让学生有效倾听、如何让学生减少计算错误等，这些带有普遍意义的教育教学问题的发现，是促进不同阶段教师差异发展的基本方式。尤其是对新教师，学校都有专题研究，如了解学生、组织课堂、教学诊断等，总之要发现真问题，借助问题的解决促进每一位教师的专业成长。

（三）借助同伴交流

一位青年教师研究生毕业后进入学校任教。开学不久，年级组发现这位教师非常焦虑，而且这种焦虑情绪已经影响到他的工作。在年级组讨论中，大家发现他的问题主要出在不能有效组织学生全力投入学习上。他把主要精力放在学科体系的研究上，放在教学设计上，但对班级情况掌握不够，对班级可能出现的困难准备不足，对如何调动学生的学习积极性缺乏准备，导致几个星期之后，学生还不能与教师进行有效对话，学生之间的交流也没有达到应有的效果。问题清楚了，教研组专门就这个问题，为他举行了一次教学研讨会。全体同伴把所有的关注点都放在观察他与学生的交流上，放在他对学生的评价上，放在他在关键环节对学生注意力的吸引上。课后，大家对他的课堂行为进行了细致分析，帮他提出了许多建设性的意见，他恍然大悟，原来改进就体现在很细小的语言和行为上。

二、研究：为教师发展提供学术支持

每一位教师面对不同的学生，面对不同的教学任务，随时随地都会面临新的问题，教师从研究的视角切入，从学术的角度思考，随着问题的解决，其专业成长就实现了。

（一）自主申报项目

每一位教师在日常教育教学工作中，都会有许多自己感兴趣的改进项目。所谓改进项目，有的是教育故事，教师讲述自己教育教学中难忘的经历；有的是自己的一项研究，是自己专业发展中正在进行的课题；有的是问题解决的一次回顾；有的是针对某个教学的反思。因此，学校转变了科研范式，所有研究项目的申报和终结时间自由，人数不限。教师的日常问题和研究结合起来，研究才能真正融合在教师的教育教学甚至教师的生活中，或者说，教育教学本身就是研究的过程，真正做到"课堂就是研究室，教师就是研究者，教学就是研究事件"。陈老师是一位科学教师。一次，在她讲完"形状与结构"单元中关于"桥"的知识后，学生怎样都理解不了"廊桥"是什么。课后，陈老师组织学生实地考察，收到显著的效果。学生的实践精神和实践能力，激发着陈老师的思考：怎样让更多的学生参与科学实践活动？她提出了"家庭实验"的设想，为家庭提供更多的实践建议，让家长志愿者参与到科学实践中来。这个项目一推出，就受到家长和学生的欢迎。

（二）基于兴趣的团队招募

兴趣是最好的老师。在任何一所学校，我们都会发现，不同的教师，经过一段时间的积累，可能会呈现出不同的学术专长，如有的教师长于阅读教学，有的教师长于作文教学，有的教师长于实验教学，有的教师对多媒体辅助教学情有独钟，这些都是我们必须重视的方面。学校有"数学微课"团队、"数学实验室"团队、"天长微信"团队……教师们都以自我认同的理念和兴趣联结在一起，一起追逐教育的梦想。马老师从北京师范大学毕业后来到学校，专注于对儿童写作的研究，创造性地提出"儿童文学圈"的小学习作方式，通过学生在"文学圈"的交流和分享，构建了一个学生们喜欢的习作空间。同时，她还反思自己的身份与工作，参加了第十六届世界比较教育大会，以女性主义视角研讨跨越边界和自我整合，拓展自我研究的范畴。

（三）基于改进的成果导向

教育是一个动态的过程，开始思考的是一个问题，但随着时间的变化，我们会觉得另外一个问题才是更有意义和价值的。这就需要教师建立以改进为导向的成果意识，改变"任何研究都成功"的怪现象。陈老师在暑假后期，联合学校的几位语文教师筹备研发学校三、四年级的语文校本教材。教师们从最初的设想，到几番讨论，请教专家，并昼夜奋战，几易其稿，终于研发出了厚达百页的校本教材。在进行研发时，老师们动足了脑筋，但很快发现其中的问题：其一，研发时间不够充分；其二，校本教材的目的性不够明确；其三，目前的校本教材与教师和家长的需求还有距离。陈老师的儿子刚读一年级，她的丈夫经常感叹："家里有个老师真好！"可是，不从事教师工作的家长知道吗？如果有一本校本教材，告诉家长开学初要对孩子进行哪些教育，如何让孩子尽快参与到集体生活中去；能够面向家长，告诉他做书签的简便方法与材料的选择；能够告诉家长到了文具市场，该为孩子选择怎样的文具；能告诉家长，在孩子不同的年龄段，到了书店该为孩子选择怎样的书籍……学校很快认同这一"研究改进"，全力支持陈老师进行新的研究。

三、共享：为教师展示成果提供平台

共享成果、分享智慧能够实现教师之间互相借鉴、互相学习的发展氛围。

（一）"即时性"办公室教研

办公室教研是一种常态的分享、交流形式。在办公室里，教师们观察同伴的工作，聆听同伴的教育教学感受，汲取同伴的营养，解决日常的操作性问题。教师少一些个人之间的直接竞争是形成办公室良好交流氛围的前提，营造开放合作的工作氛围，让所有的人认识到，学生的成长是全体教师、学校所有事件的共同影响促成的。在办公室人员安排中，学校以年级和学科为出发点，尽量安排同学科教师在同一间办公室办公，以利于教师之间交流。根据学校条件，我们觉得5~6人的小型办公室环境非常适合开展办公室教研。

（二）"天长报告"系列分享

学校建立"天长报告"制度，教师们各自报告自己的教育教学项目，讲述自己的教育故事，畅谈自己对教育的感受。学校教师经常在浙江省内外专家面前展示自己的项目研究成果；教师们的各类成果在报纸、杂志上发表，这也是对教师项目研究的肯定。学校利用校刊《直面差异》让更多没能在台前讲述故事的教师发表自己的教育教学项目，用文字记录自己的研究历程。

（三）新媒体展示平台

新媒体为教师们的交流、展示提供了新的可能。我们通过校园博客，鼓励每位教师在博客中记载自己的所思、所做、所见。博客是教师发表观点的良好平台，因为交流的无限性和空间的无限性，可以让每位教师的实践和成果得到充分展现。蒋军晶老师建立新浪博客，聚焦儿童诗、儿童阅读、儿童电影、儿童创作等方面的研究，发表博文200多篇；施民贵名师工作室运用"中国教育云"网络平台开展研讨，有近200名学员；施民贵老师还创立了"童话体作文教学联盟"，举办了全国首届童话体作文教学研讨会。"童话体作文教学联盟"经常通过网络平台发布消息，进行研讨，得到全国作文教学专家吴立岗、杨文华等的赞赏，联盟成员编写出版了《作文好好玩》12册。

发现、研究、共享，改变了教师成长"由上而下"的指导模式，逐渐形成以项目推动和自我规划为核心的教育教学行动研究。教师的专业发展实现了和教育生活、教师生活之间的无缝衔接，教师在不同发展状态下自主寻找专业发展的路径，成为教师成长的一种比较理想的可能性。

点评

教师在一所学校中的作用是决定性的，如何提升教师队伍的质量和水平，是每一所学校的核心工作之一。杭州市天长小学促进教师专业发展的实践经验，带给我们很多的启示。首先最为重要的一点是，要想方设法调动教师专业发展的自主性。教师发展的自主性在于教师对其职业理解的深度，以及在职业生涯中体会到的价值感和幸福感。学校针对教师发展采取各项措施，基于教师不同的发展需求和意愿，让教师在解决实际问题的过程中，不断获得成就感。其次，借助课题与项目研究的思路，提升教师的学术水平。发现、研究和共享，暗合了课题研究的基本思路。发现，就是提出问题，聚焦研究主题；研究，就是问题的解决过程，也是课题推进的过程；共享，是研究成果的推广与应用。研究让教师摆脱了工作的重复和单调，产生了职业的价值感。最后，将教师专业发展与教育教学生活、教师职业生活紧密联系。专业发展不是搞几个培训和讲座，不是独立于教师自我成长之外的课程进修与学习。它与教师在学校、社会与家庭中的活动都有千丝万缕的联系。只有将教师专业发展置身于教师完整的职业生涯中，才能真正促进教师主动发展。

好老师成长的共同体

中国人民大学附属中学

习近平提出:"一个人遇到好老师是人生的幸运,一个学校拥有好老师是学校的光荣,一个民族源源不断涌现出一批又一批好老师则是民族的希望。"教师的专业发展是学校发展的核心力量,是适应教育改革和发展的必然要求,校本培训则是促进教师专业可持续发展的重要保证。针对教师发展,我们学校一直具有多层次全方位的培训和发展组织结构,包括教研组、年级组、备课组等多层组织和德育处、教务处、科研室等多部门的整体规划和协作。近年成立的教师发展中心更是主要指向教师的发展,通过充分依靠并服务于教研组、年级组和备课组,充分依靠并服务于学校各部门,共同促进教师的发展。学校教师发展中心的目标是成为教师精神传承和发扬的平台,不断为教师创设一个能够交流的平台、能够展示的平台、能够解决问题的平台、能够更好发展的平台,促进更多好老师的成长,形成"好老师的文化场"。

一、全方位、多层次的教师发展体系

我们努力做好教师队伍建设规划,激发教师职业发展追求和学习意识。学校对教师队伍建设非常重视,明确提出了师资队伍建设的工作目标并制订了教师校本培训实施计划和方案,同时注重校本培训与市级、区级培训的衔接。近年来,青年教师的人员比例在逐年递增,青年教师学识渊博、专业能力出色,而教育理念和教学能力是入职后几年内亟待强化的。学校通过办学理念的引领，让青年教师自觉地将个人的精神追求与学校的办学理念融为一体，不断激发教师职业发展追求，激发教师的学习意识，为教师的学习和培训提供动力支持。学校在每一次制订三年规划的同时，要求每一位教师结合学校的发展规划和自己的职业发展追求，制订个人的三年发展规划，并明晰实现个人专业发展的目标和具体的举措，让教师在目标和计划的引领下，积极学习和主动参加各类培训，不断提升自己的专业发展水平。

学校根据教师专业发展需求，构建了全方位多层次的校本培训体系，核心指向是促进教师的专业发展，对校本培训的内容进行如下的设计。

第一层次，教师专业知识、专业技能、专业精神和专业修养的培训。例如，STEAM 培训、PISA 培训、教师双语能力培训、信息技术能力培训、青年教师教学能力培训、新教师教育行为和观念培训、领导力思维训练等，为丰富和提升教师专业发展的基本素养提供了保证。

第二层次，基于学校整体发展框架下的项目和任务驱动培训。学校各部门分别承担了不少不同层级的教育项目和课题，基于教育教学的项目和课题任务的实施，有利于教师针对相关内容进行校本培训、研讨、实施和研究，以任务驱动教师的主动性和自觉性发展。

第三层次，主要是教师的自主个性发展项目。学校除充分发挥市区级课程的培训作用外，不拘泥于已有的常规培训框架，为教师的自主个性发展创设机会。例如，近两年来指向国际教育发展前沿的多学科综合工作坊、基于学科融合的项目式学习探索等，激发了教师内在的专业发展动力，让教师在自主发展中成就自我，努力成为有突出特色的优秀教师。

二、校本教师发展具体操作形式

学校结合对新教师进行的兴趣和意愿调查，采取了丰富多样、不拘一格的活动形式，不断拓展和深化校本培训途径，提高培训效率。中国人民大学附属中学每年至少有两次集中的大型教师培训，以及数量不限的各种专题培训、交流会和沙龙，主题是价值引领，激发善意。例如，德育板块的培训，学校已经进行了十几年，翟小宁校长受中央电视台《艺术人生》节目的启发，把培训内容设计成讲述"我的教育人生"或"我的教育故事"等形式，培训效果很好，逐渐成为学校的传统。学校注重挖掘教师教学中特别感人的故事，如爱学生，就让教师把爱学生的故事讲出来，在学校产生影响。学校的管理理念就是要"以善激发善"，讲什么、做什么、倡导什么，日积月累慢慢就形成一种理念、一种追求、一种文化的场。

（一）校本教研

教师的专业发展最离不开基于课堂的扎实的教育教学实践。日常教研组、年级组、备课组的研修活动是教师开展校本培训的一个重要内容和途径，通过备课讨论和听课等形式使教师获得提升。校本教研立足于教师参与的课堂、学习、交流和实践，以教研中遇到的问题为切入点，以此指引教师的行动研究，推动校本教研工作的有效实施和教师专业发展。

（二）专家讲座

教师的专业发展离不开专家的引领和指导，专家讲座的内容既包括师德修养和人文素养、新课程改革研究和课堂教学，又包括现代教育理念、信息技术发展变革、学科融合和衔接等，这些讲座为教师的专业发展提供了前沿信息，为教师更新教育理念和知识结构注入了专业发展动力，拓宽了教师的视野，使教师能始终保持专业成长的活力。

（三）师徒带教

对于新入职的青年教师，学校会选取教学业务水平高、品德素质过硬的特级、高级或骨干教师，或资深的班主任教师，跟新教师结对子，成为教学业务和班主任工作上的"师徒"。带教导师从宏观教育教学理念，到微观的备课、上课、作业、讲评等环节给予"徒弟"指导和帮助，这是我们促进青年教师专业成长的重要机制。

（四）学会自我反思，实现自主成长

很多新的发展思路与方式，就是在自我反思中产生的，最终会促进教师由被动的发展走向自觉、主动的自主成长。学校要求教师要采取一种主动的自我发展方式，这是教师主体自觉、主动、能动的建构过程。学校教师自主成长最密切的微环境——学校文化，直接引领和影响教师的自主发展。为了提高教师的自学反思能力，学校为教师订阅种类丰富的报纸、杂志以及与教育相关的书籍，并尽可能提供更好的环境。假期则是学校教师读书学习、研究反思的黄金时间。

（五）触发教师发展生命自觉，示范引领起作用

学校为教师搭建展示平台，可以极大地提升校本培训的影响和辐射成效。学校是一个天然的学习共同体，更会是好老师成长的共同体。1995年，著名教育家博耶尔提出了"学习共同体"的概念，并将其定义为一个由学习者及其助学者共同构成的团体，他们彼此经常在学习的过程中进行沟通、交流，并分享各种学习资源，共同完成一定的学习任务，因而在成员之间形成了相互影响、相互促进的人际关系。例如，青年教师沙龙、学校教师发展中心在互信的氛围中为教师的相互对话、交流、观摩和品鉴创设机会，给予教师更多的专业信任和自主性，通过讨论、指导、学习等多样化的方式合作互动，实现思维和智慧的碰撞。学校就是教师发展最密切的共同体，教师间的示范引领蕴藏着巨大的正能量。

教育案例

2017年5月，学校为促进全体教师的专业发展，以"五四青年节"为契机，以青年教师的德育教育和引领自觉发展为主题，举行了"'青春心灵'青年教师讲坛"活动，分享优秀教师的德育和教学心得。青年教师在这次活动的准备和展示中表现出了很高的积极性和主动性，活动由两位青年教师主持，在开场前的"青春心灵"专题短片中，一百多位青年教师通过微视频和图片的形式纷纷表达了自己的教育理念和抱负、教学中遇到的困惑、对职业的期望和对学校的愿景。短片结束后，5位青年教师代表深情回顾了自己入职以来的成长之路。

首先，青年班主任A分享了自己的成长故事。面对新接手的班级，她利用画

板报和经营公众号的机会与学生深入交流，迅速跟学生们打成一片，在无形中建立了与时俱进的班级文化。她说，在中途接班后构建起和谐稳定的班集体，首先要"赢得信任，平稳过渡"，然后再"注入活力，与时俱进"。

语文教师B发言的主题是"执着理想，诗意青春"。面对语文教师和班主任这两个身份，她认为应该具有不同的培养目标。作为语文教师，她希望学生们保持独立思考的能力，具有家国情怀；作为班主任，她教育学生们要有责任与担当。她认为教师不仅要给学生们爱的陪伴，更要有精神上的引领。

教师C发言的主题是"诗乐之教"。他讲述了自己是如何将个人的才思与特长融入平时的教育教学工作中的。作为诗词创作爱好者，他是古典诗词写作课的主讲人之一，还参与编写了《古典诗词创作读本》；作为"特长师"，为了让班上的特长生施展才华，绽放光芒，他创造性地开展了班级音乐会，真正将诗与乐根植于学生的灵魂。他说，艺术从来不会停留在自我陶醉的层面，而是要融进教育，育人养德。

数学教师D以"加菲和馅饼的故事"为题目，轻松幽默地回顾了参加"北京市初中数学教师国际研修项目"以及区教研活动的经历。他以自身经验鼓励所有青年教师要多关注学校的各种课题，积极参加各种培训活动，还要在工作中主动出击争取机会，特别是年轻人，得有闯劲儿，得能冲得出去。

初三教师E回顾了自己入职后的教育教学感悟。他说，他一直坚持"把每一节课都上成公开课"，从模仿前辈到自主设计，教学逐渐变成了一件快乐又得心应手的事情。他说："在学校的生活让我感到既充实又快乐，我愿像一台永动机一样将自己的正能量传递给每一个朋友和学生。"

随后，青年教师主持的"青年教师说"访谈节目，现场采访了另外5位青年教师，请他们讲述自己的教学经验和心得。

面对中国人民大学附属中学国际课程中心高难度的数学课程，教师F从假期开始备课，仔细研读考纲，开学以后更是积极和不同年级的中外教师互相听课，了解不同项目、不同年级学生需要理解的广度与深度，从而迅速地进入教学状态，并取得了令人刮目相看的成绩。

作为历史教师，教师G认为教师备课最重要的就是有"输入"和"输出"的过程。为了培养学生对历史的兴趣，帮助学生理解和记忆历史事件，她还自创了"时间轴复习法"，帮助学生们掌握历史学习方法。

面对琐碎而复杂的班主任工作，教师 H 认为教育工作是一项"慢"的艺术，尤其是个别学生的转化，绝不是一蹴而就的，需要教师的坚持和陪伴。她还坚持给学生们写信，她说："我不能一下子改变谁，但我能做的是用自己的生命状态去影响学生的生命状态。"

教师 I 分享了一个关于"外号"的故事。她用生动的案例告诉我们微笑往往比发脾气更管用，学生需要的是教师的引导，而不是教师的情绪发泄。她坚持"诚以待人，毅以处事"的带班原则，让班级健康向上发展。

教师 J 从高三团队角度，既分享了团队内很多教师敬业奉献的感人案例，又讲述了教师团队的协作、科学创新精神。

这几位青年教师还分别讲述了前辈教师们对自己的鼓励与帮助，以及自己对中国人民大学附属中学精神的理解。

学校各学科的多位导师从各个方面对青年教师的成长与成才提出了诚挚建议与殷切希望。有的导师说："青年教师们不要'喜欢喜欢'，要'喜欢别扭'。只有别扭才意味着新的领域，别扭里头可能会有一定的比例真的不适合你，但是会有相当大的比例是新知。假如你突破了别扭，它就重新定义了你，让你拥有新的东西。要有勇气走出自己的舒适区，不断挑战自我，获得更多的成长。"有的导师说："学问是教学之本，要多读书，要多读专业和学术类的书。"还有的导师说："希望 5 年教龄以内的教师坚持写教学详案，尤其是课堂表述语言和所提问题的表述，提高准确性、科学性。此外多听课，不仅听师傅的课，还应该听其他教师甚至是青年教师的课，这些都会对自身的提高有帮助。"

三、好老师发展的愿景

教师是学校最宝贵的财富，蕴藏在教师之中的正能量也是教师发展最值得挖掘的宝藏。良好的师风师德就是教师在教育实践活动和分享中触发、形成和发展起来的，并与教师的人生观、价值观、教育观有机融为一体。教师发展尤其是师德建设以提升专业素养为抓手才能发挥更大的效应，因为潜心课堂、服务学生，始终是师德最重要的出发点和落脚点。青年教师通过备课上课、听课评课、撰写论文案例、论坛交流、沙龙分享等形式，一方面反思自身教育教学行为，另一方面感悟同伴教师的案例并组织学习交流。在日常教学生活中，学校只有创设文化平台，努力营造精神生态校园，才能激发青年教师提升自身素质和职业修养、完善教师人格、自觉与他人合作互助的精神，激发教师教书育人的积极性、主动性和创造性。学校通过同伴之间、师徒之间、师生之间的示范、影响和引领，营造促进教师发展的文化生态氛围，触发教师主动提升师德修养的内驱力，不断激发青年教师爱岗敬业、无私奉献的精神，让我们的民族不断涌现出一批又一批的好老师。

点评

教师对于一所学校的意义，怎么强调也不为过。中国人民大学附属中学作为一所享誉国内外的名校，的的确确在教师的培养和发展上，有系统的设计和独特的做法。除去我们常见的校本教研、专家引领、师徒制等，有四点尤其值得学习。第一，着重于专业技能的基础层，包括学科、教学、职业精神等，夯实教师入职规范，帮助教师站住讲台。第二，通过学校的重大项目或者课题研究，将教师发展与学校发展结合起来，让教师在学校的整体发展中，寻求自己的研究领域和方向，让教师在学校发展中，找到自己的价值。第三，特别关注青年教师自主发展的意愿。通过多种方式为教师搭设展示的平台，前提是教师自己愿意去展示和分享。第四，关注教师个别化的发展需求。学校以开放和包容的心态，去对待教师千差万别的发展需求，利用学校的资源，引进国际先进理念和做法，满足教师发展的愿望。

行走在教师身边的教育科研

北京市海淀区教育科研种子教师研究项目组

今天的教育正在发生深刻的变化，并处于急剧的转型之中，这就使得教师必须基于他们的实践研究，不断做出各种合理的决定，而不能仅仅充当某种抽象理论的简单执行者。据此，海淀区教育科学研究院设立"教育科研种子教师研究专项"（简称"种子教师研究项目"），该项目以研修的形式进行，注重行动，坚持交流和分享的原则，行走在海淀区各中小学校的教育教学第一现场。

作为"中国好老师"公益行动计划的基础项目，海淀区种子教师研究项目自启动以来，3年中，由来自138所学校的200多位种子教师，在近20所学校进行了35次的片区集中研究和论坛活动。种子教师各级各类课题立项60多项。有一批种子教师在此期间成为市区级骨干教师，有些种子教师已成为学校科研干部。项目以教育科研的方式促进了教师专业发展，推动了海淀区基础教育的发展。

一、项目研究的目标

教育科研部门不仅承担着丰富教育理论、推进教育改革的任务，而且承担着提升教师专业能力与水平的历史使命。对于基层教育科研部门来说，后者则更为重要。

区县教育科研工作的首要任务就是通过组织更多的教师参与教育科研活动，培养、发现、发展教师，促进教师从教育实践中凸显出来，成为有思想的教育行动者，从而完成教师学习力的不断提升，实现从实践到思想、从思想到实践之间的自由穿越。

海淀区种子教师研究项目总目标的定位是，让种子教师由经验型教师发展成为研究型教师，旨在引导教师在学校实践现场，根据教师学习的具体特质，利用海淀区特有的优质资源，通过一次又一次的教育研究活动，在充分表达、共同分享、相互讨论的基础上，认识、学习和完成各项主题活动，不断提升种子教师自身教育科研能力与水平，实现从经验型教师向研究型教师过渡的目标。

海淀区种子教师研究项目，面向全区所有中小学一线普通教师，在全面分析教师认知力、学习力、思考力和创新力等基础上，重在培养教师的学习力。

教育科研种子教师研究活动的主题设计接近教师教育教学实践，走的是大众化、低重心的实证研究之路，让研究走进教师日常教育实践生活，成为一种教育和工作方式。

二、项目研究的实施

教师研究是一种工作中的研究，也是一种学习中的研究，不是一种严格意义上的教育科研活动，其参与教育科研活动的目的、功能、价值、方式、方法、成效、评价等，都与专业教育科研工作者有很大不同。教师需要参与教育科研活动，将自身已有的教育知识经验进行重整、提炼、升华，形成一种可以操作的教育思想与方式。

（一）明确种子教师、片区负责人和区教科院的职责

种子教师的职责是参加片区集中学习，并积极参与研讨；完成一年一度的种子教师论坛征文和参加种子教师论坛等。片区负责人的职责是策划组织集中学习，参与评选种子教师论文，发现优秀种子教师等。区教科院的职责是为种子教师研究项目提供政策支持，协助支持片区负责人组织片区集中学习，提供各种服务，及时总结、宣传种子教师研究项目等。

（二）建立种子教师培养的保障机制

1.片区负责制和课题项目负责制相结合

种子教师团队是一支涉及面广（校际、学科、学段）的教师研究团队。为切实有效地给种子教师提供帮助，我们在组织管理上进行了片区划分，以地理位置为主要依据，划分为东升、二里沟、双榆树、四季青、北部新区、西苑、海淀、五棵松、羊坊店9个片区。片区负责人是片区项目活动的策划者和组织者。实践中，各片区在片区内进一步孵化出课题项目组，如北京一零一中学陈默老师以"国家课程校本化《美术鉴赏》的行动研究"课题为依托，将有同样需求和研究兴趣的教师发动起来，形成了跨学校、跨学科的研究团队，不定期开展研究活动，展示交流分享。这种片区内"蜂窝式"的课题组或项目组，更彰显了种子教师研究项目的草根性。

2.项目团队的组成

种子教师研究项目团队主要由四部分构成：一是研修团队的同伴，研讨中相互启发，分享心得；二是教科院科研人员和片区负责人，策划活动，提供必要的研究方法指导；三是承办研修活动的优秀学科教师，提供研究课和研究成果分享；四是高校和科研机构的专家，参与并对研修活动进行指导，对有价值、有意义的课题研究开展"1+1跟进指导"。

3.海淀区教育科研种子教师论坛制度的形成

我们以论坛形式进行学术引领与分享，打造种子教师的学术领导力，增强了种子教师的专业自信和基于学科教育实践理解的话语权以及影响力。2015年4月17日，北京实验学校成功举办了以"科研促发展"为主题的"首届海淀区科研种子教师论坛"。来自海淀区各学校的科研种子教师和学校教科室主任350多人参加了论坛活动。2016年第二届论坛进一步将形式多样化，各个片区在5个月的时间里进行了主题不一、形式不同的系列论坛活动，达到了人人参与体验、研讨、交流、表达的初衷。目前，三届论坛共评选出一等奖论文69篇，二等奖论文125篇，收获了一批成果，产生了一定的影响。我们借此平台，提炼打造了优秀的教育科研成果，增强了种子教师的影响力和领导力。

（三）种子教师发展经历的 3 个阶段

教师从事教育科研活动，一般要经历专业引领、同伴分享和行为改进 3 个阶段。

在专业引领阶段，专业教育科研人员是种子教师科研活动的组织者，要为参与科研活动的种子教师创设有意义的、有价值的、有获得感的学习体验。他们需要充分发挥思想引领和统筹规划的作用，要为教育科研种子教师提供思想和资源支持，协助组织好各项教育科研活动，并及时总结、宣传教育研究成果，提供专家资源，开设种子教师的专项课题并提供专项经费，搭建论坛交流平台，对有价值、有意义的课题研究开展"1+1 跟进指导"。

在同伴分享阶段，教育科研种子教师走进学校，了解各校的研究特色。学校要提供优秀教师展示研究课，为种子教师成长打开窗口。种子教师在研讨中了解教师如何进行课题研究、如何将课题研究落实在教育教学实践中并指导教育教学实践工作。教育科研活动的主题设计和参与尊重教师的选择，理想的研究活动是不应该限制教师选择的，让教师能选择最适合自己的主题。在保证基本品质的前提下，把选择的自由还给学习者，这也是未来教师科研的基本特点。

在行为改进阶段，教育科研种子教师在了解、感知了教育科研方法的基础上，重点通过研讨活动，实现教育思想与实践经验的有机结合，进而从参与课题研究走向独立承担课题研究工作，并在课题研究中应用研究方法、组建研究团队，成为研究型教师。教师们以自己承担的课题为依托，将有同样需求和研究兴趣的教师联系起来，形成了跨学校、跨学科的研究团队，不定期开展研修活动，真正促进教育教学行为的改进。

（四）种子教师培养设置继续教育制度

种子教师研究项目为种子教师设置了继续教育专业必修学分制度，一学年共计 4.4 学分，其中集中学习（片区集中或全体集中）2 学分，自主学习 2.4 学分，自主学习学分偏重，以此来引导种子教师自主学习。种子教师依靠自己或者在他人的帮助下，逐步建立问题意识，主动分析自身的学习需求，规划学习目标，选择和使用恰当的学习策略，获得自主发展。

（五）种子教师研究项目突出教师三项能力的提升

种子教师研究项目突出提升种子教师研究、交流、引领三个方面的能力，并在实践探索中形成了与之对应的课程（见下表）。

种子教师研究项目能力提升课程表

能力提升	课程内容	具体内容
研究能力	阅读	专家推荐图书与教师个人研究领域书籍相结合
	写作	包括课后反思、教育随笔、研究论文等形式
	研究方法	利用集中研修的时间，在主题活动中注入研究方法的学习
	观课	与集中研修活动主题结合，主要是了解围绕课题研究的课堂，发现研究状态下的课堂，进而感受教育科研对教师专业成长的促进作用
交流能力	研讨	围绕研究内容进行真研讨、真碰撞，这个过程也是课题研究深入和推广的过程
	论坛	交流成果，分享智慧
	热点研究	专家讲座，了解当下的热点研究
引领能力	主持课题、策划活动	独立主持课题研究、项目，以及活动的策划

（六）形成《行走在教师身边的科研——海淀教育科研种子教师研究项目实践探索》专著

该书对种子教师研究项目3年的主题学习活动进行提炼，以其中比较有代表性的几次主题学习活动为例，并对其进行分析，包括教育科研促进教师专业发展、科研共同体建设、教师科研选题、课例研究、教师阅读和教师如何做点评等，既记录了项目主题学习的经过，同时又结合该主题实践，进行了相关理论分析，成为种子教师研究项目的一项重大成果。

种子教师研究项目成为一批年轻教师成长的平台，是为海淀区培养中青年优秀教师的方式。中国人民大学附属小学张宏光老师说："种子教师研究项目打开了教师的眼界，有利于教师树立新的教育思想、新的教育理念。"定慧里小学刘丽伟老师说："每次活动都逼迫自己在小组活动中积极发言，不做那个'沉默是金'的伪装者，在不断地聆听学习、交流讨论中，让自己的大脑在飞速运转。"北京师范大学第三附属中学的韩丽君老师说："这种跨界研修，使我们有机会了解到不同阶段的教育有不同阶段的鲜明特点，使我们对孩子教育成长的过程有了更加全面系统的思考。"种子教师研究项目受到教育理论和实践界的广泛关注。《中国教师》《现代教育报》和《海淀报》等媒体多次进行报道宣传。

三、教育科研种子教师项目的经验与反思

教师研究自然离不开课堂教学，课堂教学永远是教师研究的"原点"。教师需要在日常教育教学过程中发现问题、提出问题，并努力寻找解决问题的有效方案，而这样一个过程恰好是研究的完整过程。海淀区教育科研种子教师的项目设计，正是基于引导教师在常态化教育现场中开展研究这一思想开展的。

教师需要在参与教育科研活动中，将自身已有的教育知识经验进行重整、提炼、升华，形成一种可以操作的教育思想与方式。种子教师研究项目在实践探索中形成了以下 5 点经验。

（一）突出实践性和实用性

教育科研种子教师活动区别于一般意义的教研活动，它更重视研究，在研究中，利用教师已有的实践经验和研究经验作为学习的资源，在"专业学习"和"实践改进"之间形成一个有机的互动和能力构建的通道，将实践经验和实践研究转化为种子教师的方法论，从而提升了科研活动的实用性。每次科研活动都有比较明确的主题，这些主题都来自教师教育教学实践。引导种子教师在行动中研究问题、解决问题，能够将教学实践性知识策略化、逻辑化，即教师能研究、会写作。研修主题包容性强，不同学科学段都可以参与。

（二）突出开放性和融通性

种子教师团队是一个由来自不同学校，在年龄、阅历、学历、任教班级、学习意愿和能力、专业发展水平等方面都存在诸多不同的教师组成的群体。这就决定了种子教师研究活动必须是一种打破学校、学科、学段界限的跨界综合的融通式研究活动。其特点是保持中小幼学段学科的打通，探寻教育的本质；关注课堂，与学生发展相结合；关注教师研究与学校发展；了解各校的发展和研究特色，拓展种子教师的视野。这种开放融通的研究方式，突破传统研究相对单一的局限，综合提升教师育人能力，帮助教师形成教育性思想而非仅仅是学科性思维。

（三）突出团队性和研修性

教育科研种子教师要成长，必须建立团队。现代成人学习理论强调在共同体中学习，通过与共同体内其他成员的相互对话、彼此互动而发生于真实的实践活动之中，种子教师就是在种子教师研修"圈子"里的研讨交流中实现自我发展和超越的。

（四）突出经验性和学术性

在种子教师集中研究的过程中，强调突破教师已有的经验。分享他人成功的经验，可以使学习者认识到自身的不足，选择性地借鉴和吸收他人正向的经验，解决自己的问题，通过相互影响、加深了解、得到启发，把分享的内容内化成自己新的经验。

教师相互交流教育教学中遇到的实际问题和处理问题的方式，通过论坛，将来源于教学一线并有所思考的困惑、矛盾和问题，由研究的成果推广应用，通过分享交流，相互启发，拓宽视野，交流成果；通过论坛，教师展示自己的思想能力和视野，以思想易思想，通过论坛，打造种子教师的学术领导力，增强种子教师的专业自信和基于学科教育实践理解的话语权以及影响力。

（五）突出自主性和参与性

一方面，教师作为成人，其学习是主动建构实践知识的过程，是基于现实问题的学习，他们往往会主动将自己的课堂和学生作为探究的场，所以教师学习也是一个知识创造的过程。种子教师研究项目避免了将种子教师当作被动的接受者灌输知识和技能，尊重种子教师独立的自我概念，以问题为切入点，通过体验式的研讨，让教师积极主动地参与其中、与自身既有知识经验内化整合。另一方面，项目更多的是提供平台、团队和研究的思维意识，更需要种子教师的自主学习。

种子教师研究项目已经与"中国好老师"公益行动计划结合，成为海淀区"中国好老师"公益行动计划的基础项目，好老师需要发现、需要培养、需要在实践场景中凸显出来。种子教师要能够使用教育理论对研究问题进行解释，站位要高，视野要广，既要了解一些理论，还要知晓当下的教育研究热点，这样，种子教师才能在研究项目中真正有所获得。

教育科研种子教师项目第二届项目已经启动，二期种子教师共招聘205人，来自134所学校。第二届种子教师研究项目，在保持首届项目做法的基础上，突出研讨，通过分享、交流、展示，人人参与，使片区的每次集中主题研究活动成为研修者积极参与其中、与自身既有知识经验内化整合，以及触及研修者教育行为和理念深刻变化的学习过程。

点评

提升教师研究能力，是新时代教育发展对教师专业发展提出的要求。进入信息经济时代，社会对人才培养的需求发生变化。教育面临前所未有的挑战，教师要胜任当今的教书育人工作，没有过硬的研究能力就变得非常艰难。教师研究能力的提升，解决的是教师专业发展的根本问题。如何提升教师的研究能力？依靠传统的科研培训很难解决教师科研动力问题。北京市海淀区依据成人学习理论和学习共同体理论，试图将教育科研能力提升与教师教育教学实践行为的改进结合，充分发挥和调动教师已有知识经验，引导教师从关注身边的教育现象入手，在参与体验活动中，增强问题意识、反思意识和表达意识；借助研修团队的氛围，开展课堂观课、专题研讨、专业阅读等多种形式的研究活动，打破教师对科研的神秘感，切实感受教育科研带来的巨大助力。应该说，北京市海淀区的教育科研种子教师研究项目，探索出了一条适合一线教师走进科研、提升研究能力的教师专业发展之路。

作者：王翕恺（四年级八班）　指导教师：张翼飞　学校：北京市昌平区昌盛园小学

让红色基因代代相传

黑龙江省佳木斯市桦川县冷云小学

桦川县冷云小学是一所以抗日女英雄冷云命名的红军学校，历经80多年的积淀与发展，现有46个教学班，是桦川县直属窗口学校。冷云是中华民族的骄傲，是桦川人民的骄傲，更是冷云小学的骄傲。

在县委、县政府、县教育体育局积极培育下，几代冷云人挖掘、拓宽冷云精神，为学校积淀了深厚的文化底蕴，储备了丰厚的教育资源，为学校开辟了一条独具红色文化育人特色的发展之路。

一、传承——红色基因润物无声

学校秉承习近平提出的"让红色基因代代相传"的思路，践行"弘扬冷云精神，六年影响一生"的办学理念，倡导"向阳花儿开，朵朵放光彩"的办学宗旨。学校把邓颖超题词的"八女投江"浮雕作为校园主题文化标志，把习近平和少先队员的合影作为学校形象墙，把许嘉璐的题词"学习冷云茁壮成长"作为校训，把曾任黑龙江省省长的陈雷的题词"冷云小学"作为标准字，规范了校园标准色，设计了校徽、校服，谱写了校歌。

学校设有"冷云纪念馆""小英雄礼赞文化墙""德润冷小书画苑"。每学期的重大节日，全校师生都要重温冷云烈士事迹，进行爱国主义教育和校情、校史教育。学校利用节假日先后接待社会单位团体60多个，约8000人次参观学习。

中央、省、市、县媒体多次到学校拍摄有关冷云的爱国主义教育专题片。2007年，学校被授予"国家首批爱国主义教育基地"称号。2016年年底，我校被全国红军小学建设工程理事会命名为"八女英烈冷云红军小学"。2017年6月1日，全国红军小学建设工程理事会为学校举行了揭牌和授牌仪式。

二、积淀——红色文化浸润心灵

校园文化是一种氛围、一种精神的再现。让校园环境成为隐形的课堂，让校园文化成为立体多彩的、富有吸引力的无声教科书，是学校打造高品位校园文化的核心。

走进冷云小学，首先映入你眼帘的是"黑龙江省桦川'八女英烈冷云'红军小学"旗帜、习近平和少先队员在一起的彩色挂像，以及习近平的亲笔题词"托起明天的太阳"。校园内你会看到一尊尊寓意深刻的雕塑，你会看到一张张孩子们的笑脸在诉说着生活的美好，你会看到孩子们用作品留下的师生活动的精彩瞬间，一幅幅画卷装饰着校园的每一个角落，楼梯间一句句温馨的隽语哲言引人深思。从校园花木的放置到图案的设计，从学校大门的构思到走廊、教室的设置，从楼梯文化到门牌、校徽的设计，每一个构建和装饰都在鼓励孩子们用艺术表现生活，用艺术的手法进行思想与情感的交流，提升孩子们的精神境界。

来到冷云小学，你会被彰显个性的校园文化吸引驻足。冷云教育人用双手打造出了"绿色、人文、和谐、高雅"的校园文化。学校也被授予"国家级和谐校园示范基地"、黑龙江省"阳光美德学校"荣誉称号。

三、实践——自主管理彰显特色

"习惯的培养从这里开启，知识的积累从这里开始，人格的塑造从这里起步，七彩的梦想从这里放飞。"这是学校的育人理念，是少先队的工作口号。

（一）制度护航，生动德育过程

学校提出了"冷小教师十四项修炼"，要求教师丰盈自己，树立终身学习意识，为学生传道、授业、解惑，打造一支德技双馨，让学生、家长、社会满意的教师队伍。

学校每个月末的周三对班主任进行业务培训，并根据学年的特点分学区进行班主任经验交流。在教师中开展以中国梦与师德师风爱岗敬业为主题的演讲，开展了"榜样教师""冷小最美十佳教师""孩子最喜欢的教师"评选、"百名教师进千家"等主题活动，推广优秀教师对教育教学生活的感悟，增强教师立德树人的光荣感和责任感。

教师利用节假日走进学生尤其是贫困、留守学生家中家访，及时反馈学生的在校情况，解答家长在家庭教育中存在的困惑，在教师中树立"快乐着工作，健康着收获"的工作理念，塑造了"厚德、敬业、博爱、创新"的教师形象。学校每周三从校外聘请专家对教师进行业务培训，开设演讲、舞蹈、器乐、简笔画、钢笔字、毛笔字、创意手工等培训课程，提升教师综合素养，为大家提供了交流学习的平台。

2017年，学校教师在全市小学最佳教研基地验收现场会展示综合素养，得到与会领导和家长的认可与好评。学校还定期举办班主任工作交流会，在浓厚的德育工作的科研氛围中，涌现出了一批德育工作标兵、德育工作先进个人和优秀班主任标兵。学校被评为省级"三育人"先进集体。

（二）体验成长，快乐收获

学校在管理中实施"制度+责任+情感"的管理模式，全校所有班级实施"小干部轮流制"，每一个学生都有做小干部的经历。25名学生成功竞聘"校长助理"，他们挂牌持证上岗，做校长的眼睛和耳朵，从孩子的视角发现问题，寻找问题，监督全校师生的动态；学校的"向阳花护校队"分组管理、考评、维护校园师生秩序；"校园小交警"参与学校的值周管理，从而形成了领导监督教师、学生，学生监督领导、教师的循环式管理模式。从校长到学生，有岗即有责，有岗即有制度。学校的"小责任员"管理制度，值周评比的人文化、学生奖励的多元化，让每个学生都有锻炼、体验、收获的机会，都能获得校园文化的滋养。

四、收获——德育硕果掷地有声

学校把弘扬冷云精神作为德育工作的主线，以"教育一个孩子，带动一个家庭，影响整个社会"为切入点，形成领导、教师、学生、家长四位一体的教育合力，开展丰富多彩的教育活动。

冷云小学举办艺术节、体育节、合唱节、冰雪节、感恩节、环保节、竞选校长小助理等各种主题鲜明的活动，让学生们充分体验到自由、民主和幸福。学校组建了向阳花百人合唱团、百人快板、百人民乐、百人炫彩轮滑、百人花样跳绳、朵朵舞蹈团、朵朵剪纸、朵朵沙画等32个选修社团。学校紧扣"人人参与，人人收获"这一宗旨，每周四下午有计划地统一组织学生开展活动。

一分耕耘，一分收获。2015年7月1日，学校美术社团以"德润佳木斯"为主题的128幅作品，走进了佳木斯市博物馆，参加了"培育和践行社会主义核心价值观"的专场展出。学校的特色社团方队在全县运动会和广场文艺演出中大放异彩，获得了社会好评。学校向阳花百人合唱团荣获"黑龙江省最美童声"称号。师生的精湛表演和教研成果都折射出我校"向阳花儿开，朵朵放光彩"的厚重与精彩。

学校的主题活动也开展得有声有色。在学雷锋活动月里，学校开展评选榜样教师、榜样少年活动；在环保活动月中，师生佩戴环保标识走上街头，擦洗隔离护栏等公共设施，清扫白色垃圾，向环卫工人献上最诚挚的问候；在"诵经典美文、筑中国梦想"读书汇报活动中，中国古典乐器与经典美文的有机结合，让学生们感受到了中华文化的博大精深；追寻红色记忆、放飞中国梦想，在"冷云娃重走长征路"的体验活动中，全校师生重温历史，历练成长。

学校还成立了留守儿童之家，组织留守儿童心理拓展训练营，让这些缺少父母关爱的孩子同样能感受到家的温暖。每年的助残日、救助日学校都会开展义卖或捐助活动,让孩子们体会家的温暖,感受爱的力量。学校定期开展的法律知识讲座,安全疏散、防震、防暴安全演习等系列自护自救活动,让孩子们在活动中学法、知法、懂法,并学会保护自己。

教师开放课堂,从学生的生活实际和真实需要出发,创造性地挖掘课程资源,注重每一个学生在活动中的感受和体验。例如,学校对每年的大型集体活动进行深度开发。春游,学生们到"希望的田野"开展野外拓展训练;秋游,学生们去星火民族风情园体验丰收的快乐;冬游,学生们到冰上体验活动……过程的体验让学生学习知识,学会探究,培养能力,收获快乐。

前进的征程任重而道远。学校先后被授予"国家首批爱国主义教育基地""国家级和谐校园示范基地""全国学雷锋活动示范点""省基层思想政治示范点""省级文明单位""省阳光美德学校""省级平安校园""省级绿色学校""省级标准化学校"等荣誉称号。学校将继续弘扬冷云精神,以红色文化教研为载体,让红色教育这个品牌成为三江沃土上一张最耀眼的名片。

点 评

在价值观多元化的今天,如何挖掘和传承红色文化中蕴含的宝贵精神传统,成为当今学校教育面临的一道难题。冷云小学的做法,带给了我们启示。德育规律中,有一个词叫"耳濡目染",说的是环境对于一个人成长的重要性。学校借助区域特色教育资源——抗日英雄冷云的英雄事迹,打造学校德育特色;借助爱国主义教育基地,将英雄的精神渗透在校园环境的每一个角落,让这种精神,成为孩子们成长无形的动力。学校尤其注重对教师职业精神的引导,通过业务培训、师德演讲、榜样教师引领等多种形式,先让教师成为红色文化真正的践行者,成为有理想信念和高尚情操的引路人。这样一群教师,自然会影响到孩子的健康成长。学校注重环境熏染和教师师德涵养,是学校德育工作的亮点,值得学习借鉴。

> 史老师讲课认真,同学们不懂的问题一定会一次一次地给同学们讲明白。

作者:闫语辰(四年级八班)　指导教师:张翼飞　学校:北京市昌平区昌盛园小学

从"互联网+"到"教育教学×"

黑龙江省伊春市伊春区南郡小学

一、"互联网+"资源配置，育人有了新环境

（一）优化资源

南郡小学校园占地面积7700平方米，有60米塑胶直跑道和200米环形跑道、足球场地1个、篮球场地4个；体育馆内有健身器械、学生体质健康测试器材、足球、乒乓球、轮滑鞋等供学生使用，完全满足学生的运动需求；教学楼内有电子备课室、微机室、多媒体教室、音体美活动室、综合实践活动室、科学实验室、卫生室、心理咨询室、图书室等11个专业教室；26间教室及各功能教室均安装了交互式智能教学电子白板，建成了多媒体教学系统。

（二）校园文化

学校集全体师生之力，开展了墙体文化设计活动，努力营造"让墙壁说话、让花草树木赋诗、让文化设施启智"的人文环境。学校以走廊为空间，搭建了以国学经典《弟子规》《千字文》《声律启蒙》等为主要内容的展示平台，形成了一种中国传统文化氛围，展示出了全体师生的精神风貌。每一天，电子屏上社会主义核心价值观基本内容和一条条励志标语都激发了师生们的工作和学习热情；每一个传统节日或纪念日，电子屏上一条条主题标语都增强了师生们对民族文化的认同。

（三）安全工作

学校各类消防安全设施齐全，安装了全方位监控设备，加大了门卫的看守力度以及值周、值宿工作力度，定期开展各类安全讲座以及安全逃生演练活动，做到校园 24 小时 360° 防控，构建和谐平安校园。

二、"互联网＋"德育资源，树人有了新途径

（一）学生养成了自主升旗习惯

学校充分利用国旗下的讲话对学生进行正面教育，如爱国主义教育、前途理想教育、集体主义教育、文明礼貌教育、诚实守信教育等。在庄严的国旗下、严肃的氛围中，学生受到了激励，学校收到了很好的教育效果。国旗下的讲话已成为我校德育教育重要的、高效的育人渠道之一。

（二）学校实现了网络楷模教育

学生定期在微机室上网学习各类英模事迹，少先队、政教处经常组织学生进行网络祭英烈、美德少年网络评选等活动，并通过多种途径对学生进行网络道德教育，鼓励学生从小树立远大理想，勇于向模范学习，向正能量看齐。

（三）校园形成了文明有礼格局

学校倡议学生"向不良行为告别"，把礼貌带进校园，把微笑带给同学，把孝敬带给家长，把谦让带给他人；同时学校把道德守则规范渗透到生动活泼的童谣中去，编写了《文明礼仪歌》，由音乐教师和体育教师合作创编了文明礼仪快板操，让学生在大课间统一做；学校把优秀的视频、儿童电影、学生喜欢的电视节目编入学校的资源库，定期播放，不断强化学生的道德认知和行为规范；学校还统一安排形成了独特的路队文化，即每天早上、放学和整队上课间操时，利用广播轮流播放

《牢记社会主义核心价值观》《读唐诗》《弟子规》等。

（四）活动中做到了小手拉大手

学校在每年的传统节日或纪念日都组织主题活动，如在纪念抗战胜利70周年之际，学校邀请老军人向师生们讲述抗战故事和自己的亲身经历；10月13日，中国少年先锋队建队日，学校请部队官兵为新队员戴红领巾、上队课，老队员们重温入队誓词；国庆节和教师节期间，学校开展爱国尊师系列教育活动；重阳节期间，学校开展"爱在重阳"活动，向全校师生发出"尊老敬老"的倡议，学生自发地带上礼物到敬老院慰问孤老。除此之外，学校还开展以节约为主题的教育周活动，有针对性地进行宣传活动，向每个家庭发放"文明节俭"倡议书，鼓励每一个孩子带动一个家庭、每一个家庭带动所在社区，从而形成明礼诚信、勤俭节约、爱护环境的良好社会风气。

（五）网络实现了家校教育互动

随着网络技术的发展，学校与家庭之间沟通的渠道不再局限于传统的家访、家长会、教学开放日、电话等形式，更体现在QQ、E-mail、博客、微信、校园网站等载体上。另外，南郡小学校园网上开辟的"德育园地"栏目也使家长们能在第一时间了解自己孩子的道德素养，为班主任与家长沟通提供了一个更为有效的平台，突破了传统的"一对一"工作方式，达到了前所未有的效果。

三、"互联网＋"特色资源，教育有了新阵地

（一）利用红色之旅体验生活

学校广泛开展了"红色之旅"体验活动，让学生走出校园，走进爱国主义教育基地——抗联军政干部学校旧址等地，亲身感受，激发学生的爱国情怀，收到了良好效果。

(二) 利用个性社团坚持育才

学校组建了百人合唱团、舞蹈团、美术涂鸦班、小绳在我手中飞、朗读社团等 10 多个个性化社团。每到周三下午，各社团成员按时活动，在动中学、玩中思、笑中画、乐中唱，在开放的活动和情境中感受美、体验美，做到"团团有特色，生生有特长"。随着社团建设的逐步规范，社团活动丰富多彩，每到节假日和纪念日，社团成员们自发地到军营慰问演出，到林都木雕园、石苑做义务小导游。社团成员通过这些活动，培养了自己高雅的生活情趣、团结协作能力、动手操作能力，进一步增强了爱祖国、爱家乡的情感。

(三) 利用网络搭建心理咨询室

为做好学生的心理疏导工作，学校在校园网上建立了网上心理教育机构，充分利用网络的虚拟性和隐蔽性，克服师生"代沟"、学生"惧师"等负面因素，设置了心理健康知识、心理测试、心灵论坛等栏目，对改善学生的心理环境起到了良好作用，从而促进了学生的发展。截至目前，学校网络心理咨询室已成功帮助 17 人进行了心理疏导。

四、"互联网+"信息资源，研训有了新武器

(一) "互联网+"白板培训工作

交互式电子白板安装之初，学校请科技公司的专家对全体教师进行了培训。在此基础上，校内组织了全员培训，由 20 位使用效果较好的教师担任主讲，围绕着白板的界面、工具和操作方法、设备的日常维护，以及不同学科如何利用白板进行教学等内容进行了研讨，现在全校教师都能够主动研究白板功能并熟练使用。交互式电子白板通常都有一些配套的教学小工具，如幕布、放大镜等，这些小工具就如同教师手中的魔术工具箱，在日积月累的使用过程中，教师的教学方式发生了根本性变化，教学越来越关注师生在课堂上就学科内容所进行的交谈深

度。也可以说，交互式电子白板技术对我校教师传统的课堂教学方式进行了一场革命性的改变。

（二）"互联网＋"网络学习工作

学校创建了以促进教师专业发展为宗旨的网络互动学习平台。每位教师都建立了个人博客、微信平台，开通了工作邮箱，建立了各学科QQ群，教师利用网络进行教学研究，把网上的教学资源下载后传到博客上去，也把自己多年来积累的教学经验、心得、材料上传，分享给更多教师。

（三）"互联网＋"教师晒课工作

教师能够综合利用网络上的各类教育资源公共服务平台拓展自己的教育教学知识面并提高教育教学技能。自"一师一优课，一课一名师"活动开展以来，学校组织发挥学科团队优势，集中力量对晒课教师的课进行反复研讨，成熟一节上传一节。截至2017年9月，共有53位教师晒课55节，其中获得区级优质课的教师有21人，获得市级优质课的教师有26人，获得省级优质课的教师有8人。

（四）"互联网＋"校本教研工作

学校定期开展网络教研活动，教师们通过网络备课、专题研讨，观看示范课、理论讲座，实现优势互补，共同提高。现在，学校语文教师通过新浪UC平台，每周定时参与"小学教研在线"及"教科语文之家"开展的备课交流活动。在活动中，我校教师3次担任主讲教师，提供课例，全市小学语文教师参与研讨发帖，主讲教师及时回帖，即时互动交流。在活动中有思维的碰撞，有改变的良策，有深入的探讨，还有专业引领的点拨，更重要的还有教师们在相互鼓励中的共同提高。其他学科教师也充分依托互联网平台参加各自学科的网络教研活动，并在活动中主动承担说课、作课等任务，积极发言，参与讨论研讨工作。

(五)"互联网+"电子备课工作

为优化学校教学管理策略,加快学校现代化管理进程,我们在教学管理方面推行了电子化管理模式。除以往的教学安排、资料整理等工作实施电子化办公外,从2015年秋季学期开始,我校在教师中又推行了校园局域网电子备课,建成并开通"南郡小学电子备课平台",设有"各学科课程标准""教学计划、总结(含学校、教研组)""学科教案""优秀课件""经验交流"等主要栏目,为教师们拓展了互助沟通、合作交流、动态教研的专业发展空间。教师们可以通过"电子备课平台"研究教学问题、切磋教学技艺、交流教学经验、共享集体备课资源。在推行电子备课中,我们坚持实用、高效、共享的原则,使学校教学管理工作更科学、更规范。另外,家长们只要登录校园网,点击自己孩子的课程名称,就会了解到教师的教学思路、教材的重难点,再对照自己孩子的学习状况,辅导孩子学习。

五、"互联网+"教学资源,课堂有了新模式

结合各学科教师平时的教育教学实际,我们初步探讨形成了"+3H元素走入EC课堂"的教学模式,让课堂更有效,让孩子的人生从这里起航。其中"+"表示带入、加进、融合。"3H"分别为Happy(快乐——享受快乐的人生时光,学习是最快乐的时光,每天进步一点点,每天挖掘潜力一点点,每天反思不足一点点),Harmonious(和谐——南郡校园是一个和谐大家庭,每一个班集体都是和谐之家、学习活动和谐之源),Hotsy-totsy(精彩——人生精彩从课堂起航);"EC"中的"E"为Efficacious(有效),"C"为Class(课堂),让课堂每一个环节的设置有效,每一个问题的设计有效,每一个知识的学习有效。教师的教案向学生的学案延伸,课内教学向课外学习延伸。

我们通过"互联网+"众多元素,力争实现课堂梦想,即主动学习的快乐、互动交流的和谐、课堂教学的精彩、学习运用的有效。

点评

互联网是知识经济时代迈向信息经济时代最显著的特征，互联网对我们的生产生活产生了前所未有的影响。教育的确也面临着这样的挑战，当然这也是机遇。南郡小学进行了积极尝试，并取得了较好的效果。学校首先打造互联网学校环境，为教育教学工作奠定设备实施的基础。学校在借助互联网开展学生德育工作时，将传统德育活动借助网络手段进行了创新，提高了传统德育活动的实效性，同时开发了有时代特色的德育资源。另外，学校借助网络技术，提升教师教学基本功，为教师专业发展插上翅膀。我们看到，白板技术的引入，促进了课堂教学方式的变革。网络技术也改变了传统教研的模式，在备课、研课与课堂展示等方面，发挥了巨大优势。同时网络技术也改变了教师学习、培训的方式，为学校积累了丰富的教育资源。看来，在信息时代，技术和信息素养正成为未来人才的基本要素。从这个意义上看，南郡小学的探索就更具意义和价值。

让每个孩子都发光

广东省汕头市龙湖区金珠小学

按照汕头市龙湖区教育资源整合规划，2012年9月华美小学并入金珠小学，学校开始承办华美校区。如何利用今日教育优势，开创今天与明天的崭新道路，谱写明日辉煌，成了新领导班子迫在眉睫的问题。正是基于上述考虑，金珠小学立足校情，系统规划，长远发展，践行"让每个孩子都发光"的办学理念，深入开展具有金珠特色的涵养教育。

一、学校诊断开良方："让每个孩子都发光"涵养教育

2012年，广东省委、省政府做出了"创强争先建高地"的战略部署，使"争当教育现代化先进区""创强争先建高地"成为各市、区教育改革发展和现代化建设的前进方向和行动指南，也为各中小学校激活内在潜力、持续改进和提升办学品质、争当教育现代化示范校提供了难得的历史机遇和发展契机。

面对学校现状，沉甸甸的责任感促使学校领导班子带领全校教职工深入思考学校长远规划与短期目标。在以SWOT分析法诊断学校现状后，学校确定金珠小学就得走内涵发展的道路，办学目标定位在"成为兼具人文性、实验性与示范性的现代名校"；在规划学校长远发展计划的过程中，将学校文化理念的顶层设计摆在了核心位置。学校提出"让每个孩子都发光"的办学理念，整体设计学校"一训三风"，形成了金珠小学涵养教育办学理念系统。涵养教育进而成为学校规划未来长远发展策略的重要指导思想，成为指导学校长期发展的核心思想。

二、以涵养教育思想引领学校发展

学校坚持以科学发展观为引导、以涵养教育思想为基础，践行"让每个孩子都发光"的办学理念，培养"自信自律、善学善问、雅言雅行"的学生，按照协同式创新、内涵式发展和跨越式提升的战略思路，全面提升学校的办学品质、丰厚学校的文化内涵。

（一）办学理念

"让每个孩子都发光"是涵养教育思想的核心，它继承了传统教育的精华，从生命的根本上挖掘人生的价值和生命的意义，让我们认识到教育就是与生命的自然发展保持和谐律动的过程。我们更懂得了人要爱护自己、培养自己、完善自己，使自己成为一个高尚的人、有智慧的人、有益于世界的人，这就是教育对人性所能给予的全部关怀。

从整体上看，"让每个孩子都发光"的理念引导我们超越以唯材教育、知识教学、规范制度为典型特征的教育样态，使学校的教育能够回归到生命生长需要的基点上，以内在精神品质和对理性与德行的自觉追求为核心，朝着用知识启迪智慧、将智慧融入生命、最终提升个人生命意义的方向行进。当每个学生的成长都"无轨"可寻时，其实就是给予了生命做出个性化选择的自由，而这是让每个生命焕发其独特光彩的前提。

（二）一训三风

以"让每个孩子都发光"的办学理念为核心，通过重构学校"一训三风"，即"涵德养志，明亮人生"的校训、"博济无私，化育无痕"的校风、"情理相融，教学相长"的教风和"寓学于乐，寓心于行"的学风，揭示"涵养教育"思想的丰富内涵，构建学校文化的系统标识。

1."涵德养志，明亮人生"的校训

"涵德"即学生要涵养自身的德行。这里的"德"并非某些有关道德的规范条

目，而是一种端正的心性与行为、一种自觉向善的精神。"涵德"中的"涵"意在说明这种着力于生命的道德，在育德方式、方法上绝不同于传统的、强制式的灌输道德律令，它所侧重的是将其培养根植于日常生活，以自由的、按照道德生命的舒展方式实施道德教育。从这个意义上说，道德不是教师教出来的结果，而是学生选择、体验和践行的结果。

"养志"意味着教师要鼓舞学生追求崇高理想的勇气，鼓励学生树立远大的志向。"志"就是"心之所至"，即"志向"。志向有不同，"学为圣人"和"成就大事"是一种志，"立己成人"也是一种志，是更具普遍性特点的志向。

"明亮人生"是"涵德养志"之果。明亮的人生是幸福的人生，"涵德"与"养志"融汇成幸福人生的基础。在这样的人生里，学生通过进一步学习和参与社会活动，增进智识、精进能力、充实自我、成就他人，实现了"个体性"向"社会性"的飞跃，成为真正意义上的人。

2. "博济无私，化育无痕"的校风

"博济无私"意指教育者要把教育当作一件造福苍生的伟业，而不仅仅是一个谋生的手段。"博济无私"象征的是教育者对学生、对教育事业"忘我"的无限热爱，它促使教师以爱心教学生，让学生的情感、心灵、人格等在爱与奉献中得到滋养，让学生在潜移默化中受到感染、感动和感化，彰显出学校对大爱无言、教育无痕的境界追求。

3. "情理相融，教学相长"的教风

"情理相融"和"教学相长"是为师者应谨记的原则，师者要亲身实践、坚持不懈。

4. "寓学于乐，寓心于行"的学风

《论语》有言，"学而时习之，不亦乐乎""知之者不如好之者，好之者不如乐之者"，皆说明学习能够带给人愉悦身心的体验，而以学习为乐的人也总能从学习中收获最多。认知和情感共同参与的学习活动，在其成效方面一定要好于"无"情感介入或"乏"主体意向的僵化学习。作为学风，"寓学于乐"除了鼓励

学生要积极体会学习之乐，还鼓励他们珍视个人兴趣，以自发、自觉、自为的学习探索成就个人专长。

（三）发展目标

1.培养目标：培养具有"自信自律、善学善问、雅言雅行"特征的学生

学校着眼于人文教育、科学教育和公民教育 3 个视域，从人格、认知和行为 3 个维度出发，将目标确定为培养具有"自信自律、善学善问、雅言雅行"特征的学生，由此勾画出我们眼中合格学生应有的形象。其中，隐含着我们的理解和期待，即教育实践遵循自内而外的修己规律，亦融合了培养过程要遵循知行合一的原则，以教育实践引导出学生悦纳自我、主动为学和自觉养德的生命潜力，进而为学生个性品质、智慧品质以及道德品质的发展奠定了基础。

2.办学目标：成为兼具人文性、实验性与示范性的现代名校

人文性：人文的核心是"人"，即以人为本，关心人，爱护人，尊重人。

实验性：借助学校内涵式发展进程中提供的经验，寻求学校提升教育质量和办学品质的各种可能性，形成一系列富有实践参考价值和借鉴意义的研究成果。

示范性：做勇于超越自我、致力卓越教育的践行者，持续推进学校内部的改革与创新，成为全面实施素质教育、奠定学生终身发展基础的典范，使教育成为一个让学生释放生命潜力、激扬生命活力、感悟生命价值的成长过程。

三、实施特色品牌建设，推动学校特色发展

学校依靠涵养教育思想及其实践探析、特色项目系统开发、"生态"课堂内外系列的整合性研究以及合作办学模式的初步探索，从文化内涵、课程设置、课堂教学等方面，构建能够持续推动学校品牌建设的现实基础。

（一）开展涵养教育思想研究

涵养教育让身处其中的每个学生享有认识和发展自己、展示和成就"最优秀的自我"的机会，"让每个孩子都发光"。

1."课前三分钟"人人开讲

学校开发校本课程——课前三分钟涵养微课程，利用课前三分钟，根据学校在不同时间点的中心工作，围绕不同演讲主题，每次由一位学生走上讲台做主题演讲。一分钟演讲、一分钟点评、一分钟点赞，小学六年中每个学生都有120次宣讲的机会。而在演讲、点评、点赞中，"自信自律，善学善问，雅言雅行"的培养目标不知不觉达成。

2.社团活动生机蓬勃

学校组建各种社团，培育学生核心素养。微摄社团、书法社团、英歌社团、灯谜社团、跆拳道社团等40多个社团分别开展各有特色的活动。很多社团由学生自己策划、组织活动，学生在活动中自觉受到教育，得到发展。其中，"金珠小学少年科学院"开设多个培育科学素养的科学社团，诗歌社团中的"妍蓁童心诗社"由小诗人陈同学授课、组织活动，这些都是学校社团活动的骄傲。

教育案例

2015年，《潮汕少年周刊》记者采访了全校闻名的小诗人陈同学。在谈到梦想时，陈同学说："长大后，我要当一名诗人老师，不仅自己写诗，还要教更多小朋友一起来写有趣的儿童诗。"陈同学的话被当时在场的纪胜辉校长记在了心里。

有一天，纪校长把陈同学拉到身边，问她想不想提前实现当诗人老师的梦想。原来，纪校长想在校园里成立一个诗社，让她当社长，带领小伙伴们一起读诗、写诗，与诗歌做伴。于是，一个月后，金珠小学"妍蓁童心诗社"正式开课。在诗歌课堂上，同学们可以天马行空、可以吹牛、可以放肆大笑……无拘无束的课堂氛围让小伙伴们一下子喜欢上了诗歌。

为了激发小伙伴们创作诗歌的灵感，陈同学独创了一套"画画写诗法"，让同学们在画中写诗，在诗中作画。

有一次，陈同学在课堂上请一位小男孩到黑板上画画，小男孩随意地画了几条横线和几条曲线，中间还插画了两条小鱼。陈同学引导小男孩说出画面的内容，可小男孩一时半会儿想不出该怎么表达。智慧的陈同学对小男孩说："我能让这幅画成为一首小诗。"她立刻在小男孩的这幅画旁挥笔作诗，写完诗又与同学们一起给诗歌取名字，最后他们通过投票的方式，给诗歌选好了题目——《可怜的鱼》。

"一条乱糟糟的小河里有两条可怜的鱼儿，它们没有了爸爸妈妈，怎么办，该怎么办？"没有借助华丽的辞藻，短短几行朴素的文字，童真尽显：人类破坏生态环境，原本清澈的河水变得乱糟糟，小鱼儿刚出生就失去了爸爸妈妈。诗中这一声声"怎么办"，就是同学们替可怜的小鱼儿对人类的控诉！

陈同学对小伙伴们说："我们心里想什么就画什么，在画中作诗，以诗抒情。"就这样，在陈同学的指导下，一首首充满童真的诗歌作品被创作出来，大家发现，原来诗歌创作比想象中简单有趣多了！而能把自己的所学所爱与更多的同龄人分享，陈同学也觉得很快乐！

（二）推进特色教育系统建设

学校积极转变观念，以增加学生对真善美的认知、形成对真善美自觉的向往与追求为主旨推动特色教育系统化、规模化建设。学校新增一些项目，并由课外向课内渗透、由少数向多数普及、由掌握技能技法到了解相关历史与文化背景等，为培养和持续发展个体的优势创造条件；密切特色教育与校本课程开发之间的联系，以特色教育积累的经验和资源充实校本课程。

（三）开展"生态"课堂系列研究

以"最原生态"课堂系列研究为抓手，鼓励和支持教师围绕"潜力生的转化与辅导""有效教学模式与策略""课前三分钟""灯谜入课堂""课堂管理与教学艺术""师生互动中的智慧相长""支持性教学环境的建构""教学活动质效评价"等主题，开展个人或小组课题研究，以"教、学、做合一"的形式不断改进和优化课堂教学过程，使师生的想象力和创造力得以释放，使课堂真正转变为一个充满关爱与期望、启发思考与探究、体验分享与合作、树立自信与自尊的空间，让每个孩子都发光。

学校在教师队伍建设上具有前瞻性理念，在学校发展规划中，明确提出以促进全体教师的专业发展为主线，以加快高层次人才队伍建设为重点，以创新培训模式、完善培训体系为抓手，努力造就一支师德高尚、业务精湛、勇于创新、结构合理的高素质专业化教师队伍。学校领导班子形成共识，学生成长要依托优质课堂；教育发展、学生发展离不开家庭与社会的力量，而源头在于教师发展，即要想"让每个孩子都发光"，先要"让每个老师都发光"，5年来学校采取多种方式促进教师梯度发展。

学校开设青年教师卓越成长研修班，引导青年教师勤于学习、善于学习、学以致用。校长亲任研修班班主任，两位教研室主任担任辅导员，并开展多项切实有效的活动：购书赠书，倡导教师广阅读、深阅读，交流心得；教师走出去，到国内省内学习先进教育教学经验理念，5年来，全校所有教师至少到省内外学习一次，多位教师多次参加国家级、省级培训学习；请专家来学校给青年教师授课，每两周进行一次主题研修，主题涵盖班主任工作、课题写作、人师修养、诗歌、心理、声乐、摄影、书法、语言等多领域；每学期举办一次青年教师最原生态晒课活动，党员教师带头，举办"青蓝结对"导师示范课、主题研讨课、同课异构研讨课活动。

1.新任教师结对培训

学校细化"青蓝工程"实施细则，对教龄在3年以内的新任教师通过专题讲座、问题研讨、观摩课、外出学习观摩、聘请专家学者来校讲学等多种形式进行培训，开展拜师结对活动。

教育案例

金珠小学青年教师在省教学能力大赛汕头选拔赛中双获晋级

在汕头市教育局近期举办的"广东省中小学青年教师教学能力大赛汕头选拔

赛"中，金珠小学语文科陈怡颖老师、综合实践科纪镁铧老师在各区县选手比拼中脱颖而出，双双喜获学科冠军。

在语文科竞赛中，经过紧张的角逐，"90后"年轻教师陈怡颖，凭借自信满满的述职以及精彩说课的优秀表现，斩获第1名。综合实践活动科竞赛中，大赛经验丰富的年轻教师纪镁铧，顺利通过了述职、说课和答辩3个环节的考验，最终获得了学科第1名的佳绩。在《家乡的茶文化》的说课中，"茶园采茶制作""居家冲茶聊茶""教室体验展示"等几个环节独具匠心，较好地体现了学科的课程特点，获得了现场评委专家的一致好评。

近几年来，金珠小学通过成立青年教师研修班，促进了青年教师卓越成长。办人民满意的现代化名校，关键是有一支高素质的教师队伍。研修班的学员包括全校59位40岁以下的青年教师，校长亲自担任班主任，学校教研室负责人任辅导员。学校通过组织青年教师强化培训、专家辅导、研读专著、磨课赛课、教学反思、沙龙研讨、青蓝结对等形式，极大地提高了青年教师业务水平。一批出类拔萃的青年教师在各级各类教学基本功比赛中胜出。

2.骨干教师科研提升

对于骨干教师，学校也提供成长平台，推动教师开展课题教学科学研究。学校推行"在研究中工作、在工作中研究"的理念，工作为研究提供对象，而研究为推动工作的顺利开展提供智力支持，二者相辅相成、互相促进。

教育案例

金珠小学举行5个省级课题开题报告会

金珠小学举行广东省教育科学"十二五"规划2014—2015年立项课题、广东省教育研究院2015年立项课题开题报告会。

本次金珠小学有《利用微信公众平台搭建学校文化新平台探究——以汕头市龙湖区金珠小学微信公众平台推动学校涵养教育为例》《小学语文"读—思—议—品—练"课堂阅读教学模式研究》《新一轮课程改革下培养小学生数学素养的研究》《小学"数学思想方法"对知识技能生成影响的研究》《基于PEP教材的

以读促写，培养小学生的初步写作能力的研究》5个课题，涵盖语文、数学、英语、思想品德、信息技术5个学科。会上，课题负责人陈爱香、彭琳、李燕璇、沈冰珊、方玉华等教师分别做了开题报告。与会专家们认为，教师们的选题有特色，具有实用价值。

金珠小学在教育科研方面有较好的基础。近年来，学校注重深层次挖掘教师的潜质，帮助教师专业成长，并在教育科研方面下足功夫，教师们也通过对课题的研究不断提升自己，努力成为有思想、有内涵的新时代卓越教师。

3.优质课堂最原生态

金珠小学重视课堂教学的研究，倡导最原生态课堂，并且自2014年起，每学期举办青年教师最原生态展示课活动，把市、区教研员请入课堂，指导青年教师成长。学校认为其实公开课应该就是日常教学活动的真实展现，面向普通课堂的教学，面向全体普通学生的课堂，才是真实完整的课堂，才是新课程理念所追寻的课堂，才是符合素质教育要求的课堂。广大教师需要的正是这种真实自然的"原生态"课堂，这样的课堂才具有真正的学习价值和研讨意义。这种来源于常规的即兴式的"原生态"课堂，生命力才更强，才更有推广的价值；而且，"原生态"课堂也是青年教师真实专业水平的展示，会推动教师主动追求进步。

5年中，多位青年教师在最原生态课堂中成长起来，在2016年举行的"一师一优课、一课一名师"活动中，金珠小学共获得50个优课，其中4个教育部优课、8个省级优课、16个级市优课、22个区级优课。

教育案例

晒课优课捷报频传
——金珠小学在"一师一优课、一课一名师"活动中取得喜人的成绩

各级教育部门陆续公布了2016年"一师一优课、一课一名师"活动的评比结果。据统计，汕头市龙湖区金珠小学取得全区的最好成绩，50个课例获评各级优课。其中：教育部优课4个，省级优课8个，市级优课16个，区级优课22个。

金珠小学在教师队伍建设上具备前瞻性的理念，在学校发展规划中，明确提

出以促进全体教师的专业发展为主线，以加快高层次人才队伍建设为重点，以创新培训模式、完善培训体系为抓手，努力造就一支师德高尚、业务精湛、勇于创新、结构合理的高素质专业化教师队伍。学校领导班子形成共识，学生成长要依托优质课堂；教育发展、学生发展离不开家庭与社会的力量，而源头在于教师发展。近年来，学校注重教师梯度成长，以"青年教师卓越成长研修班"为教师专业发展平台，实行"青蓝结对"，每两周进行一次主题研修，每学年举办一次青蓝结对导师示范课、青年教师最原生态晒课、主题研讨课、同课异构研讨课活动。引导青年教师勤于学习、善于学习、学以致用；鼓励教师积极开展课堂教学研究，通过多种切实有效的活动，提升青年教师的业务水平，并为其搭建施展教学才华的舞台，在磨炼中形成各有个性的优质课堂，打造出一节节的优质课。

四、涵养教育特色学校建设凸显成效

近年来，金珠小学作为汕头市首批全民立德修身行动实践基地、汕头市培育和践行社会主义核心价值观示范点，接连被评为"市三星级园林单位""市军民共建先进单位""市优秀家长示范学校""市平安校园""市书香校园""市文明校园"，相继被评为"全国中小学音乐教育特色学校联盟单位""广东省绿色学校""省交通安全文明先进单位""省规范汉字书写教育特色学校""省语言文字规范化示范学校""省诗歌教育示范学校""省体育传统项目（跆拳道）学校""省校园足球推广学校""省依法治校示范学校""省青少年科技教育特色学校"，通过广东省校务公开民主管理工作贯标 A 级贯标认证，被遴选为"中国好老师"公益行动计划基地校。2017 年，学校被教育部关心下一代工作委员会评为全国青少年"五好小公民"主题教育读书活动 20 周年先进集体。学校师生屡获国家、省、市级奖项，《南方日报》、汕头电视台、《汕头日报》等媒体对学校工作曾做推介报道。宁夏、珠江三角洲等地学校的校长莅临我校学习，对我校涵养教育特色文化建设成果给予高度评价。

五、涵养教育文化建设的展望与思考

（一）学校文化的核心价值必须基于人

无论从内涵还是形式来看，学校文化都是纷繁复杂的。在学校文化建设的实践过程中，一个不可忽视的问题是，我们不能只关注"看得见"的学校文化，即外在的环境文化、浅层的行为文化、显性的制度文化、各种特色以及与此相关的技术与技巧。"看得见"的学校文化固然是重要的，但更重要的问题可能在"看不见"或不容易看见的地方。这是学校文化要素中最关键、最深层、最本质部分的凝练，也就是学校文化的核心价值。学校文化的核心价值应该着眼于人，学校文化建设的目标就是培养有个性的人。要实现这样的价值追求，校长和教师就应该成为范本。学校文化的核心价值必须回到教育重建的原点——基于人，把促进人生命的成长作为教育的根本出发点和归宿。

（二）课程文化建设是学校文化发展的关键所在

课程改革问题是文化的再造问题，从文化变迁的角度而言，课程文化是课程中最为稳定的领域。课程文化是复杂的，课程文化变革也将是非常艰巨的，课程改革与课程文化建设任重道远，需要当下的教育者持之以恒地自觉践行。课程改革要求教育者要有科学正确的价值判断、持之以恒的教育信仰、坚定不移的文化追求、庄严神圣的教育承诺、始终如一的实践探索、习惯如常的教育行为，并最终体现在学校课程之中、教育行为之中、教育细节之中，在学校文化建设的整体框架下推进课程建设，深入到文化层面、思想层面、精神层面，成为学校的课程文化传统。

点 评

　　学校作为一个育人组织,最重要的是学校办学的思想理念要符合育人基本规律,要追求教育的本质。"让每个孩子都发光"的办学理念,散发着人性的光辉,蕴含着对人的尊重和对人性美好的唤醒。在学校办学理念的阐述上,金珠小学借助"一训三风"这一凝练的表达,对"要办一所什么样的学校""怎样办这样的一所学校"等关键问题做了简要而明确的回答。本案例不仅为我们展示了一所学校在文化层面的设计思路,更重要的是展示了如何将理念转化为办学行为的全过程。学校通过课堂教学模式探索、教师专业发展路径探索及特色活动创建等具体抓手,将办学理念细化到具体可操作层面。我们相信,只要学校将所有的工作指向人的发展,肯定能得以持续不断地发展。

作者:闫语辰(四年级八班)　指导教师:张翼飞　学校:北京市昌平区昌盛园小学

"仁爱、业精、慧美"的教师队伍建设

北京市通州区贡院小学

百年大计，教育为本。教育大计，教师为本。2014年教师节前夕，习近平在同北京师范大学师生座谈时，曾语重心长地勉励广大教师：做好老师，要有理想信念；做好老师，要有道德情操；做好老师，要有扎实学识；做好老师，要有仁爱之心。

贡院小学认真学习贯彻习近平"四有"好老师的讲话精神，根据自身的办学理念，结合时代精神，提出了"仁爱、业精、慧美"的教师队伍建设目标。我校在深入学习习近平"四有"好老师讲话精神的基础上，不断挖掘教师的形象内涵，开展了一系列的教师队伍的建设工作，积极培育教师文化，并取得了阶段性成效。

一、榜样示范引领，培养教师仁爱之心

习近平提出，做好老师，要有仁爱之心。我校将"明德至善、笃学致远"作为办学的价值追求，"明德至善"就是要以德行为根基，以先天的内在良知良能为根本，尊崇之，持守之，扩充之。孟子说："仁，人心也。""学问之道无他，求其放心而已矣。"教师作为学校教育活动的主要实施者，面对的教育对象主要是处于发展变化中的、未成熟的"人"。这就更需要发展教师人性中的"善端"，使之扩充、发展，变成仁爱之心，能够爱生如己出，尊重学生，有教无类。因

此，学校将"仁爱"作为教师的根本属性，将教师发自内心的对学生的尊重与挚爱，转化成对学生全面发展的诚挚关心，将学生的发展作为终极目标，作为"仁爱"的基本内容。为了切实提高广大教师的师德水平，培育教师的"仁爱之心"，学校高度重视师德典型表彰宣传工作，举办"感动校园好老师"评选活动，大力倡导学为人师、行为世范、扎根基层、默默奉献的高尚行为。经过大力发挥榜样示范作用，学校整体师德建设水平迈上了一个新台阶，涌现出一大批满怀仁爱之心的好老师，其中有"首都劳动奖章"获得者、师德标兵候选人王红老师；有通州电视台"我最喜爱的老师"称号获得者吕栋梁老师；有牺牲自己的休息时间，塑造精彩体育人生的翟世瑞老师等。学校通过增强榜样的引领作用，促进了整个教师队伍良好的师德风貌的形成。

二、强化教育培训，引导教师业道酬精

　　一个优秀的老师，应该是"经师"和"人师"的统一，既要精于"授业""解惑"，更要以"传道"为责任和使命。贡院小学由于拥有深厚的贡院文化背景，也积极努力继承这种古之为师者的精神传统，正所谓"师者，所以传道受业解惑也"。学校通过强化教育培训，结合学校各方面工作，建立健全教师业务学习制度，不断提升教师的学科素养、业务水平，学校专门为教师铺设了一条专业成长的康庄大路。目前，学校基本上形成了师徒传带、校本研修、专家聘任、校外学习考察等相结合，教研组、项目组、教导处、学校、地区多级相衔接的立体化教研培训体系。这大大促进了教师专业能力的发展，让一批批优秀的教师得以涌现。北京市劳模、北京市级骨干、"紫金杯"班主任特等奖获得者、国家级教学一等奖获得者、区内"春华、秋实杯"赛课一等奖获得者等，这一批批优秀老师的背后，正是学校深化教师核心素质培养、加大学科带头人与青年骨干教师培养力度所取得的一系列积极的成果。

三、拓宽学习渠道，涵养教师慧美气质

贡院小学将"慧美"作为教师个人修养的精神追求。因为"师者，人之模范也"。这就要求身为人师要温文尔雅，谈吐斯文，要注重内在的修为，蕙质兰心。"善为师者，既美其道，有（又）慎其行。"这必然要求教师始终处于学习状态，站在知识发展前沿，提高自己终身学习的能力，踏踏实实，一心一意从教。这样教师才能垂范他人，显示出良好的人格魅力，赢得崇高的职业尊严。学校积极拓宽学习渠道，使校内学习生活更加服务于教师的实际，方便教师参与，形成学习新常态。学校以"推进教师生命成长研究"的科研课题为切入点，通过建立教职工之家、教师图书馆、健身房，组织教师读书会、瑜伽操、趣味运动会等多种活动形式，积极创设生动活泼的学习环境、创新丰富多彩的活动载体、完善刚性与弹性相结合的学习制度，提高教师的学习自觉性，实现了建设学习型教师队伍由"外驱"向"内驱"、由"重点抓"向"促常态"的转变。

总之，学校通过深入开展"仁爱、业精、慧美"的教师队伍建设，积极培育教师文化，以勇气迎接挑战，以智慧克服困难，大力开拓"四有"好老师的教师队伍培养路径，不断探索学校内涵化发展的实现模式。目前，学校已经涌现出许许多多的好老师，他们满怀仁爱之心，正以精湛的专业技能、俊美的气质，潜心哺育学生，在中国梦的引领下，努力成为优秀筑梦人！

点评

新时代对教师队伍建设工作提出了新要求，教师要成为学生成长和发展的引路人，的确需要在提升综合育人能力方面下功夫。贡院小学将教师发展与学校文化结合，提出"仁爱、业精、慧美"的教师队伍建设目标。学校将教师发自内心的对学生的尊重与挚爱，转化成对学生全面发展的诚挚关心，将学生的发展作为终极目

标，作为教师"仁爱"的基本内容；强调仁爱是师德的底色，是教师职业区别于其他行业最为重要的特征。同时，学校抓实教师教育培训，采取多种途径夯实教师专业发展基础，鼓励教师不断学习，成为终身学习的践行者。这些思路让教师始终保持着积极的学习热情，成为具备"扎实学识"的重要保证。学校在教师队伍建设中采取的榜样示范、搭建平台与调动教师发展内驱力等措施，与成人学习理论暗合，取得了良好的效果。

作者：闫语辰（四年级八班）　　指导教师：张翼飞　　学校：北京市昌平区昌盛园小学

安然无恙，方能灿烂开放

甘肃省临夏回族自治州康乐县城东小学

小学生活泼、好动，自我保护能力和应变能力比较弱，不可避免地会发生一些安全事故。学校进行积极的教育，有助于不断提高小学生的自我保护意识和安全防范意识，能尽可能地避免小学生受到伤害。因此，重视安全管理工作，创设安全教育环境，开展安全教育活动，与家长密切联系，关注小学生身心健康发展，是学校所有工作的重中之重。

一、重视安全管理制度，责任到人

学校安全应引起学校领导及全体职工的高度重视，学校领导应分级包管，责任到人，管理到位。学校领导班子要深入班级，随时发现不安全因素，及时化解、处理问题，将安全隐患消灭在萌芽期。

教育案例

2017年4月19日，早自习下课后，我刚回到办公室，班长就跑过来告诉我："曹老师，马同学说他头很疼！"当时我还不清楚马同学的情况到底是轻微的头痛还是其他疾病引起的头痛，于是急忙放下手头的工作，立马跑去教室。还没等到我走进教室，又有一位同学跑到我身边，这次声音似乎更加着急了："曹老师，马同学倒在地上了！"这时我意识到了问题的严重性，快步跑到教室，冲到马同学旁边。只见他头贴着地，整个人缩成一团趴在地上，我把他的身体翻过来，发现他目光呆滞，嘴巴旁边有白沫。我在他眼前晃了晃手，叫了叫他，他仍旧没反应。

由于马同学整个人坐不起来，所以我先让他头靠在一个书包上平躺着，再让周围的学生散开，保持空气的流通。

接下来我迅速将此事向学校领导做了汇报。通知完家长后，我立即抱起马同学往楼下跑。王老师开车将马同学送去医院，经医生诊断，该同学有癫痫病史，由于重感冒诱发癫痫发病。在医生的治疗下，马同学的病情有所缓解。这时家长在接到通知后也来到了医院。看到自己的孩子得到老师们的帮助，被及时送往医院进行治疗，家长感动得热泪盈眶。事后我也多次联系家长，询问马同学的病情，嘱咐家长让孩子康复以后再来上学，家长也表示认同。

尽管学校已经做了大量的安全管理工作，但学生在学校里发生意外仍然是防不胜防的。遇到马同学这样的情况，我们唯一能做的便是沉着应对，妥善处理。

二、充分利用学校安全管理制度开展安全教育

学校安全管理应该与其管理制度、生活方式、校园文化紧密结合起来。学校通过每周国旗下的讲话、主题班会、"小手拉大手"等多种形式进行宣传教育，使每一个学生都成为安全教育的积极参与者与推行者。

教育案例

9月21日上午第三节自习课，老师在上课前给该班学生布置好作业，让学生们在课堂上完成，并让各小组组长维持好纪律。8岁的陈同学在写作业时，多次与同桌说话。陈同学所在小组组长张同学便拿起课本准备"管教"陈同学，被班长发现并及时制止。事后，班长将这件事告诉了班主任，班主任对班长的这种行为提出了表扬，并对陈同学和张同学提出了批评。同时，在班会课上，班主任组织全体学生就陈同学和张同学的这种行为是否合理进行讨论，让学生

思考这种行为如果不合理,该怎样解决。同学们相互交流、讨论,最后,班主任进行总结:①上课后,班里的每一位同学都要遵守课堂纪律。②小组长或班长不能辱骂和殴打班里的同学。③班主任对那些爱说话、爱捣乱的同学进行说服教育。④同学之间互相监督,及时制止不文明的行为。⑤班级设立意见箱,同学们在班会课上解决大家提出的意见。

安全教育无小事,教师必须时刻关注学生的行为变化,及时排查、解决所有的安全隐患,使每位学生都能在安全环境下学习成长。

三、家校合力,为孩子撑起安全防护网

家长作为学生的第一监护人,必须树立为孩子负责的意识,对孩子的安全教育要有高度负责的态度。同时,学校要做好与家长的沟通工作,通过家长会、网络、《致家长的一封信》、家访等形式联系家长。教师要和家长共同探讨,交流安全自护的知识,留心每一处安全隐患。只有真正将安全教育工作落到实处,安全教育才能有序进行,家校才能合力,共同为孩子撑起安全防护网。

教育案例

记得2016年的一天,我班张同学放学后未按时回家。张同学的母亲下班回家后四处打听,均未见孩子踪影。看着天色越来越晚,张同学的母亲着急地给我打电话寻求帮助。我随即上报校领导。得知情况后,校委会成员立马赶回学校,调取学校监控录像,查看该学生出校门口后的行进方向,开始分头寻找。我又给班里的学生打电话,并在家长老师互动群里询问孩子放学后是否和班里同学一起在外玩耍、逗留。很快,同班学生家长打来电话告知,张同学和自己的孩子在他家写作业。此刻,所有人悬着的心终于放了下来。

张同学的母亲激动地说:"老师们,谢谢你们!如果不是你们的帮助,我真的不知道会找到什么时候,太谢谢你们了!"

总之，确保校园安全是学校德育工作的重要组成部分。如果学校没有安全的教育教学环境，便无法实施有效的教育教学活动。所有教师都应该认清安全工作的严峻形势，全面落实安全工作的防范措施，杜绝安全事故的发生。

点评

学校安全教育工作必须做到"万无一失"，否则就会出现学校办学质量的"一失万无"。本案例中的学校安全教育经验，给我们两个重要启示。第一，是要从制度入手，建立学校安全教育的长效机制。学校要通过制度机制的强制力量，克服人性天然的缺点。如果学校所有群体经过制度机制的固化力量，将安全意识内化于心，那么校园安全就有了根本保证。正是由于这种出自内心对安全的警觉，促使教师在学生面临疾病威胁的紧要关头，选择了正确的行动。另外，学校对学生的安全教育，不是说教和灌输，而是从学生日常行为的分析入手，让学生理解学校制定安全制度的必要性，从而让学生理解各项制度，主动遵守制度，牢守安全底线。第二，学校安全教育要与学生家庭形成合力。从某种意义上讲，学校是学生安全的"第二监护人"。学生安全问题是学校与家长共同关注的重大问题。因此，学校要主动、积极地与家长建立顺畅和良好的联系，消除学生安全隐患。

心系师生平安　共创和谐校园

云南省玉溪市第一小学

　　玉溪市第一小学文化校区地处中心城区，现有38个教学班，师生2474人。学校学生多，场地小，周边学校多，其所处文化路也是交通要道，来往的车辆较多，路况复杂，商铺也较多，小摊小贩随意摆摊，安全隐患可想而知。

一、采取有力措施强化校园安保，开展校园安全排查

　　为保证学校安全秩序，学校未雨绸缪，采取了多种措施加强学校安全工作。例如，在昆明暴力恐怖事件发生的当晚，学校连夜向班子成员通报信息，全体班子成员密切关注事态发展，严防恐怖人员向学校渗透。第二天早上，所有班子成员和值周教师、片区民警7：10到校，确保了学生安全报到。学校召开紧急会议研究对策，及时购买安保防护设备，增加值班人员，并联系公安、交警、城管等部门加强校门警力。学校门口各部门武装特警到岗，公安、交警、城管、学校多部门维持秩序。学校切实加强了校园及校园周边安保工作，全力维护校园安全稳定，对校园围墙、教室活动场地等处的人防、物防、技防进行排查，及时消除安全隐患；同时加强了校园值班巡查，严防社会不法人员进入校园；化解家校、师生、员工、住户之间的矛盾，严防因矛盾纠纷酿成案件，各种措施保证了教学工作的正常进行。

　　同时，为进一步做好学校安全管理工作，确保校园安全、师生生命安全，杜绝校园安全责任事故的发生，学校在新学期开学之际，开展校园及周边安全隐患

排查工作，组织安全领导小组成员逐一对校园及周边安全展开全面的排查工作，重点排查校舍安全、消防通道、消防设施、实验室、图书室、交通安全及校园周边安全等情况。学校要求全体教师对教室、办公室和功能室开展安全隐患排查，重点排查门窗、线路、灯具、开关、插座等安全情况，并做好安全检查情况登记工作，报学校备案，发现隐患后，要及时上报、排除。

二、聘请法制副校长，开展防暴应急演练活动

为加强校园安全工作，维护学校良好的内外治安秩序，对全校师生更好地进行法制、法规、法纪的教育，密切警校联系，共建文明单位，学校聘请红塔区玉兴路派出所教导员曾国平警官担任学校法制副校长，举行了法制副校长聘任仪式。

我校开展防暴演习，通过演习活动，有效防范校园内发生突发暴力伤害事件，切实保障广大师生人身安全，及时处置侵害师生安全的恶性事件，增强师生防暴意识和自护技能。

演习活动开始，教师扮演的 2 名持刀"歹徒"趁学生休息时间翻墙闯入了学校，值日老师和保安迅速鸣响警笛赶到现场并报警。操场上学生听到警笛声纷纷逃离，室内师生按照预案迅速关门关窗做好防范躲避。防暴护校队队员手持木棒立即赶来，分头阻止"歹徒"，"歹徒"挣脱包围，冲进了教学楼。守在楼道内的教师举起木棒奋力阻挡，并冷静劝说"歹徒"以拖延时间，有的学生用文具、书包保护要害部位并纷纷躲避到桌子下，有的学生举起凳子护身防卫。紧追来的学校校卫队队员拦住"歹徒"，经过十几分钟与"歹徒"近距离的搏斗，终于将"歹徒"制服。

三、举办法制专题讲座，开展体验实践活动

为进一步加强青少年学生的法律意识和法制观念，预防在校学生违法犯罪，提高学生学法、用法、懂法，以及勇于抵制违法犯罪与辨别是非的能力，维护学

校良好的学风校风，我校邀请了红塔区司法局杨海鑫和云南溪南律师事务所田志平两位律师做法制专题讲座。两位律师结合小学生年龄特点和身心发展规律，深入浅出地解读了一些典型真实、触目惊心的青少年犯罪案例，还联系实际，以案释法，以法论事，引导学生不与陌生人说话，不进网吧……讲解中，律师深入剖析了未成年人犯罪的特点和主要原因，特别强调了青少年学生进网吧很容易受到社会上不良青年的诱惑而走上犯罪的道路，并教育学生要增强自我防范意识，提高自我防范能力，预防或告别不良行为。

学校分期、分批组织四至六年级学生走进玉溪交警直属大队参观，开展"大手拉小手——小学生现场学交规体验实践活动"。活动中，学生们在老师和交警队同志的带领下有序地走进交通指挥中心现场，观看了红塔区城市道路高清视频监控拍摄的情景，认真观看了交通安全宣传展板，并在交警队员的指导下了解、体验了各种装备。学生们个个笑脸灿烂，围着交警们问这问那，在与交警叔叔的交流中学到了很多交通法规和交通安全知识。体验实践活动得到了学生、教师和广大家长的广泛好评。学生们认为这样的活动能让他们更生动、深刻地了解交通法规，更好地树立交通安全意识。

"一个孩子带动一个家庭"，相信这些孩子回到家一定能够当好义务交通宣传小使者，向爸爸妈妈宣传交通法规和交通安全知识，带动家长文明行车，遵守交通法规，减少交通事故的发生，让我们生活的城市更美好！学校也将在合适的时机开展更多这样的活动，让学生能够走出校园、参与实践、体验生活、认识社会！

四、开展安全演练疏散活动，进行各种防灾减灾疏散演习

为了增强全体师生的安全意识，让师生进一步熟悉安全演练环节，把握安全演练重点，积累应急疏散的经验和能力，不断提高自护能力，我校进行了地震安全演练。为确保演练活动落到实处，首先，我校全体师生从思想上高度重视这次演练，在演练前接受安全意识教育，增强防震、消防安全意识，以提高全体师生

应对紧急突发事件的能力。其次，蒋老师对本次演练的具体操作程序、疏散要求与注意事项做了详细讲解，还着重强调，对于这样的大规模的活动，一定要注意安全，保障措施一定要到位，并专门安排了相关教师在不同楼层重点位置定点，以确保这次演练活动安全顺利进行。最后，通过将室内防震演练和室外安全应急疏散两者有机结合，让师生掌握了基本的逃生方法，进一步提高大家应对各种自然灾害及突发事件的应变能力，增强自护和自救意识。

安全教育包括以下内容：召开防灾减灾校园安全师生大会；利用国旗下的讲话进行安全教育；观看防灾减灾视频；向师生、家长 3 次发放防灾减灾宣传材料，收到回执共计 10674 份，使学生详细了解地震的危害、地震自救逃生、校内外安全防范、应急处理相关知识。

演练活动开始，警报声响起。各班教师带领学生迅速用书本护头在课桌下避震，各疏散点教师迅速到位，指挥学生保护头部并按照安全路线迅速疏散；全校学生快速、有序、安全地撤离到安全区域。全体师生能按照要求认真对待，组织保障有力，保证了这次演练的成功。

五、落实会议精神，让安全长驻校园

安全工作是学校工作的重中之重，为确保 2016 年秋季学期学校顺利开学，2016 年 8 月 28 日上午，玉溪市第一小学全体行政班子分别对两校区校园及周边环境进行了一次全面细致的大排查，重点对教学楼、实验室、教室、办公室、卫生间、体育设施、消防器材和周边环境等进行安全大排查，特别是将消防、水、电设施，实验室和计算机教室作为本次检查的重点。对检查中发现的安全隐患，行政班子当场研究，提出解决方案，同时上报学校立即整改。不能立即整改的，制定整改方案，落实责任。

8 月 29 日，学校召开 2016 年秋季学期安全工作会，杨琼英校长认真传达落实玉溪市教育局秋季学期安全工作视频会议及红塔区校园安全工作会议精神，强调安全工作永远都是只有起点，没有终点，学校教职工要树立人人都是安全工作者的意识，要把安全工作抓实抓牢，让安全教育常态化、制度化，让注重安全成为师生的习惯。之后，分管领导对本学期安全工作做了具体的要求安排。

9月1日开学典礼结束后，学校再次开展了"安全相伴规范行走"主题教育活动，各年级各班也开展了开学"安全第一课""交通安全时刻记心中"等主题队会活动。

玉溪市第一小学把安全工作作为学校日常的重点工作，持之以恒地做好校园安全检查工作，做好对学生的安全教育工作，为全体师生营造了一个安全和谐的校园环境。

2016年5月31日下午，公安部校园安全工作检查组在云南省公安厅治安总队政委张立刚、玉溪市公安局治安支队支队长彭涛、市教育局安全管理科科长刘家伟、玉兴派出所所长陈松林等领导的陪同下，一行15人莅临玉溪市第一小学督导检查校园安全工作。

检查组一行在杨琼英校长的陪同下，查看了学校周边环境、门卫值班情况、出入记录、人防、物防、技防、校园内视频监控，并对台账资料记录进行了认真的查阅。检查组对学校各项安全工作表示满意，对学校一贯重视、常抓不懈的安全管理工作给予了充分的肯定，就学校当前一段时期如何进一步做好安保工作，也提出了建议。

六、注重安全防范细节，做实安全管理

在安全管理工作中，学校注意抓实细节。例如，给安全出口疏散提示牌、消防箱、消防栓及教师宿舍楼阳台防盗栏等设施处尖锐的角安装软绵绵的防撞角垫；给坚硬的篮球架支柱穿上一件厚厚的"棉衣"；给文化校区"幽幽谷"的楼梯贴上防滑条……每幢教学楼楼梯口、每间教室和功能室均安装了安全疏散示意图，并制作了《班级安全记录本》，让每天上午第一节课和下午第一节课的老师，第一时间清点学生到校的情况，并记录在《班级安全记录本》上；在显眼的墙上设置《安全工作人员公示栏》《安全隐患意见箱》，由责任人每天开箱查看；制作

消防器材检查卡；在学校收缩门显眼处贴好"请勿靠近""雨天收好小伞"等温馨提示。此外，学校还安装了一键式报警系统，努力确保学校安全。

多年来，学校安全工作落到实处，安全事故为零，学校被评为省级平安校园，同时有教职工被红塔区教育局评为"安全稳定先进个人"。学校会一如既往地把安全工作做实做细，力争把校园不安全因素消灭在萌芽状态。为了让玉溪市第一小学平安稳定地发展，学校全体教职工愿倾智尽力，无怨无悔！

点评

学校安全教育是一个人人都认为重要但在日常的教育教学中又往往被忽视的问题。怎样将安全意识融入师生脑海，成为一种潜意识，是学校安全教育至关重要的一环。玉溪市第一小学的安全教育有几个突出的特点。第一，预防为主。结合学校所处特殊环境，重点将交通、火灾、用电用水等安全隐患作为预防重点。学校通过周密的安全教育机制提前排除了可能威胁到校园安全的种种因素。第二，体验式教育。对于小学生而言，一次亲身体验胜过千言万语。学校将重大安全事件的预防设计成全校师生亲身体验的活动。我们看到，学校组织的防暴演练、防震演练，对师生均起到了直指内心的震撼效果。第三，注重法治教育。师生的法治、法律意识，是保障校园安全强有力的武器。学校通过法制安全专题讲座，借助生动的案例，为师生树立起法律底线。总之，安全教育重在预防和完备的机制，根在校园每一位师生牢固的安全意识。

携手家校合作　促进教育和谐发展

宁夏回族自治区吴忠市裕民小学

家庭是孩子成长的摇篮，家庭教育是孩子成才的根基。良好的家庭教育是学校教育和社会教育的基础，更是素质教育成功实施的保证。为此，吴忠市裕民小学积极寻找家长与学校在教育孩子方面的共同责任和最大公约数，不断丰富和拓展家长与学校、家长与老师、家长与家长及家长与学生之间的交流合作平台，以家校合作为抓手，破解了很多影响学校发展和学生健康成长的教育困惑和难题，拓展了教育资源，形成了教育合力，实现了家校共育。

一、学校的做法

（一）把强化组织领导作为家校合作的重要保障

学校通过强化组织领导，统一思想认识，形成工作合力，做到"四个到位"。一是领导认识到位。学校组织班子成员加强学习、统一思想，专题研讨家校合作事项，明确任务目标。二是机构组建到位。及时成立家校合作领导小组，成立学校家委会、班级家委会，明确职责任务，同时组建了家庭教育心理辅导中心和家庭教育指导站。三是班主任组织协调到位。充分发挥班主任在家校合作中的组织指导和联系纽带作用，做到积极融入、务实创新、不包办、不代替。四是家长行动到位。充分发挥家长在家校合作中的主体地位，组织家长积极参与家长培训、读书交流、经验分享，共同推进家庭教育合作事项，共同破解教育难题。

（二）把确定合作事项作为家校合作的重要目标

在开展家校合作的教育实践中，学校及时确定了家校"六项基本合作"和"七个主要参与项目"工作目标。"六项基本合作"指家庭的"四项基本任务"（关心孩子身体、关心孩子心理、为孩子提供良好的家庭学习环境、支持学校工作）以及学校的"两项基本工作"（单向宣传、双向沟通）。家长的"七个主要参与项目"指学校组织开展的运动会、开学典礼、毕业典礼、亲子活动等重要活动，家长委员会、家长会等重要会议，家庭教育讲座、咨询、问卷调查等教育交流，志愿者服务，社区共建，监督评价，校外社会教育活动。

（三）把学习培训作为家校合作的基本前提

学校积极组织开展了多种形式的学习培训活动。一是邀请专家学者前来开展培训和讲座。学校邀请了中华家庭教育研究院顾晓鸣院长前来指导和开展讲座，邀请了吴忠市教育局领导、吴忠市教育局家校合作中心主任等各级专家学者参与专题讲座，受到家长的普遍欢迎。二是邀请试点学校的讲师开展讲座。学校邀请市区各试点学校的家庭教育讲师，包括来自教师层面的讲师和来自家长层面的讲师及家长代表登台授课，分享成功经验。三是领导班子成员组织讲座。领导和讲师对全体教师和班主任进行分级培训，改变教师的教育观念，唤醒教师的教育本真，使教师通过培训更加注重对学生人格的培养。四是对家庭教育指导委员会的委员进行分层培训，做到每月一次主题培训。培训让家长明白许多家教道理：没有优良的家庭教育就没有完整的教育；关注家庭教育就是关注自己的家庭幸福；好关系就是好教育；问题孩子的产生主要源于问题家长；只有家长好好学习，孩子才会天天向上等。学校通过问卷调查发现，打骂孩子的家长明显减少了，家长更加关爱孩子了，也学会了控制情绪，懂得了包容和共情，明白了每个孩子的"花期"不同，要有"静待花开"的心态。五是邀请家长参与培训。学校启动了"家校大讲堂"讲座活动，承担讲座任务的人员是家长。各班选派优秀家长进行了题为"做孩子的知心朋友""怎样做智慧型家长""放开手，还给孩子思考的权利""让孩子自己做主"等内容丰富、深受欢迎的主题讲座。六是不断拓展家庭教育学习途径。学校先后尝试搭建、开通了各种家庭教育和学习的平台,如家庭教育学习群、中华家庭教育网、教育局家校合作群、志愿者 QQ 群、吴忠联盟群、裕民小学家长 QQ 群、裕民小学家委会 QQ 群等。七是开展好书推荐活动。《不输在家庭教育上》作为一本家长教材,深受家长的喜爱,它不受时间、空间的限制,随时随地都可以让家长获得家庭教育的知识。通过调查反馈,家长认为:这本书架起了家长与孩子心灵沟通的桥梁,是家长家庭教育的好帮手,它就像一面镜子折射出家长在家庭教育中的点点滴滴,促使家长改变不当的教育方式,让孩子健康全面的成长。尤其是这本书里既有故事,也有案例,给家长提供了很好的指导。甚至还有家长提出,希望《不输在家庭教育上》能够被更加广泛地应用,让每位家长意识到必须从理念上改变家庭教育方式。如今的时代变了,我们的孩子也变了,家庭教育要跟上当今时代的孩子;如今孩子的教育问题,不只是学校的责任,更是家长、社会各部门都应共同承担的责任。学校还为班主任和全体任课教师配备了《不输在家庭教育上》一书,要求他们认真学习,尤其班主任要先行学习。因为班主任是家校合作中的具体组织策划者,是具体合作活动的推行者、指导者、咨询者,也是家长的朋友、学生的导师。教师通过引领家长学习,不断提升家长的家庭教育素养,降低育人的错误率。总之,家校合作的最终目的就是强大孩子,成就孩子,为孩子提供好的环境和氛围,让每个孩子做快乐的自己!

(四)把载体拓展作为家校合作的内生动力

家校合作需要务实创新,不断丰富拓展活动载体,增强家校合作的内生动力和吸引力。学校日常开展多种形式的家校合作活动。一是开展家教沙龙。在实践中,家教沙龙深受家长的喜爱。家教沙龙的主要做法是经验交流共享,开展"家长上讲台"活动,把家庭教育经验丰富的家长请上讲台,让他们介绍、推广成功经验,发挥榜样带动作用。沙龙活动在主题讨论的氛围中展开,由家长做主持人、教师做嘉宾,对话题感兴趣的家长参与主讲,从自己的经验说起,并且与其他家长共同分享家庭教育过程中的得意之处和不尽如人意之处。在活动中,教师和家长可以互动交流,共同探讨。二是设立学校开放日。加大"开门办教育"的工作力度，定期设立开放日，让家长走进学校、走进课堂、走近教师和孩子，切身体验现代的校园、课堂，提出自己对学校教育工作的意见和建议，进而理解和支持学校教育。三是增强家长会的互动性。家长会作为传统的家校合作方式，是教师和家长交流学生情况、共同寻找教育方法的有效途径。学校每学期至少召开两次家长会，以互动为纽带，架起学校与家长、家长与家长之间沟通的桥梁。四是开展"阳光纳谏"活动。家委会成员与教师共同参与"同在一片蓝天下，共同关爱你我他"的牵手活动，参与家访和帮扶活动。家长定期在网上家长学校专栏中，发表参与学校管理的感言或者教子有方的经验介绍。学校建立家委会校讯通，及时沟通信息，建立驻校办公制度。五是家庭教育进社区。学校以年级为单位，利用周末，在学校所在的片区选择六个社区，分别定点对一至六年级学生的家长进行培训，开展读书沙龙、体验式家庭教育、电影赏析、好书漂流等活动。在学生家长引领下，社区居民一起成长，共同会诊各自家庭教育中的问题，走出家庭教育的误区。六是进行个案辅导。学校成立"裕民小学家庭教育个案辅导中心"，对需要帮助的留守儿童、单亲家庭学生、后进生以及需要心理辅导的学生进行个案指导，建立个案档案。通过注意力训练、21天的品格训练和一年的对话跟踪培训，指导家长学会欣赏孩子、接纳孩子、认同孩子、与孩子共情，了解孩子的特质，培养孩子学习兴趣，激发孩子学习的内动力，挖掘孩子的潜质，学会按天性培养孩子。七是进行"父母上岗荣誉证"培训。为了让每个家长通过学习持有"父母上岗荣誉证"，学校推出"12330家长学习模式"，即家长读1本《不输在家庭教育上》、听2次以上专家培训、参加3次以上大型读书沙龙活动、听顾老师30节一元微课程。家长按"12330家长学习模式"主动学习，最终通过考核，获得"父母上岗荣誉证"。

二、学校的收获

丰富多彩的家校合作活动让家长受益，让学校受益，家校合作形成了教育合力，共同促进了学生的成长。在家校合作中，学校有了"两个转变"和"一个拓展"。

一是家长角色转变。在家校合作中,家长首次由旁观者变为参与者。家长积极参与班级文化建设,真正把班级看成孩子生活的大家庭。每一位家长都是班级文化的维护者。家长在家庭教育指导委员会委员的带领下,积极参与班级的各项活动。

二是教师角色转变。为了让家庭教育的观念深入每位家长心中,让家长会真正成为教师与家长、家长与家长交流的平台,让家长更多更全面地了解孩子在学校的表现,学校积极探索、创新家长会的模式,使教师的角色发生了根本性转变。在家长会上,教师由主角变为配角,甚至是群众演员。新型家长会焕发出了新的生命力,真正成为一座心与心沟通的桥梁。

三是教育空间拓展。在家校合作中,大家普遍感受到,家校合作是一个提升的过程、参与的过程、成长的过程、变革的过程和转变观念的过程。整个转变,让家校合作变成合作的舞台、共育的舞台、交流的舞台、成长的舞台、创新的舞台和家校共赢的舞台。通过家校合作,学校做了许多想做的事,解决了家校之间的许多矛盾,使家庭、班级、校园更加和谐,使学生的社会实践能力得到提升。学校57个教学班,目前平均每个班级都举办过2~3次亲子活动和读书沙龙活动,3000多名学生参加了各类亲子活动,近4000名家长参与了亲子读书沙龙活动,所有的活动由家长设计、出方案、签安全责任书,而班主任是被邀请的对象。

三、学校的思考

教育是一个系统工程,学校教育不只是学校和教育部门的事,还需要家庭、社会各个方面的共同关心和支持。实践证明,家校合作构建起了学校、家庭、社会共同育人的格局,增加了三者沟通交流的机会,赢得了家长和社会对教育工作的关心与支持,形成了教育合力,促进了青少年在学业以及身心各方面的良好发展。在多年的家校工作中,学校边实践边反思,主要思考以下三个方面的内容。

（一）创办家长学校是关键

学校举办家长学校的主要目的是有计划地向家长宣传国家的教育方针、政策，宣传、推广、普及科学的教育方法，从而提高家长的教育能力，提高家庭教育的质量。学校开展了丰富多彩的教育活动，如组织召开家长委员会、家长会、家长培训会、家长座谈会、家教经验交流会等，以此做好家校联合方面的组织、协调、督办、存档等工作。同时，学校利用现代信息技术平台，创办了"网上家长学校"，通过网络信息技术，建立起学校、家庭、社会三位一体的教育网络，实现了家庭教育知识传播方式从传统到现代的无缝对接，实现了家庭教育和学校教育资源的最优整合，推进了家校合作。

（二）发挥家长委员会的作用是保障

家长委员会是学校、教师与家长之间相互联系的畅通渠道，是家庭教育与学校教育相互沟通协调的纽带。学校要发挥好三级（学校—年级—班级）家长委员会的作用。第一，学校家长委员会由校长室牵头，由各年级家长推举的代表组成，其职责是：审议学校工作计划，参与学校重大决策，听取学校工作总结，提出改进意见，督促学校各项工作的开展。第二，年级家长委员会由年级负责人牵头，由各班家长推举的代表组成，其职责是：参加年级组织的重大活动，及时反馈家长信息，参与年级组教育科研活动，督促年级组教师不断改进工作。第三年，班级家长委员会由班主任牵头，由班内家长推荐的代表组成，班级家长委员代表家长的利益和愿望，对班级工作提出意见和建议，还可以审查和修订班级工作计划，参与班级教育科研活动，参与班级管理及教师教育教学常规管理，督促班级不断调整工作思路，改进方法，达到最佳育人效果。

（三）明确家校合作的目标和内容是方向

家校合作的直接目的是使家庭教育和学校教育保持一致，形成教育合力；最终目标是促进青少年在学业以及身心各方面的良好发展。家校合作具体要明确两大内容：一是家长参与学校教育。学校要创设条件，提高家长参与学校教育的积极性与有效性，保证家长对学校教育的知情权、评议权、参与权和监督权。二是学校指导家庭教育。学校要发挥教育系统的自身优势，按照学校主导、社团参与的方式，加强对家长的家庭教育理论、内容和方法的指导，更新家长的教育观念和教育水平，助力良好家庭环境的形成，使家庭成为学校教育的得力助手与有力后盾。

近年来，学校就家校合作工作接受了《人民日报》《宁夏日报》《吴忠日报》及吴忠市广播电视台的多次采访。全国妇联儿童工作部及宁夏回族自治区妇联、自治区教育厅、吴忠市教育局、市妇联等单位的领导莅临学校观摩指导家校工作，并提出宝贵意见和建议。2017年以来，宁夏中卫市、同心县以及江苏省镇江市等地的教育系统有关领导、教师纷纷到学校观摩家校合作。学校校长、副校长多次应邀前往江苏省、重庆市以及自治区内一些学校介绍家校合作经验。

家校合作永远在路上，我们相信，学校的家校合作形式会不断创新，内容会不断丰富，成效会更加明显。家校合作凝聚了家长、学校、教师共同的教育热情和智慧，力促教育发展，实现教育梦想！

点评

家校共育是当下教育的一个热点。的确，在社会飞速发展的今天，家庭与学校同时面临挑战，在压力与焦虑情绪与日俱增的情况下，出现了很多家校对立的教育事件。从学校层面来说，一定要正确认识家庭在孩子成长过程中扮演的角色。正如文中所说："家庭是孩子成长的摇篮，家庭教育是孩子成才的根基。良好的家庭教育是学校教育和社会教育的基础，更是素质教育成功实施的保证。"正是基于这样的认识，学校真正将家庭视为学校办学不可缺少的一个因素，创造性地开展了各项工作，将家长这支重要的力量纳入学校办学，共同为孩子的成长助力。学校让家长能参与、会参与并且愿参与,从组织、制度、机制上,学校保证家长的参与不是随意的和零散的,而是形成一种长期固化的学校办学模式。从内容、形式和途径上,学校将家长参与办学具体化,让家长实实在在"做事",而不仅仅是作为旁观者和评价者。学校在家校合作中,要承担起主导者的角色。在当前我国的现实条件下,家长对于教育的认识和理解,需要得到学校的支持。学校要责无旁贷地承担起家庭教育引导者的角色。学校举办的家长学校赢得了家长的认可。学校和家长在各种学校教育活动中进行互动、沟通和交流,建立起了良好的关系,共同为孩子的成长营造了健康的环境。

作者:白雪凡(四年级四班)　　指导教师:徐 莹　学校:黑龙江省黑河市黑河小学

打造"心"校园

北京市门头沟区军庄中心小学

随着心理学知识逐步走进我们的生活，门头沟区军庄中心小学意识到，心理学思想和理论在学校的管理和发展方面将会起到重要的作用，学校把建设、发展学校心理工作作为学校的工作重点之一，努力打造教育内容富有心理特色、教育方式符合心理发展规律的农村小学。

一、寻求学校心理工作特色

近年来，我国的心理研究成果有很多，其中很多涉及学校的教育教学工作。作为教育工作者，我们在看待这些成果时，必须要有科学严谨的态度。因此，在确定学校心理工作特色前，学校详细调研了各种情况。

（一）地区情况

门头沟区城镇和农村的经济、文化水平等方面存在一定的差异，农村情况略差一些。军庄中心小学地处村镇结合地区，因此社会冲击明显。

（二）人口情况

本地区人口情况复杂，有本地常住人口、外地来京人员、拆迁人员等，由于工作的不同情况，人员流动性大。

（三）家庭情况

本地区的家庭多数为一般家庭，但与此同时，还有几种特殊家庭存在：低文化水平家庭、父母缺失家庭、离异家庭、多子女家庭。

（四）学校情况

学校教育教学工作在全区属于中上水平，但是教师感觉日常工作缺乏新思路，在面对新时代、新要求时急需帮助和指导。

（五）学生情况

学校学生年龄在 6~12 岁，年龄跨度大，且正处于身心发展阶段。学生处于行为习惯、人生观和价值观的形成阶段，非常需要教师的正确引领。

学校将心理发展特色定为教学上关注农村地区小学生专注力养成，教育上关注培养学生们积极向上的良好心态。

二、建设学校心理工作队伍

（一）组织建设

为了保证新的办学理念能够真正在学校日常工作中取得成效，成为学校一项可推广的措施，学校以党组织为核心、以党员为骨干带头参加的形式，建立了一套完整的工作体系。具体安排如下表。

工作体系

职务	负责人	工作任务
组长	校长	总揽宏观工作，确保各项工作的稳定进行。
领导小组	书记	组织做好思想指导、动员工作。
	教学主任	组织教师进行教学领域相关研究和探讨。

续表

职务	负责人	工作任务
领导小组	德育主任	组织教师进行教育领域相关研究和探讨。
	后勤主任	提供各种所需设备。
	心理研究员	设计符合学校需要的心理工作项目。 实施各项心理工作。
具体成员	班主任	参加具体心理工作及研究。

注：党员干部在小组中必须主动带头进行各项工作

（二）人才培养

1.参加专业培训

学校选择教师参加专门的心理培训，而后再对其他教师进行二次培训。到目前为止，学校已经就专注力问题研究、心理咨询简单技巧、沙盘游戏治疗等数个方面进行了培训。

2.提供各类锻炼机会

学校组织心理交流会，为参加心理工作的教师提供展示、锻炼自己的机会。

三、制订学校心理工作方案，实践学校心理工作

（一）专注力方面的研究

专注力，又称注意力，指一个人专心于某一事物或活动时的心理状态。人的专注力受多方面因素的影响。专注力出现问题常常是许多学生学习出现问题的共同原因。如果能适当改善学生的专注力情况，学生的学习能力和水平就会得到相应的改变。因而，学校提出"关注学生专注力情况，发展学生专注力能力，营造良好的教学基础"这一理念。

1. 专注力的专业解读

为了能够真正地把研究工作落到实处，学校在调研的基础上，组织党员骨干参加了由北京师范大学梁威教授主持的学习困难课题研究工作，由专业人士对我们进行工作指导和相关领域的培训。经过将近两年的研究，学校初步形成了一支对专注力有着较为深入研究的队伍，初步形成了关注学生课堂学习专注力的教学氛围。

2. 专注力的鉴别

具体来说，学校采取了以下方法对学生的专注力进行了鉴别。

第一，通过问卷调查的方式进行大范围的筛查，测量和区分目标人群的专注力水平。

第二，任课教师对学生进行观察，将上课总是不能集中注意力的学生记录在案。

第三，我们将两组名单进行相互印证。

第四，学校将学生分成了一般学生、专注力稍有问题的学生和专注力问题较大的学生。

3. 专注力的解决

（1）针对特定学生的解决策略

有的学生在课堂上不能保持很长时间的专注力，有些时候还会随意离开座位、乱叫、乱跑。这些学生是有多动倾向的。对于这些学生，学校建议他们到专门的医院进行检查和治疗，之后这些学生的症状有了改善。

（2）针对全校学生的解决策略

首先，制定专注力培养目标和内容。学校制定了《军庄中心小学课堂习惯守则》，着重对学生如何在课堂上专注学习、老师如何评价学生专注力的情况进行了规定，以此帮助学生改善在学校生活中的专注力情况。

其次，开设专门的课程。学校对一至六年级学生都开设心理课。在专注力内容上，学校根据学生的实际情况进行了课程的研究和开发。

（二）打造积极向上的校园氛围

积极心理学是 20 世纪末西方心理学界兴起的新的研究领域。积极心理学的创始人是美国当代著名的心理学家马丁·塞利格曼。积极心理学的研究对象是普通人群。积极心理学要求人们用一种更加开放的、欣赏性的眼光去看待人类的潜能、动机和能力等。学校德育工作以打造"培养学生形成积极向上的心态"的氛围为目标。

1.进行教师培训

学校把积极心理学的观点引入学校管理工作中，指导教师在日常的教学活动中发现学生的闪光点，激发学生的内在动机，以此促进学生的成长，提高教师的教育教学效率，促进学校的稳定发展。

2.设置各种激励活动

针对小学生的年龄特征，学校建立了"小脚丫起跑线""五星奖章"等激励机制，在日常教育工作中形成规则，鼓励学生在学习和活动中培养积极参与、勇于创新、勤于思考、敢于实践的处事态度，校园里逐渐形成了一种积极向上的氛围。

3.形成完整的心理课程体系

自从将心理教育纳入学校工作重点之后，学校就决定打造一系列促进学生形成健康人格和良好心态的课程。经过两年的反复推敲，学校初步形成了一套心理课程体系（见下页图）。

学校利用写"心情日记"的方式，将学生在课堂上的感受和收获记录下来，在学习结束后统一返还给学生，使学生体验自己的心路历程，给自己的未来留下更多的信息资源和启示。

4.开展心理剧活动

心理剧是一种蕴含心理知识、技能和道理的舞台剧。学校从四、五、六年级选拔学生参与此项活动。每学期一次的心理剧校园展演是很多学生期待的活动，《雨伞和草帽》《感恩》等心理剧受到了大家热烈欢迎。此外，除了心理剧本身给

管理育人 | 175

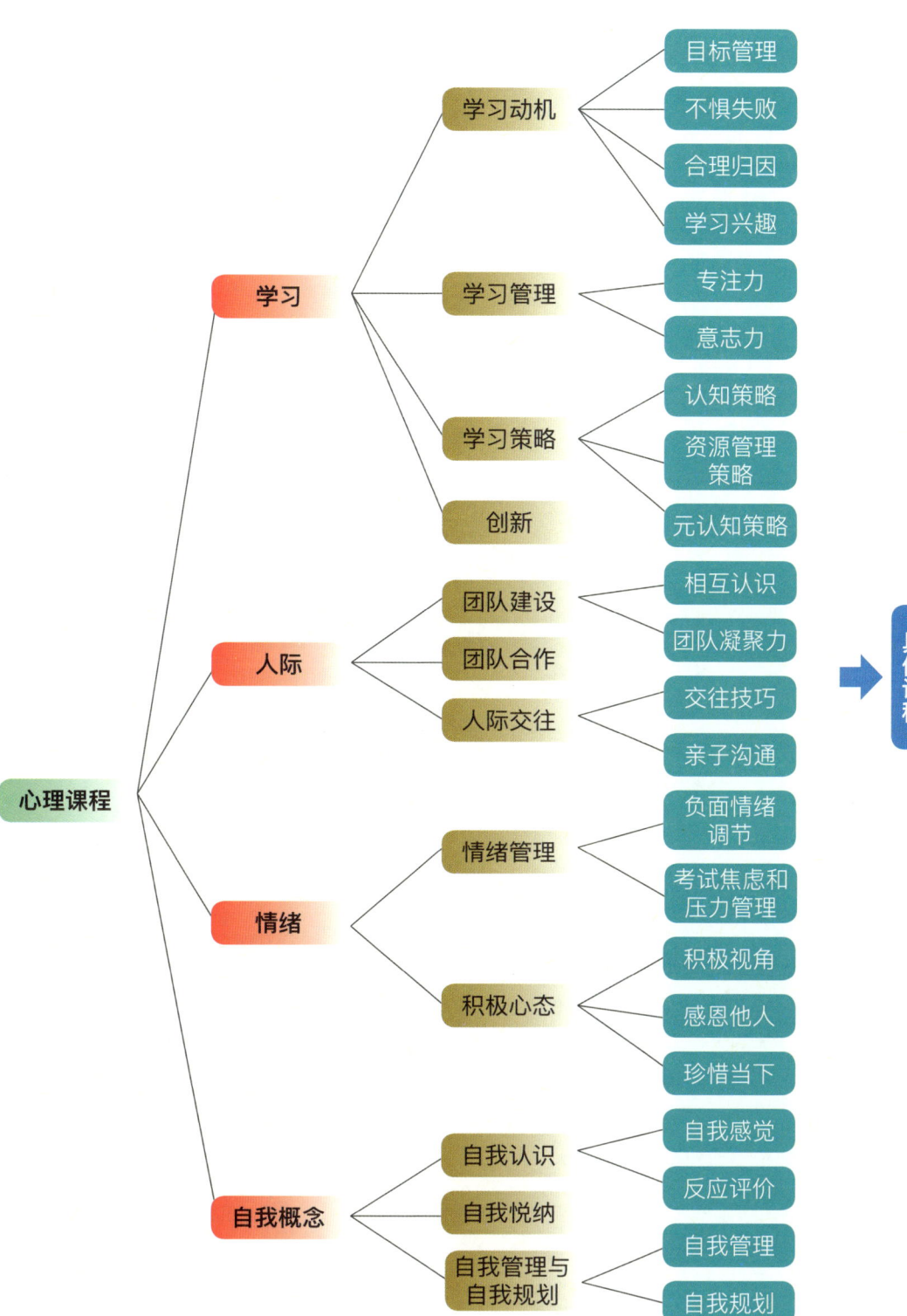

```
心理课程
├── 学习
│   ├── 学习动机
│   │   ├── 目标管理
│   │   ├── 不惧失败
│   │   ├── 合理归因
│   │   └── 学习兴趣
│   ├── 学习管理
│   │   ├── 专注力
│   │   └── 意志力
│   ├── 学习策略
│   │   ├── 认知策略
│   │   ├── 资源管理策略
│   │   └── 元认知策略
│   └── 创新
├── 人际
│   ├── 团队建设
│   │   ├── 相互认识
│   │   └── 团队凝聚力
│   ├── 团队合作
│   └── 人际交往
│       ├── 交往技巧
│       └── 亲子沟通
├── 情绪
│   ├── 情绪管理
│   │   ├── 负面情绪调节
│   │   └── 考试焦虑和压力管理
│   └── 积极心态
│       ├── 积极视角
│       ├── 感恩他人
│       └── 珍惜当下
└── 自我概念
    ├── 自我认识
    │   ├── 自我感觉
    │   └── 反应评价
    ├── 自我悦纳
    └── 自我管理与自我规划
        ├── 自我管理
        └── 自我规划
```

→ 具体课程

心理课程体系

学生带来的影响之外，参加表演的学生自信心明显增强，校园舞台剧也成为学生最乐于参与的活动之一。

5.推进心理辅助教育

学校中总是会存在一些"特别"的学生，我们需要对他们进行有针对性的辅导。因此，学校的专业心理咨询师带队组建了"开心起点"心理咨询室，在传统的谈话治疗的基础上增加了问卷调查、沙盘治疗、游戏治疗等不同的心理咨询方法，对个别学生进行心理援助，成功解决了他们遇到的一些问题，如家庭亲子关系不良、难以建立正常同伴关系、离家出走等问题。同时，学校心理咨询室还配合政教处解决了一些日常的学生问题。学校教师真诚地关心、有效的心理策略对学生形成积极心态有辅助作用。

以上内容是学校挖掘学校特色道路上的一些思考和行动，它们帮助教师在学校的教育教学工作中取得了一些成效。我们必须继续努力，去发现更多有利于学生成长的心理理念，将学校的特色办学思想践行到底。

点评

心理学是教育活动背后重要的支撑学科。一直以来，校园里心理学知识理论的运用远远不足。随着社会经济的快速发展，人类心理疾病呈现急剧上升的趋势，人们对心理健康的关注日益增强。军庄中心小学借助心理学营造了安全宽松的校园氛围，并取得了显著成效。在分析学校现状的基础上，针对学生特点，学校逐步形成了较为完备的心理健康教育校本课程体系。尤其是借助课题研究，教师对影响学生学习成绩的"专注力"问题进行了深入研究，借助心理学寻找学习发生的规律，这值得我们学习借鉴。此外，学校积极引入心理剧、心情日记、心理辅导等手段，大力倡导积极心理学，逐步形成了学校办学的特色。关注心理健康，培养完整人格，切实为孩子一生幸福奠定坚实基础，这是每一所学校应该承担的责任和义务。

明理念、抓课改、重交流、强师德，提升教师育人能力

内蒙古自治区鄂尔多斯市准格尔旗薛家湾第九小学

薛家湾第九小学于 2015 年 9 月开始招生，是一所九年一贯制学校，现有教学班 17 个，学生 724 人，教职工 49 人，学校占地面积 51800 平方米，建筑面积 31809 平方米。按照高起点规划、高标准建设现代化的教育教学实施，学校的硬件建设在全旗处于一流水平，有教学楼 2 栋，实验楼 1 栋，学生公寓楼 2 栋，体育馆 1 座，各功能室齐全。薛家湾第九小学现已成为全旗青少年法制教育基地、全旗禁毒教育基地，拥有全旗第一个地震科普馆，成为国学教育共同体学校、"中国好老师"公益行动计划基地校。现将学校建校以来的育人经验汇报如下。

一、明确办学理念，提升学校管理内涵

学校围绕"把快乐还给学生，把自由还给学生，把真爱还给学生"的核心价值，秉承"为了孩子的健康快乐成长奠基"的育人目标，追求"面向全体学生，培养学生个性，实施快乐成长教育，让每一个学生健康快乐成长，享受幸福快乐的少年生活"的办学理念，突出"实施快乐成长教育，享受幸福快乐人生"的校训，明确"快乐、阳光、自信、健康"的校风，"敬业、快乐、生本、创新"的教风，"快乐学习、学习快乐"的学风，加强快乐成长教育建设，推进学生全面发展。学校以小班化教学为载体，以"小组合作学习""经典诵读""学生学习生活习惯养成"为抓手，积极推进课堂教学改革。学校努力推进快乐教师队伍建设、快乐课程建设、快乐课堂建设、快乐德育建设，引领师生实现幸福生活、快乐成长的教育宗旨，不断提升学校的管理内涵，提升学校的办学品位。

二、引导学生积极参与，推进课堂教学改革

学校以学生学习行为习惯、小组合作学习为抓手，全面推进课堂教学改革。面向全体学生，学校引导学生积极参与课堂教学活动，培养学生动手能力、实践操作能力、创新能力，努力把教变成学、把学变成活动。学校积极推行快乐课堂六环节教学模式，明确提出教师、学生课堂教学环节活动的具体要求，变"要我学"为"我要学"。通过一年的实践，学生参与课堂教学的积极性、学习效率、学习主动性都得到了很大幅度的提高。

三、建设校园文化，优化成长环境

为营造良好的校园文化氛围，2016年9月，学校克服资金紧张的现状，为每班配置了图书角、班级文化展示栏、学生作品展示栏、班级特色展示栏，通过教室布置（各班都设立了学生人生梦想专栏、小组合作学习评价栏、班规和班训、班级理念等展示栏）、学生风采展示、"文苑"校刊、校园广播站等途径增加校园文化的学生元素。此外，学校校刊设立了学校的办学思想、办学理念、"一训三风"等版面，精心设计了富有人文内涵的楼道文化，陈列了一系列图文并茂的人生哲理宣传图片，有效地加强了"温馨教室""书香校园"建设，通过教师"文明办公室"建设，提升了办公室文化品位。学校通过营造快乐成长教育氛围，优化了学生成长环节，激发了学生兴趣，拓宽了学生视野，发掘了生命潜能。

四、丰富各类活动，搭建学生展示平台

立德树人是学校德育工作的指导思想。学校在抓德育工作的同时，充分发挥了班主任的育人骨干作用，利用班会时间组织学生学习和了解中华民族文明史、中国共产党党史，弘扬民族精神，突出爱国主义教育。两年来，学校开展了各类活动，丰富了学生的学习生活：先后组织开展了开学第一课、趣味运动会、文明礼仪教育周、科技月、演讲诵读比赛、班级才艺展示、新年文艺活动、作业展

示、走进大自然等社会实践活动，为学生展示才艺搭建了平台，这既丰富了学生课余生活，又培养了学生动手、动口能力；大力开展社团活动，做到了定时间、定地点、定内容、讲实效，根据学校情况开设电子琴、舞蹈、葫芦丝、趣味数学、演讲与诵读、书法绘画、快乐英语、快乐体育、创意搭建、欢乐剧场等社团活动，每个学生根据自己的特长与爱好参与社团活动，这既丰富了学生的课外生活，又培养了学生的创新能力、动手能力、实践能力。社团活动的开展也为学生搭建了展示自我的舞台。

五、借助好老师平台，实施互通互助活动

2015 年 9 月，以"中国好老师"公益行动计划的推进为契机，以友好互助校交流互助为载体，校际全面开展互通互助活动。学校现与北京市海淀区培星小学、北京市海淀区羊坊店第四小学、北京市八达岭中心小学、北京市四海中心小学、厦门市群惠小学、沈阳市塔湾小学、南京市游府西街小学、济南市胜利大街小学、海口市第十一小学结成友好互助校。2016 年 4 月，学校组织青年骨干教师赴北京市海淀区培星小学、北京市海淀区羊坊店第四小学开展为期一周的挂职交流活动。2016 年 7 月，乔卫东校长赴厦门市群惠小学参加了校园文化建设现场观摩活动。2016 年 9 月 22~24 日，学校成功举办了第八届"星光杯"友好互助校暨"中国好老师"发展共同体互通互助交流活动。2016 年 10 月 24 日，学校组织语文、英语教师赴北京市培星小学参加了课程建设现场观摩活动；2016 年 11 月 1 日，学校组织开展了准格尔旗西部联盟校暨"中国好老师"发展共同体办学思想研讨会，联盟校准格尔旗蒙古族学校、羊市塔希望小学、暖水小学、纳日松小学、准格尔召小学的校长和班主任代表近 30 人参加了交流活动。交流活动的开展，一方面提升了教师的育人能力，另一方面为教师搭建了交流展示的平台。2016 年 12 月 9 日，学校组织开展了西部联盟校班主任育人能力提升经验交流会。2016 年 11 月，学校成为"中国好老师"公益行动计划的市级基地校。2017 年 11 月 16 日，联盟校纳日松小学组织了体育教学优秀课暨体育教学观摩展示活动，8 所联盟校进行了体育课堂教学展示活动。联盟校在 12 月中旬由薛家湾第九小学

牵头组织开展"我的育人故事""育人案例"的评选活动。

六、加强师德师风建设，提升教师育人能力

"立德树人，筑梦未来"，是学校德育建设追求的目标。学校注重师德师风建设，强化教师的职业道德教育，让教师明确地认识到教师工作是一项育人事业，提醒他们不断提升自己的专业素养和育人能力。此外，学校还出台了一系列师德师风考核实施方案，每学期进行一次考核，积极开展师德师风承诺活动，制订师德师风提升计划，组织师德师风自我剖析活动。考核采取自我评价、教师互评、领导测评、学生评议、家长评价的方式。

七、加强学校课程建设，开展校本培训

学校以"课程引领学校发展，课堂成就学生未来"为指导，大力开展课程开发与建设，寻求适合学校发展的课改之路。学校已明确了课程建设框架，在课程改革理念的引领下，不断开发适合学生、适合学校发展的校本课程，现已开发出"旧物魔法馆""入学宝典""学生日常行为规范""快乐节日""爱我准格尔"五种校本课程，基本形成了国家、地方、学校课程建设网络，同时加强校本培训，开展教师教育教学技能培训，不断提升教师的育人能力、专业能力。

八、开展学生社会实践活动，提升学生综合素质

建校以来，学校面向全体学生，关注学生个性，实施快乐成长教育，大力开展社会实践活动，组织开展了科技节、校园体育艺术节、走进大自然社会实践、体验农耕文化等系列活动，并将此作为常态活动机制，不断充实、完善活动内容，增加活动形式，让学生真正在社会实践大课堂中学到知识，不断提高学生的综合素质。每个年级都有德育教育活动主题，班级按要求开展德育教育，形成了自己的德育主题课程，大力开展德育系列化教育活动。学校每月确定德育教育活

动主题，由德育处和少先队负责实施，系列德育课程收到了良好的教育效果，得到了家长和社会的一致好评。

点 评

作为一所高起点、高标准建设的学校，薛家湾第九小学展示了跨越式发展的宝贵经验。与有着丰厚历史积淀的学校相比，新建校就好比一张白纸，有利于借助现有学校教育的先进理念来规划蓝图。一所好学校一定要有符合教育发展规律的办学理念做引领。薛家湾第九小学提出"为了孩子的健康快乐成长奠基"的理念，以人的成长和发展为根本，基于人性，符合现代教育的要求。学校在办学过程中，尤其注重开放和交流。我们注意到，学校在建校的三年间，先后开展了十余次与全国不同地区学校的交流互访活动。这对于学校的管理、教学、德育等工作，起到了有力的推动作用。学校在办学过程中将最新的教育改革方向和政策要求纳入了学校的组织管理。学校借助社团活动推动德育工作，极大地提升了学生的品质与综合能力。尽管是新建校，学校也在校本课程的开发方面积极尝试，并初步取得成效，形成了学校的课程结构体系。总之，新办校的优势就是站在"巨人"的肩上攀登，不断将优秀经验与自身建设相结合，走出一条快速发展之路。

以"中国好老师"公益行动计划为契机 借助区域合作平台提升教师素质

北京市怀柔区第六小学

怀柔区第六小学创建于2009年,是怀柔区教育委员会直属的完全小学。学校占地26000多平方米,建筑面积14000多平方米。学校建有400米标准操场,专用教室齐备,办学条件优良。目前学校有36个教学班、1400多名学生、110多名教职工。优秀教师中包括区级学科带头人、骨干教师18人。学校秉承"习惯影响发展,养成奠基人生"的办学理念,努力将学校办成一所学生喜欢、家长满意、环境优美、文化厚重、教育质量高、社会信誉好、适合师生全面和谐健康发展的现代化学校。

因为学校建立时间较短,教师队伍还不够配套。整体来讲,教师队伍学历较高(专任教师全部达到本科学历)、年龄较低、经验欠缺,特别是骨干教师比例偏低。在教师队伍建设发展的关键时期,我们迎来了"中国好老师"公益行动计划(以下简称"公益行动")。

一、借助区域合作平台,建立"公益行动"联盟

学校建校时间虽然短,但是目标高:建一流的师资、一流的设施、一流的质量。近两年,学校创建了两个合作平台。一是区内学区牵头校,建立了四所学校(北京市怀柔区第六小学、怀柔区庙城小学、怀柔区九渡河中心小学、怀柔区琉璃庙中心小学)组成的学区合作平台;二是建立了由河北省承德市滦平县巴克什

营学区六所学校组成的友谊校合作平台。依托两个平台、一个组织，学校间常年开展业务活动，为深化合作打好基础。

在"公益行动"的支持下，"公益行动"怀柔启动仪式在北京市怀柔区第六小学举行，学校被列为基地校。本学区的怀柔区庙城学校、九渡河中心小学、琉璃庙中心小学，河北省承德市滦平县的巴克什营学区总校、巴克什营中心校、两间房中心校、火斗山中心校，拉海沟中心校、安纯沟门中心校，内蒙古四子王旗第四小学被列为项目校。在区域合作平台的基础上，各学校建立起了"公益行动"怀柔共同体。

二、依托"公益行动"努力提升教师专业素养

作为基地校，学校要在"公益行动"的指导下认真学习习近平"四有"好老师的讲话精神，努力在工作中落实立德树人的根本任务，提升教师的育人能力；通过专家引领、榜样示范、教研科研、名师工程、读书修养、同济互助等形式提升教师素质；同时依托学区的平台，做到学校之间、干部之间、老师之间互通互助，合作共赢。一人强、强一组，一点亮、亮一片，点燃合作的新亮点，实现山区、平原、城区学校的均衡发展。另外，在京津冀一体化的大背景下，我们与河北省的一些学校建立"手拉手"的关系，力争在办学理念、教师专业化发展、课程和课堂资源配置等方面建立友好合作关系，为实现教育一体化尽我所能。

（一）活动取得的成果

1.成立"公益行动"基地学校办公室

学校选出一名中层干部兼任办公室主任，负责组织、联系、协调、管理与"公益行动"相关的工作。

2.成立三个中心

为了便于开展工作，我们在学区内成立了三个中心：教学研究与管理中心、德

育研究与管理中心、后勤研究与服务中心，各中心由主管校长任组长，确定中心工作计划，并按计划开展活动。三个中心为"公益行动"顺利实施做好了组织准备。

3.集中培训

到目前为止，我们邀请了刘永胜校长就"如何做中国好老师"开展讲座，李春山老师就"教育科研方法"开展讲座，王曼怡老师就"英语教学三年规划"开展讲座，武琼老师就"语文教学的实践活动"开展讲座。每次培训我们都做到资源共享。在基地校的组织下，全体联盟校成员参加通识培训。另外，学校全程参与了"公益行动"组织的在北京、辽宁沈阳、四川广安的体育培训。

4.组建名师工作室

学校正式聘请特级教师王曼怡、武琼、刘德武为学校兼职教师。学校为他们设立了办公室，提供生活、工作方便。几位特级教师每月至少到校一次，为教师做报告、开展专题讲座，指导教师学习、备课、上课。他们还亲自上课、带徒弟，引领教师专业化发展。几位特级教师开展的每次教学活动都辐射到全体联盟校。

5.建立语、数、英三个教研组

教研组组长由学区内三名副校长兼任，教研组成员包括学区内全体语文、数学、英语学科教师及河北联盟校的骨干教师。教研组每学期定期开展活动，效果良好。

6.组织送课下乡活动

基地校优秀青年教师王占友、于洪洋、刘涵宇、齐丹、陈晓芳到河北滦平巴克什营学区讲课，就学科教学实践活动进行了主题式研讨，为偏远山区的课程改革开拓了思路。

（二）活动产生的影响

第一，唤起教师的理想、信念。做中国好老师的目标，像星星之火，点燃了老师心中的烈焰，卷走了职业倦怠。教师工作的方向更明了、目标更准了、干劲更足了。

第二，做中国好老师的目标，促进了教师的学习、研修，老师们正在形成读书的习惯、研究的习惯、练教学基本功的习惯。

第三，"公益行动"增强了教师的合作意识，有利于和谐校园的建设。特别是区域合作的增加，为地区间的合作友谊搭建了桥梁。

第四，"公益行动"帮助教师实现了自身价值，为他们建立自信、展示自我提供了更多的平台，促进了教师的专业成长。

（三）未来工作设想

第一，在基地校的组织协调下，每学年组织一次"智慧杯"课堂教学大赛，要求联盟校全员参与，共同提高课堂教学质量。

第二，在基地校组织协调下，每学年组织一次"做中国好老师"论坛，每年走进一所学校进行专题研讨活动。

第三，创立联盟工作简报。

第四，吸收山西省垣曲县部分学校加入"公益行动"怀柔联盟校。

学校作为"公益行动"基地校的工作才刚刚开始，我们深知任重道远。在习近平"四有"好老师讲话精神的指引下，有"公益行动"的具体指导，我们会百尺竿头，更进一步，用坚实的步伐行进在"公益行动"的路上！

点评

北京市怀柔区第六小学在践行"四有"好老师的过程中，依托自身资源，联动周边学校，通过学校间联盟的方式，共同推进教育教学改革。同时，学校设立了三大中心，整合名师工作室的资源和优势，为深入工作提供了机制和专业保障，并通过培训、交流、研讨等方式提升每个教师的育人能力，这一做法对学校建设和发展具有借鉴意义。

课程育人

作者：杨璐菲（五年级四班）　指导教师：张明书　学校：北京市房山区长阳中心小学

导　读

近年来，课程育人逐渐成为一个重要的教育路径，这是有积极意义的。但需要明确的是，这里所指的课程是一种狭义的课程。如果从广义上理解，学校、家庭、社会一切对学生产生深刻影响的事物，皆属于课程范畴，育人往往融会在学生活动的时时刻刻，方方面面。对学校来讲，课程育人正在内化为一种积极的教育策略。来自北京师范大学"中国好老师"公益行动计划实验学校的优秀教育案例，鲜明体现了课程育人的实践性和实效性，折射了中小学教师在立德树人中的辛勤劳动。这些案例具有如下三个特征。

第一，守一望多，核心理念指导下的课程资源开发与实践。例如，黑龙江省牡丹江市平安小学创立了"134"人文德育品牌，浙江省丽水市囿山小学探索了"1+X"德育课程，河南省鹤壁市福源小学开发了校本课程"多彩幸福课程"。第二，实践导向，主题实践活动课程丰富多彩。例如，北京师范大学实验小学以主题活动为中心，进行跨学科的整合，让学生在主题活动中自主综合语文、数学、英语、美术、音乐等学科知识，进行学习、成长，从而激发学生的学习兴趣，满足学生的学习需求，加强学科与学科之间的优势互补，进一步优化了已有课程。第三，内在激发，把课程开发和学生道德成长统一起来。例如，湖北省宜昌市葛洲坝实验小学构建了一套分层、分类、综合、自主的课程体系，师生的共性与个性得到发展，学校也悄然发生变化。北京市清河中学重新设计学校空间，划分教学、活动、艺术体验、科技实验、阅览及拓展等功能区，为学校选修课程的开设提供了人员、空间两个方面的保障，校本德育特色鲜明。北京市平谷区第七小学本着"全学科"育人理念，将显性课程和隐性课程、学科课程和活动课程、共性课程和个性课程、基础性课程和拓展性课程等结合起来，形成育人课程网，积极发挥各类课程的育人功能。

总之，课程开发是途径，育人才是目标。衡量课程资源开发成效的发言权是学生，而不是物化的课程资源。显然，无人的课程不值得推崇。

导读者

谢春风，北京教育科学研究院德育研究中心主任、研究员，联合国教科文组织亚太青少年可持续发展学习中心副主任，教育部"国培计划"首期中小学名师领航工程德育学科导师（2018—2020年），中华孔子学会国学教育研究会副会长，北京养生文化学会会长，北京市学校德育研究会副会长兼秘书长。先后在《新华文摘》《社会科学》《教育研究》《光明日报》等发表文章50余篇，出版《德育场效应：爱的波动》《日落帝国的晨曦——英国教育的道德度、价值链与政策维》等5部学术专著，先后获得国家和北京市哲学社会科学、教育科学、基础教育教学优秀成果奖等荣誉。

推进课程育人，提升教师育人能力

——西安新知小学关于开展"中国好老师"公益行动计划的经验总结

陕西省西安新知小学

西安新知小学创建于 2005 年 6 月，是一所高起点、现代化的全日制民办学校。目前全校共 37 个班，在校学生 1900 多人，教职工 117 人。学校位于西安市西七路 199 号，紧邻北城墙中段，校园环境古朴优雅，文化氛围浓郁。在多次参加"中国好老师"公益行动计划（以下简称"公益行动"）的各种学习中，学校明确"培养好老师就是赢得未来"的思想，聚焦"校本研修"，以"课程"和"团队"为两个突破点，提升全体教师的育人能力。

一、1.0 版本的新知课程

西安新知小学的校门口景观石篆刻着"温故知新"四个大字，这是新知小学的得名，也是新知小学课程"知新、求新、探新"发展道路的引领。

2005 年新知小学成立前期，学校在幼儿园调研中看到小朋友在大班时已经开始接触《三字经》《千字文》之类朗朗上口的"蒙学"读物，从家长访谈中也得知大家认同传统文化、支持经典读物学习，于是便有了构建经典古诗文特色课程的想法。新知小学有得天独厚的地理位置——学校地处北门城墙脚下，学生站在学校操场就可见巍巍古城墙。校内的语文教师文学功底强，刘岚、李琳、赵明琪等老师都有经典古诗文教学研究的经历。依据以上的条件，学校进行了经典古诗文的校本课程开发。全体语文教师反复研究后，首先搭建起一套课程实施的基本内容框架。

一年级：唐诗；二年级：历代诗；三年级：论语；四年级：词选；五年级：古文。

实践中，学校细化了课程的定位、目标、实施的策略、评价的方式等。经过反复论证，学校确定每周两课时校本课程，每学期有专题研究、课修、多元评价推进。在实施过程中，学校的文化氛围也随之发生了变化，音乐课程里有了唱诗、舞诗的内容创作，体育课程中有了中华武术的体现，美术课程里多了画诗、图配诗的内容等。学校景观建设也凸显了中国味道。

伴随着"新新诵读"课程体系的不断推进，数学教师也在解析数学教材的过程中不断提升教学能力和水平，他们根据学生的年龄特点和数学学习的规律研发了"新新思训"课程体系。

同时，学校在学生体验活动中开始了探索之路。围绕着"为学生的幸福人生奠基"的要求，结合学生和学科的特点以及学生心智发展的规律，全体教师提出了"学在新知，玩中成长"的课程构建思路，梳理出了"四节、四礼、四活动"课程。

在新知课程的探索阶段，教师根据自己的教学经验，在原有的国家课程基础上增加了对学生发展有意义的内容，减少了重复的、与时代不相符的内容，推出了满足学生发展需求的课程。此时是新知课程的起始阶段，是部分教师参与探索、提升能力的阶段。系列课程体系的开发丰富了教师课程育人的内容和观念。

二、2.0 版本的新知课程

2012 年，《新新诵读》在三秦出版社初步审定后，学校全体语文教师又进行了全面的反思性研讨，完整修订了校本教材，形成了更为完善的《新新诵读》系列丛书：《新新唐诗》《新新诗选》《新新论语》《新新词选》《新新古文》《新新师语》。

随后，《新新思训》也通过了陕西人民教育出版社的审定，正式出版为《玩数学》《知数学》《悟数学》系列丛书。

在整个校本课程实施过程中，学校始终边实践研究，边反思提升。学校和家庭共同推进的研学行走课程梳理出了完整体系：一年级为迎接幼儿园的伙伴儿；二年级为制作感恩蛋糕；三年级为我们去植树；四年级为陶艺制作；五年级为参加图书大厦购书节；六年级为参观中学。

学校重视环境课程的构建。校内三省广场里的"笔、墨、纸、砚，通琴、棋、书、画，承梅、兰、竹、菊"新知十二品彰显了学校的育人目标；零陆苑里的四大发明雕塑和毕业林，为学生的快乐校园生活助力；九分阁里的二十四节气、传统文化、十二生肖、师生共同完成的书法作品等文化元素都是民族自信的宣传地。学校内的楼梯全都依据城门方向命名：长乐梯、长阳梯、安定梯等，这样就把认识方向、辨别方向、爱我家乡整合完成了。这些环境课程成为各个学科教师使用频繁的内容，也为研究性学习打下了基础。

这个阶段的新知课程有全体教师参与，同时涵盖家长参与建设，形成了教师团队协作，共同提高研究、反思、实践能力的联动过程。教师们聚焦课程育人的行动进入了"公转"系统，团队协助能力得到了大幅度的提升。

三、3.0版本的新知课程

2015年，学校开启了跨学科整合性项目学习——城墙项目学习。这是语文、数学、英语、体育、音乐、美术、科学、信息等学科的整合，是社会资源、家长资源全面参与的学习，构建了从课本走向生活、从课堂走向校外的研究性学习体系。

随着校园网络环境的改善，师生携手为环境课程制作了一个个有趣的二维码，课程资源从校内延伸到了"互联网+"。

2017年，新新诵读工作室成立，《新新诵读》在喜马拉雅网站上线，这些发展使我们原有的《新新诵读》系列形成了迭代式的推进。

"玩数学"成为常态，教师与学生共同创造了新新拼拼乐，大大增加了教师与学生交往中的职业幸福感。

新知的小学校本课程有学科拓展、主题活动、综合活动、研究性学习、德育、环境等系列，每项课程都是国家课程的校本化实施，是校本课程特色化发展道路上的探索；还有大量根据季节、节日、重大活动、学生发展需求开设的短期校本课程，如"银杏叶黄了""下雪了""我们去建筑工地"等。

四、回顾与展望

西安新知小学作为"公益行动"的基地校，收获满满：2014年成为中国影子校长培训基地；2015年加入"公益行动"，并成为基地校；2016年承担西藏阿里骨干教师培训；为2017年"公益行动"在陕西省实现全覆盖起到了推动作用。

西安新知小学在"公益计划"中先后参加校长、班主任、骨干教师、一年级新任教师的培训，与全国各地基地校携手并肩，互帮互助。学校先后接待省市区基地校实地考察交流百余人次。其中与云南文山实验小学形成教师长期交流互助项目，每学期交流不少于15人次，每次交流时间在10天左右，教师在互助中取长补短，提升育人能力。

展望未来，在"公益行动"的召唤下，教师们有更多施展才华的空间。我们惊喜地看到更多的专家支持、更多的学校加入。为"公益行动"助力，我们一起行动！

点评

　　新课程改革带给学校最为重要的变化之一,就是教师对课程的认识,以及随着这种认识而来的课程开发与实施能力的提升。西安新知小学校本课程的开发历程,可以说是我国新课程改革在小学中的一个缩影。课程是一所学校办学品质的最重要载体,新知小学课程建设的经验中,有三点值得学习。首先,校本课程建设与学校办学实际相结合。学校利用所处位置的特殊性,从语文传统文化课程入手,借助部分骨干教师群体,集中开发代表性课程。再从代表性课程建设入手,积累课程建设经验,逐步向数学等其他科目拓展。其次,将课程建设与教育改革的政策要求紧密结合。课程作为育人的重要载体,要紧跟时代要求。我们看到在"新新诵读"与"新新思训"两套精品校本课程的基础上,研学课程、跨学科综合课程、环境课程等也不断被开发出来,满足学生学习需求。最后,紧跟信息时代发展特征,运用信息化、网络化手段,创新课程实施方式,扩大对课程资源的利用。尤其借助 App 平台,将课程网络化,更有利于学生的个性化学习。同时,我们也看到,课程的开发实际上也极大地促进了教师教学能力的提升和教师的专业发展。

以开展特色活动为引领　全力打造"人文德育"教育品牌

黑龙江省牡丹江市平安小学

　　牡丹江市平安小学积极引入德育教育新思维，精心组织、系统谋划、创新设计，开展了以滋养广博文化知识、陶冶高雅文化氛围、熏陶优秀文化传统和深刻人生实践体验为内容的一系列形式多样的德育创新活动，打造了以贯穿"一条主线"（人文德育），凸显"三个目标"（积淀"人文精神"，创新"人文体验"，提升"人文素养"），拓宽"四条渠道"（童话创新、校本课程、经典传承和主题实践活动）为主题的"134"人文德育品牌。

　　"134"人文德育品牌创建活动开展以来的实践证明，它对提升学生人性境界、塑造理想人格以及实现个人与社会价值起到了很好的推动作用。学校走出了一条以特色活动为引领，富有平安小学鲜明特色的德育教育新路子。

一、确立"个性、和谐、发展"的核心，开展提升人文素养的"1+X"课程体系

　　人文精神的实质和核心是"人之所以为人"，强调人是独立的个体，强调尊重、保护、培养、发展人的个性，使人得到全面和谐的发展，使人的科学理性和人文素养充分融合、充分发展。为此，学校结合自身实际，开展了符合小学生年龄和心理特点的"1+X"课程体系。

（一）开展全员性必修校本课程——"1"（人文种子）

"人文种子"是为了提升每个平安学子人文素养而设置的全员性校本课程。其宗旨是通过诵读各类经典，实现"儒学养正、兵学相佑、道法自然、文化浸润"。

"人文种子"是由语文学科拓展而来的，面向一至六年级全员开展的一门基础性必修课程。校内语文骨干教师根据不同年龄段学生的认知特点编写了"人文种子"教程，共有四个篇章。其中，第一篇章是儒学经典，包括论语等国学经典；第二篇章是千古绝唱，即唐诗；第三篇章是绮丽韵律，即宋词；第四篇章是书香云集，即名著。"人文种子"呈现的是积累的语文，让学生在记忆力黄金时间积累，在人生底色上播种，生长出优质的文化果实；也是经典的语文，将经典强大的再生能力发挥到极致；更是逐步反复的语文，让学生随着年龄的增长去体味，去消化，去品悟。

（二）开展自主性选修校本课程——"X"（潜能拓展训练营）

"X"指"潜能拓展训练营"，是为了促进学生个性化发展而设置的选修性校本课程。其目的是推动学生在自主选择中拓展自主发展空间，提升自主发展意识，培养自主发展能力。训练营在走班式开课的基础上，面向中、高年级增加了整班式开课方式，一班一主题，不仅增加了学生的参与程度，更助推了中、高年级班级文化特色的积淀与提升。

"X"课程共分为三大类。

第一类：科学素养类。它是由科学、数学及综合学科拓展而来的，面向三至六年级开设的自主性选修课程，具体包括"青少年电子信息与智能控制""小小科学家""炫彩魔方"等项目课程。

第二类：艺术情趣类。它是由音乐、美术等艺术学科拓展而来的，面向一至六年级开设的多样性选修课程，具体包括"黑白世界"围棋社团、"巧手益智"软陶社团、"奇幻冰雪"冰雪画社团、"童心彩绘"儿童画社团、"恰似百灵"学生合唱社团、"爱英语吧"多元系列英语口语社团、"尤克里里""非洲鼓"等多元音乐系列社团。

第三类：阳光体育类。它是由体育学科拓展而来的，面向一至六年级开设的开放性选修课程，具体包括田径社团、篮球社团、绳翔童真社团、沙包投准社团、传球接力社团、八人持杆社团等，可供学生选择性参与，满足健康运动一小时的需要，让运动和兴趣相结合。

开发全新的"1+X"人文校本课程，源于实现人的全面发展这一"人文"教育理念核心，旨在从外部打破时间、空间、内容的界限，从内部突破学生思维和学习方式的边界，使学生实现对世界的整体认知和思考，让每一个学生在这种课程形态的递进式发展和多样化共存中，成长为适应时代变化、全面和谐发展的人，并在形态丰富的课程中获得生命的滋养，在变化万千的世界中绽放无限的可能。目前，平安小学低年级7个选修训练营，中、高年级14个专题训练营已经开课，14个多彩社团正在面向全校招募社员，学生在全新的校本课程中体验着快乐，收获着成长。

二、围绕"浸润、体验、内化"主题，开展滋润人文底蕴的童话创新活动

人文教育就是将人类优秀的文化成果通过知识传授、环境熏陶、实践体验的形式，使之内化为人格、气质、修养，成为人的相对稳定的内在需要。因此，我们把童话教育这一独特的文学艺术形式作为切入点，让生动鲜活的童话人物成为给学生提供正能量的有效载体。

（一）用卡通明星哆啦A梦创建童话校园

我们创造性地把各年龄段学生都喜欢的卡通明星哆啦A梦引入学校德育活动。例如，在开学第一次升旗仪式上，哆啦A梦邀请交警叔叔对学生进行交通安全教育，哆啦A梦用他甜美的声音、幽默的语言，把学生带入一个生动的童话世界，让学生在享受童话的梦幻中学会如何识别交通信号、交通标志和如何安全过马路。现在，学生能在运动会等众多活动中看见哆啦A梦的身影，哆啦A梦正陪

伴着学生一起健康快乐地成长。

（二）用"梦想树"记载学生的美丽童年

在"我的梦，中国梦"主题教育实践活动中，我们开展了"欢乐梦想树"和"我的梦，中国梦"手抄报展评活动。学生把写有自己梦想的"梦想卡"挂在承载着纯真希望的梦想树上，校长、教师利用课余时间在梦想树下和学生共同探讨人生梦想的话题。在"我的梦，中国梦"手抄报展评活动中，我们让一、二年级的学生选取最漂亮的照片，在照片下面写上自己的人生梦想，并集中张贴在班级走廊的墙壁上。在学生稚嫩的话语中，我们感受到他们正在放飞自己的童年梦想。

（三）用"童话剧"洗涤学生的美好心灵

童话剧是学生喜闻乐见的艺术表现形式，为了让学生在享受童话故事的盛宴中经历心灵的洗涤与熏陶，学校组织学生排演了大型经典童话剧《灰姑娘》。两年来，《灰姑娘》已经正式演出了 20 余场，尽管演员换了一批又一批，演出服装换了一套又一套，灰姑娘的故事传递给学生要用积极向上的精神面对生活、面对学习的信念却历久弥新。

张凤芝校长曾经在讲话中提出："创建一个师生喜爱的、充满人文色彩欢乐的童话校园是平安人的教育梦想。"清新的童话创新活动，不仅活跃了校园气氛，陶冶了学生情操，而且为构筑一个博大的精神家园，积淀厚重的人文底蕴，带来了巨大的"磁场效应"。

三、丰富"阳光、生命、成长"内涵，开展弘扬人文精神的经典传承活动

古人云："文明以止，人文也。"开展以人为本的经典传承活动就是要以素质拓展为目的，立足于实际，关注学生健康成长，培养阳光少年。

（一）"我为核心价值观代言"活动

社会主义核心价值观是兴国之魂、民族复兴精神之"钙"、全面深化改革力量之源。为此，平安小学大队部开展了"我为核心价值观代言"的主题活动，通过"五个一"活动，即读一本国学书籍、写一篇读书心得、看一部励志电影、从事一项公益活动、培养一个健身爱好，鼓励学生用喜闻乐见的形式宣传社会主义核心价值观，用接地气的偶像推广核心价值观，用落地生根的行动践行核心价值观，帮助每一个平安学子"扣好人生的第一粒扣子"。

（二）"欢庆我们的节日"主题活动

学校以"春节·同福"为主题，开展了"童心飞扬，快乐成长"迎新活动，全体平安人用对成长的感恩与渴望、对未来的憧憬与希望迎接新年的到来；以"清明·感恩"为主题，邀请老党员走进平安校园，开展"缅怀革命先烈，弘扬革命传统"宣讲活动，激发少先队员勤奋读书，报效祖国的雄心壮志；以"十一·爱国"为主题，开展了"我和国旗合个影，我为祖国点个赞"活动，将征集到的三百余张学生与国旗的合影照片，刊登在微信公众平台和校报上，让红色精神感染更多的学生及家长，让爱国成为最响亮的平安声音；以"公祭·缅怀"为主题，开展了首个"国家公祭日"主题班会活动，通过校园广播组织学生倾听俞正声在"南京大屠杀死难者国家公祭仪式"上的讲话，激发全校师生对自己肩负的历史使命的认同，将爱国主义根植到学生心中。

四、凸显"交流、探究、提升"特色，开展丰富人文体验的主题实践活动

实践出真知，实践活动是育德、育心和育创的最好载体。它可以丰富学生的人生经历，让学生在实践中体验和感悟"寓教于乐、寓德于创"的真谛。

（一）校园模拟法庭活动

学校依托"六五"普法活动，每年开展一次"模拟少年法庭"主题实践活动，聘请专业法官为学生做现场指导。正规的开庭流程、法官和被告的角色扮演、逼真的服装道具、贴近生活的真实案例，让学生在轻松愉悦的氛围中感受法律的威严。

（二）创新"星期六课程"

学校借助家长资源，拓宽学生社会实践领域，北山植树、亲子踏青、户外聚会、场馆参观等活动的初步尝试得到了家长的认可与支持，丰富了学生的社会实践能力。

（三）打造品牌志愿者团队

为大力弘扬"奉献、友爱、互助、进步"的志愿服务精神，促进志愿者团队规范化、志愿服务品牌化发展，平安小学结合学校"人文教育"的特色，以"我为社会主义核心价值观代言"品牌活动为载体，通过党员群体引领、教师个体示范、学生主体参与、家长主导教育四条途径，建立了党员爱心志愿团、海芳爱心志愿团、松婷爱心联盟、爱心亲子团四支各具特色的志愿者服务队，加强了志愿活动的育人实效性及长效性。

两年来，学生综合素质的全面提升是对"134"人文德育品牌的全面认证。"文化浸润心根，厚德滋养新人"，今后我们还将继续以特色活动为引领，营造积极向上的校园氛围，为每个学生打好一生的人文底色，让他们走出校园后带着理想走向美好的未来。

点评

  品德教育多年来都是学校教育中最被人诟病的一个话题，其中最突出的原因是教育效果低下。导致效果低下的原因不外乎是德育内容远离学生生活；德育形式单调，空洞的说教与灌输色彩浓厚；德育活动随意，缺乏整体和系统设计。平安小学根据时代要求，将德育的内容进行了选择和聚焦，提出"人文德育"的核心理念，将传统文化作为学生精神、品格成长的根，着力提升学生的人文素养。这一做法抓住了人发展的根本，为孩子的幸福人生奠定了基础。学校借助校本课程这一载体，落实人文素养教育，具化和细化了"人文"的内涵，初步形成了系统设计。在实施路径上，这一做法特别强调适合儿童心理发展的特征，强调从儿童心理需求出发。其中借助童话剧的形式，深度渗透人文素养，尤其值得借鉴。学校德育活动的设计，遵循了"知情意行"德育规律，因而取得了良好效果。

多彩童年　幸福奠基

河南省鹤壁市福源小学

福源小学的校训是求真——说真话，办实事。教师认认真真地教，学生踏踏实实地学。学校的核心理念是幸福教育：建幸福学校——生态、人本、书香；当幸福教师——正气、大气、雅气；育幸福学生——健康、快乐、阳光。

学校要把理念真正地建立起来，必须在三个方面下功夫：课堂、课程和课题。对课程的改革成了当前教学改革的主旋律。每名学生享受幸福的基础，除了良好的习惯外，还包括他们的兴趣和爱好。人的一生中不如意的事情十有八九，关键是产生烦恼、痛苦等不良情绪后我们该如何消除它们。在这个时候，和一群志同道合的人一块儿做最喜欢的事情肯定是最佳的选择了。为孩子的幸福人生奠基的理念是否落到实处了？基于这样的思考，经过一段时间的摸索，学校研究出了一套校本课程并命名为"多彩幸福课程"。下面是学校在开设"多彩幸福课程"中的一些做法。

一、"多彩幸福课程"形成的过程

（一）前期调查、准备

教师是开发校本课程过程中最主要的资源，教师的特长、爱好是做好校本课程的前提。首先，让教师明白开发校本课程的意义，改变已有的课程观念，不以课本为世界，要把世界当教材。其次，社团活动课的课程设置应多样化，要满足不同学生的需要和学生的不同需要。为了做好课程开设的准备工作，学校立足教师的实际情况和特长，通过发放教师社团课程申请表，统计、了解教师计划开设的课程，审核课程开设的项目是否能体现学生的年龄特点、是否能满足学生个人特长需要等方面，并计算课程开设的数量能否满足每名学生参与一项活动的需求。

（二）学生问卷，自由选择

在前期教师调查和申报、学校审核的基础上，学校筛选出一批课程进行公布，并给每名学生发放一张"多彩幸福课程"选课表。选课表上每个年级的课程各不相同，每名学生可以在选课表上选择三个志愿，按照"先报优先、报满为止、合理选拔"的原则录取，每名学生最终都能选到自己的课程。

（三）实施方法

1. 统一时间

为保证时间的统一性，学校经过商定，将每周五下午定为"多彩幸福课程"教学时间，学生不用带书包，只需带活动工具，以保证活动真正有效地开展。

2. 按需上课

为保证每名学生都能发展个性特长，能参与自己感兴趣的社团课程，学生上课全部打乱班级，按照"走班上课"的方式进行。

3. 统一要求

一是要求各班级教师不得挤占活动时间进行语文、数学、英语等学科课外辅导或作业批改，必须按学校要求和活动计划开展活动。二是要求各"多彩幸福课程"负责人严格按照幸福课程活动要求，拟定好课程课时计划，认真实施，确保教学的实效性。

二、"多彩幸福课程"开设的种类

经过近一年的探索与准备，学校如今已形成了四大门类47种校本课程。

（一）古韵飘香，走进人文殿堂——人文类

总目标：传承中华民族优良传统，让学生富有民族自信和爱国主义精神；提高学生的人文素养，形成高尚的思想品德、稳定的心理素质、良好的思维方式、和谐的人际关系、正确的人生观和价值观。

主要课程有"走进国学"系列。"走进国学"系列根据学生年龄特点，分年级开设不同内容。课程的具体设定如下：一年级为"三字经"，二年级为"弟子规"，三年级为"千字文"，四年级为"声律启蒙"。学生在愉快的学习中感受国学的魅力。

"雅正书社"主要以培养学生良好的书写习惯，端正书写态度为目标。

此外，人文类的课程还有"绘本之旅""故事欢乐谷""影视欣赏""趣味英语"等。

（二）奇思妙想，启发科学萌芽——科学类

总目标：拓展学生科学知识视野，培养科学素养，提高科学探究能力，了解科学研究方法，体验科学探究过程，引导学生热爱生活、热爱科学，养成求真、求实、尊重科学的态度。

福源小学"科学微电影社团"

"数趣园"课程是面向一至五年级学生开设的系列课程,依据数学学科的特点和小学生的年龄特征,以思维训练为主线,以趣味数学为支撑点,分为三大模块(思维训练、实践活动、开心数学),向学生渗透一些基本的数学思想方法。课程通过多种资源的挖掘,激发了学生对数学的热爱和兴趣,使学生在获得数学知识的同时,能够得到数学文化的熏陶,提高学生的数学素养。

"珠心算"是专门为一年级学生开设的课程,开设的目的是让学生学会双手拨珠,促进左右脑的均衡发展,通过开发右脑,全面提升学生的反应力、记忆力、思维力、感知力、判断力和空间想象力。

"科学微电影"是由香港青少年科学院专家在我校开设的一门课程,是指导青少年利用摄像机记录自己亲身经历的一个科学探究活动。

此外,科学类的课程还有"开心魔方""编程课程"等。

(三)精益求精,展露艺术锋芒——艺术类

总目标:丰富校园文化生活,活跃艺术气氛,陶冶情操,使校园各类艺术活动上层次、上水平,同时加强对外交流,提高师生的艺术鉴赏力和综合素质。

福源小学"福娃男童合唱团"

"福娃男童合唱团"成立于2012年3月,由60名男童组成,以一至五年级学生为主。通过几年有计划、有目的的训练,学生的演唱技巧、基本技能和艺术素养都有长足的进步,合唱队的整体素质得到巩固、充实,演唱水平不断提高,队员的综合素质以及艺术修养都得到了较大的提升。

"小脚丫艺术团"主要以舞蹈训练为主,培养学生的乐感和舞台感觉,塑造学生的优美体态,提高学生对艺术的鉴赏能力,让学生自身体现出一种对舞蹈的热爱,鼓励学生的表现欲望。

"创想社"以教授学生创作沥粉画为主。通过沥粉画的学习,学生尝试用这种独特的工艺表达自己内心的感受,在抒发对美好生活的向往、感受艺术视觉享受的同时,对探究更多艺术形式产生兴趣。

"小墨点"课程,通过简练的笔墨技法,由浅入深、分步练习,选择以蔬菜、水果、动物和植物的写意国画练习,使学生进一步了解国画的基本知识,培养学生的观察能力和创新思维能力,提高学生的审美观。

艺术类的课程还有"葫芦丝""艺术创想""彩泥DIY""巧手创意""话剧社""瑜珈""十字绣""创意DIY""纸生花"等。

(四)活力动感,塑造强健体魄——体育类

总目标:丰富校园体育文化活动,强健体魄,培养兴趣与特长,促进身心健康发展,提升生命发展的质量。

福源小学"篮球社"

"锐锋足球俱乐部"主要以培养学生足球兴趣、发展学生足球运动水平为目的。2015年,学校成为全国青少年校园足球特色学校。

"舞动绳韵"开展花样跳绳教学,以提升本校跳绳运动的水平、活跃和丰富校园文化为目的,逐步发展成为学校体育运动的特色项目。

"跑步吧"主要以提高学生身体素质、挖掘一批热爱田径运动的学生为目的,培养一批运动尖子生来调动全体学生积极参加体育锻炼的主动性和自觉性。

体育类的课程还有"活力无限俱乐部""篮球社""地掷球俱乐部""游泳""太极拳"等。

三、"多彩幸福课程"的评价办法

为了确保课程活动的实施效果,学校采取分数量化评价。一是评价课程活动的时间、次数,要求课程活动每周必须按时开展,每次活动不少于2个课时,每学期活动不少于15次。二是评价课程内容,鼓励教师进行课程研发,要求每次活动做到内容翔实、具体。三是评价课程开展的过程,学校课程领导小组会对每次活动进行巡查,了解学生的到课率、活动开展的内容、活动开展的过程性资料等。四是评价活动成效,每学期组织一次公开展示活动,检验活动成效,每学年统计一次评价结果,根据结果评选优秀社团课程。

在全体师生的共同努力下,"多彩幸福课程"日趋成熟,现共设44个社团,做到了学生人人有项目,人人都参与。孩子们畅游在五彩缤纷的课程中,兴趣得到了培养,体能得到了锻炼,思维得到了发展,动手操作能力得到了提高……

点 评

　　河南省鹤壁市福源小学的课程开发基于一个朴素的信念：幸福的人生一定离不开自己的爱好和兴趣。发现和培育学生的爱好和兴趣，为孩子们的幸福人生奠基，成为学校开发校本课程的初衷。学校开发的人文、科学、艺术、体育四大门类校本课程，的的确确为学生的综合发展和个性需求提供了选择。有两点经验值得借鉴：首先，教师是校本课程开发与实施的主体。学校把教师专业发展与课程开发结合起来，调动和激发了教师参与课程开发的积极性。这样做，避免了学校为追求所谓的课程的专业性，大量借助社会资源开设课程，而让本学校教师成了看客的现象。其次，关注课程的实施和落实。学校经过探索，逐步固化学生喜欢、效果突出的精品课程。学校不追求课程的数量。校本课程进入了课程表，统一时间，保证了课程实施。同时，学校注意课程实施过程以及结果的评价，真正发挥了课程的功能。

让课程改变学校

湖北省宜昌市葛洲坝实验小学

课程体系的现代化是学校现代化最核心、最艰难的问题所在，是打造现代化学校的有效突破口。其价值在于丰富国家和地方课程的涉猎范围，体现学校办学的价值追求，满足师生发展的需要，让学生在精心设计的课程滋养下快乐成长。几年来，宜昌市葛洲坝实验小学通过对国家课程、地方课程的校本化，构建了一套分层、分类、综合、自主的课程体系。在校本课程的推动下，师生的共性与个性得到了发展，学校的一切也悄然发生着变化。

一、构建体系，让课程内容变得丰富起来

在校本课程的探索过程中，学校经历了从一个个活动到一个个"科目"，再到一组组"科目群"，最终走向了"课程体系"的过程，逐步形成了符合学校"汇集点滴水，释放光和热"的办学价值追求，能够满足学生个性需求和发展的、丰富而又可供选择的多样化课程体系。围绕构建体系，学校重点加强了以下两方面建设。

（一）体现学校水电文化的校本必修课——"我爱水电城"

孩子的喜欢与课程的需要是我们构建课程体系的原则，葛洲坝的孩子爱水电，与电结缘。学校通过在不同年级开展"四童""五小""六探"系列活动，组织教师全员参与制定编写"我爱水电城"课程纲要，然后在实验的基础上不断完善，

最后整理出一套适合学生的校本教材《我爱水电城》，并由中国文联出版社正式出版。这套教材为学校校本课程全面展开提供了指导，为我校水电文化特色教育引领了航向。几年来，学校校本必修课在实施过程中不断完善，增加了"节约用电伴我行""节约水资源""三峡孩子感恩教育""我爱葛洲坝实小""我是小小水电人"等课程内容。

（二）大力开发能够展现师生个性的校本选修课程

学校根据学生的兴趣爱好及教师的专业特长，开设了才艺、技能、科技、手工和学科拓展五大类的校本选修课，包括舞蹈、合唱、绘画、手工、体操、跳绳、羽毛球、篮球、足球、排球、信息、科技探索与创新等22门具体课程。学生根据自己的个性需求，自主选择课程，跨班选修，形成了54个校本课程。每周五下午，孩子们或徜徉在艺术天地里，或驰骋在运动场上，或研究探索创新科技，或阅读经典润泽心田，或巧算二十四其乐无穷……我的课程我做主，每周五下午是孩子们最快乐的时光！丰富多彩而又极具特色的特色课程，满足了学生的个性需求，促进了学生全面发展。

二、创新评价，让课程管理变得严谨起来

课程是一个有序的学习过程，有序就需要管理。学校通过合理规范、有效管理，来推动灵动的教与学的过程。管理的重点是通过创新评价，形成"创造适合学生的课程，而不是适合课程的学生"的目标价值导向，注重学生个性发展需求，给教师广阔的发展空间，使有效的管理成为校本课程健康发展的重要保障。

教师是校本课程设计的主体，更是校本课程实施的桥梁，教师的兴趣、爱好、专业知识的拓展是开发校本课程的前提。我们最大限度地发挥每位教师的潜能，给每位教师自由的空间，激发他们的主动性、积极性和创造性，为校本课程的实施提供保障。每位任课教师自由申报，经学校审核后开设一门校本课程。这种方式不但增加了教师对校本课程的兴趣，也让许多有专长的教师的才能得以施展，

自信心大大增强。在这种情况下，学校从"成就事"转向"成就人"，实现课程管理的严谨和规范。正因为如此，我们看到语文教师魏秀江、曾朝平承担起了校级排球与篮球社团，周燕、华银舫老师成立了"可塑的橡皮泥"手工社团，数学老师廖朝晖组建了魔方社团……

学生是校本课程实施的主体，一门课程实施效果好坏的关键在于学生的兴趣是否得到激发。因此，学校在校本课程实施过程中立足多元性、层次性、抓关键的原则，对学生实施积极评价。一是以人为本，关注对学生主体性的评价，引导学生关注自己的学习过程，学会对自己的行为负责；二是对学生能力培养方面的评价，让学生学会合作学习，引导学生自主探究，放大学生的闪光点，让学生在校本课程中充分展示自己的才能，提高学习效率，增强学习能力。我们看到了一些学困生在自己感兴趣的社团里绽放异彩。602班的颜同学在绘画社团展示了自己独特的才能，她的画家梦正慢慢起航；502班的吴同学在DIY社团拼装四驱车，让老师看到了他的动手才能……

三、和谐共进，让课程成果变得丰硕起来

在校本课程实施的过程中，我们深切地感受到，课程不仅是孕育学生发展的载体，也是提升教师专业的舞台，更是推动学校发展的关键。近几年，学校充分利用校内资源，通过水电文化节、科技节、学科节、运动会等平台，展现学生校本课程学习的成果。通过开展"筑梦葛小扬风帆，七彩社团展风采"等系列展示活动，改变了教师，改变了家长，也改变了学生。

学校体操"梦之队"作为宜昌市唯一的省级体操队员选材基地，10多年来为国家队、省队、省体操学校输送了60多名"新苗"，从这里已经走出了多名全国冠军、世界冠军，目前我们正在向奥运冠军发起冲刺；学校"追风田径""星月排球""绿茵足球"课的孩子们不断创造佳绩，在西陵区首届中小学生田径运动会上，取得了小学组总分第一的好成绩；"神奇探秘"综合实践课的成员多次参加市科技节，成绩均名列前茅；"百灵鸟合唱队""动感舞蹈"课的孩子们多次参

加大型文艺演出，并在宜昌市"大家唱，大家跳"的比赛中荣获一等奖……

丰富多彩的校本课程还在继续，我们仍在不断探索、总结、提高。课程改变学校，校本课程现代化推动学校现代化的进程。扬帆起航，让我们共同努力，实现学校新的飞跃！

点评

新课程改革的价值之一，就是改变了以往国家统一课程设置、千校一面的局面。校本课程建设与管理的权限下放给学校之后，大大激发了学校的办学活力，助推学校办学特色的形成，也极大地促进了教师的专业发展。宜昌市葛洲坝实验小学的校本课程建设取得了良好的效果，首先在于学校对办学特色和区域办学资源的准确定位。学校依托闻名国内外的葛洲坝水利工程，挖掘其间的教育价值，确定以"水电文化"教育为核心，将环保教育、感恩教育、爱国教育等诸多内容纳入其中，逐步形成了学校的特色和精品校本课程。其次，大力开发学校教师资源，发挥教师的专业和兴趣特长，全面满足学生个性发展需求。最后，注重校本课程实施的效果评价。学校善于引导教师关注课程实施的过程评价，善于运用个案评价，善于将课程实施与学校发展、学生特色发展与培养结合起来，让教师、学生和家长都清晰地感受课程的实际价值，从而激发教师更大的课程开发热情，真正让校本课程发挥其独有的育人功能。

实验电视台的同学"人小本领大"

新疆维吾尔自治区乌鲁木齐市新疆教育学院实验小学

"各位电视机前的老师和同学们，大家中午好！我现在所在的位置是学校的操场，今天要向大家播出的是《庆六一绿色大巴扎》节目，接下来让我们一起来欣赏吧！"

老师、同学、播出、节目，听到这几个词，不禁让人疑惑，这到底是哪家电视台，是专门报道校园新闻的电视台吗？不，这是新疆教育学院实验小学的校园电视台正在直播节目呢，而那位拿着话筒的女同学则是校园电视台的小主持人。她站在摄像机前，正在面带笑容地播报校园内发生的事情，那模样看着好专业呀！她的前方，则另有一位扛着摄像机的男同学，他正紧盯摄像机十分认真地"录制"着。

一、学校里有了自己的电视台

新疆教育学院实验小学校园电视台成立于2002年，2006年更名为实验电视台。它拥有属于自己的实验电视台台标（见右图）。

2006年3月，实验小学少先队总队部成立，由少先队总队辅导员负责。总队由十个大队组成，分别是实验电视台、实验广播站、实验网络部、实验红十字

会、实验书画社、实验文体部、实验少科院、实验经贸部、实验监察部、实验文学社。每个大队有一位辅导员负责指导工作。

二、健全的组织机构

实验电视台的成员在工作

实验电视台受少先队总队部领导，由大队辅导员李艳春老师具体负责。组织机构由台长、副台长、节目总监、主持人、编辑、摄像、调音、灯光、光碟监播、后期制作、宣传、值日长组成。

工作人员主要由四、五、六年级的学生组成。六年级学生是骨干，五年级的是核心，四年级的就是接班人。学生以师傅带徒弟的方式，经个人培训、集体培训、业务能力考核后，竞聘上岗。学生要经历观摩、培训、选拔、实习、正式五个阶段。

三、丰富的栏目设置

实验电视台通过各种节目直播，广泛调动起学生的积极性和主动性，培养了学生的创造性和自主发展意识，锻炼了学生的综合能力。学生参与节目制作的整个过程，从栏目策划、采访到摄像、主持、后期制作，再到节目直播，处处都活跃着他们的身影。实验电视台不仅是学生了解学校动态的窗口，更是学生展现自我的快乐天地。

来学校交流的新疆医科大学附属小学的潘婷老师说："实验电视台直播一幕，让我很惊讶，同学们的工作井然有序、配合默契，他们来自不同班级，如此的默契是如何培养的？电视台工作制度完善，有工作安排表、值日表、节目外拍表、节目流程表、考勤表、会议记录本。制度分工明确，记录清晰，奖罚分明，注重细节。"潘老师参加过我们的一次电视台例会，她说："学生们评出工作之星，总结上周的不足，找出改进的办法。我感受到实验小学的学生具有无限的潜力！"

四、多样的活动形式

（一）日常培训，练技能

学校利用特长兴趣班形成电视节目小主持人培训平台，学生们分为A、B、C三个外拍兴趣小组参加培训，每组由组长负责，还有摄像、主持、后期制作、节目策划。细心的李老师会给每位新成员安排师傅，根据学生年龄特点让其分别接受集中培训。教学重点从易到难，从简单到复杂，充分调动学生积极参与的热情，大家都迫不及待地想体验一下导播、调音工作。经一个月培训后，学生们就可以亲自操作主控室的设备啦！

多年来，学生们从"准备设备—调试设备—录制—后期制作剪辑—节目审核—视频合成—节目播放"全程经历、参与、收获、成长。

（二）制作节目，展才能

学校十个少先队大队部的活动丰富多彩，哪里有活动，哪里就有电视台工作人员的身影，大家敏锐地追现场做节目，用小主播的语言、用小记者的眼光、用摄像师的视角、用剪辑师的技艺，出品了如《阳光大课间》《快闪爸爸去哪儿》

《教师节活动》《入队仪式》《我穿校服最好看》等系列校园生活节目，很多优秀的节目得到师生的一致好评。

（三）分享交流

2015年3月25日，乌鲁木齐市第六十四小学的马校长带领其学校师生一起来到新疆教育学院实验小学，观摩了六年级学生才艺展示的录制过程及英语电视节目直播。实验电视台的三名同学向乌鲁木齐市第六十四小学的老师和同学们介绍了实验电视台节目播出的时间、内容、新闻外拍的流程、后期制作、工作分工以及管理制度等情况。此次活动架起了两校学生友谊的桥梁。

教育部影子校长班多次观摩学校的电视台。电视台阳光、自信、能干的小工作人员赢得了校长们的高度评价和肯定。

（四）微电影展播促发展

2013年9月至今，学校成功举办了七届微电影大赛。实验电视台每学期组织一次活动。活动分为宣传、制作、收集、展播、评比、总结六个阶段。三年多来，电视台总计收到微电影五百多部，微电影的内容有小实验、小制作、快乐的假期生活、英语小短剧、乐器演奏、炒菜、游记、运动等。微电影评比活动激发了学生学习后期制作的热情，丰富了假期体验性作业的呈现方式，发展了学生的综合能力。

五、信息技术在实验电视台的应用

微机课打字速度基础练习，为校园电视台的字幕工作做好了铺垫。

校园电视台在节目直播前制作幻灯片。学生根据所播主题，查找素材，收集符合内容的背景图片，制作出的幻灯片充分体现出了技术、审美等综合能力。

五年级开设"flash"课程，在课堂上征集学生作品，如公益广告比赛、节目片头比赛等。同学们运用所学的知识，发挥创意制作flash，激发起学习的热情。

六年级开设"视频的简单编辑"课程，同学们通过学习会声会影软件，编辑视频、音频以及手机里的生活素材。实验电视台举办的微电影大赛与之遥相呼应。信息技术渗透于校园电视台的常规工作。

主持人不仅会主持，还要会使用"提词器"。

摄像师要学习摄像机的使用，还要掌握基本构图：全景、中景、中近景、近景、特写并根据实际拍摄情况灵活运用推、拉、摇、移、跟等拍摄技巧。

每一期节目的制作，都体现了信息技术的高含量。

六、媒体报道

为庆祝新疆维吾尔自治区成立六十周年，2015年9月30日，中央电视台《新闻联播》报道了实验小学电视台学生采访的画面。实验小学副校长陈坚说："实验电视台在大家的努力下不断成长进步，取得的点滴成绩是对同学们最好的鼓舞，更是对实验电视台工作的肯定。"

2015年10月10日，新疆电视台《新疆新闻联播》报道了实验小学电视台学生的采访。实验电视台将继续努力，做好日常工作，在前进中不断学习、思考、探索、创新。

点评

学校无处不教育。乌鲁木齐市新疆教育学院实验小学借助创办学校电视台这一手段，实现了培养学生综合能力的育人目标。学校将校园电视台的建立、管理和运行纳入少先队工作，丰富了团队工作的内容。学校电视台模仿真实电视台的管理运行模式，这对学生的综合能力培养价值极大。从观摩、培训、选拔、实习，到正式上岗，学生经历了一个社会职业人的工作过程，这对学生来说是非常重要的一段体验。尤其是学习如何在团队中进行合作的能力，对于学生今后的成长非常重要。学校电视台是信息技术学科知识运用的重要场所，对于知识的迁移和技能的实际应用产生了良好作用。学校电视台是学生积极主动参与学校管理的重要途径，学生在采访、拍摄和报道学校新闻与重大事件的过程中，潜移默化地养成了关注学校发展的意识。可以说，学校电视台是培养学生公民意识的有效载体。

作者：黄钰婷（四年级一班）　　指导教师：曲桂萍　　学校：黑龙江省大兴安岭林业育才小学

立足学生本位　整合实施德育课程
——"1+X"德育课程建构与实施

浙江省丽水市囿山小学

在深化义务教育课程改革中，丽水市囿山小学积极探索"1+X"德育课程整合实施的有效途径，努力寻求学校德育工作新的生长点和突破口，努力培育"健康身心、优秀学业、良好品行、国际视野"的囿山学子。

一、德育课程整合实施再思考

学校把学生从单一的书本世界和封闭的品德知识体系中解放出来，以生为本，建构综合德育课程体系，集品德知识、活动体验、实践探究为一体，把学生对道德知识的习得与处理日常社会生活中的各种复杂关系结合起来，使其在获得道德知识的过程中，学会如何面对人与自然、人与社会、人与文化、人与自我，以及人与他人之间的复杂关系，为未来成为合格的公民做好充分的准备。

二、顶层规划学生本位的"1+X"德育课程

（一）"1+X"德育课程指导思想

学校坚持以促进学生全面而个性化的发展为宗旨，以核心素养培育为引领，立足"健康身心、良好品行、优秀学业、国际视野"的育人目标，以实践体验为

特色，以整合实施为基础，以过程性评价为保障，坚持"重参与、重实践、重体验"的德育方法，在已经形成的德育经验和优势项目的基础上，找准起点、突破难点、凸显亮点、瞄准终点，积极探索德育课程整合实施的有效途径，寻求学校德育工作新的生长点和突破口。

（二）"1+X"德育课程界定

"1"指国家课程"品德与生活""品德与社会"。学校确保每周开设2课时品德课程，以达成品德学科课程标准，基本实现学校"健康身心、良好品行、国际视野"的育人目标。

"X"指品德课程之外的德育课程和德育专题活动。课程或专题活动包括：每周1课时的"少先队活动"（专题教育）；每周20分钟"好习惯　大未来"微课；三至六年级学生每周1课时的综合实践课；每学年学校组织三、四年级学生进行5天社会实践体验活动；每学年学校组织五、六年级学生进行10天社会实践体验活动。

"+"不是简单的加法，而是促进"1"与"X"相辅相成。它一方面强调了国家基础性课程的严肃性、规范性。整合后的品德与生活、品德与社会课程占到德育总课程的三分之二。另一方面，它强调整合实施，破解内容重复、课时不足、体验不充分、实效低下等问题。

（三）"1+X"德育课程目标

学校通过"1+X"德育课程建设，对德育课程进行整合研究与实践，努力构建以课堂教学、主题教育、少先队活动、实践体验等为一体的德育体系；构建全科、全程、全员、全方位的育人体系；建立多元化的德育评价体系；健全学校、家庭、社会三位一体的德育网络。

学校通过"1+X"德育课程整合与实施，培养学生的"健康身心、优秀学业、良好品行、国际视野"，培养学生求真知、做实事的态度与精神，促进学生个性化发展、可持续发展，促进学生德育素养的提升，为未来社会培养全面发展、积极面对人生的合格公民。

三、多维整合实施"1+X"德育课程

（一）单元统整，内容整合

学校以"品德与生活""品德与社会"学科单元目标为核心点，对德育相关性课程内容进行合、移、删、减，保持"品德与生活""品德与社会"学科自身较为稳定的固有逻辑。教学活动以"品德与生活""品德与社会"单元主题学习为起点，兼容或借助其他相关德育学科内容，以解读和运用"品德与生活""品德与社会"单元主题学习内容为终点。学科间的相关性是"1+X"德育课程不可或缺的有机组成部分。相关课程单元统整，可以弥补分科课程彼此分立而且封闭的状态，通过寻求各学科间的内在联系使学生的学习更有意义。品德学科的课程标准和学科的教育功能能够得到更好的体现，也有助于优化学生的认知结构，解决德育内容交叉重复的问题。

（二）模块组合，实践探究

要圆满达成德育目标，教师需要以德育课程学科间的"交集"和"盲点"内容为核心，打破德育学科界限，将相关主题和模块组合，设计专题实践探究活动。主题模块式实践探究活动，是德育课程分科教学的必要补充，是德育课程不分学科界限的相互融合。实践探究活动需要学校组织骨干教师，围绕学校育人目标，以学生的有意义学习为原则，进行充分的前期准备和教学过程的序列化、螺旋式设计。主题模块的"质"重于"量"。

学校组织了"地球家园"主题模块实践探究活动，根据不同年级学生的年龄特点，分层、分类、序列化、螺旋式架构"地球家园"主题实践探究活动。各项实践活动既各有侧重，又有内在联系与提升，各项体验、实践探究更加有序，更加科学，更加有效。

（三）微型叠加，家校联通

学校整合网络、社区、家长、教师、学生多方位的资源，开辟更多的社会实

践基地，通过品德课、少先队活动（专题教育）课、综合实践课、大课间等课程的联动，联通学校、家庭、社会，组织鲜活、丰富的崇实成长营体验项目，培养学生探究自然、体验生活、了解社会的兴趣与能力；锻炼学生动手实践、科学探究、团结协作、服务社会的能力；培养学生真善美等良好品行习惯；培育学生笃实、创新、探究的科学态度与精神。

通过实践，学校将崇实成长营体验项目划分为三个类别。第一，1.0版基于直观感受的经历式体验项目：让学生亲身参与、经历、感知，以达成课程目标。第二，2.0版基于情境创设的感悟式体验项目：创设一定的情境、氛围，引导学生在实践体验中学习，在潜移默化中达成课程目标。第三，3.0版基于问题调研的探究式体验项目：通过小组合作，在探究式体验中，教师发现问题、研究问题、解决问题，形成纲要式观点报告。

1.3.0版五水共治社会实践成长营

2014年3月与2015年3月，在校科技节活动中，学校组织学生连续两年开展五水共治社会实践调查活动：发布"五水共治人人参与，和谐环境家家受益"倡议书，发起签名参与活动；实地考察自来水厂、黄村水库，检测样本水质情况；制作五水共治宣传书签。2014年4月，梁同学和其他三位同学沿着丽阳坑水系进行实地考察，了解丽阳坑水系的现状并取回样本。2015年4月19日，梁同学和其他小组成员再次在白云山脚、山水嘉苑、白云小区、灯塔小区、市中心医院、溪口共六个点采集了水样，他们对比调查水样，并制作PPT向大家报告他们对丽阳坑水系开展调查的结果。通过两年水样的比对，梁同学欣喜地说："丽阳坑干净了，水变清了，不臭了，鱼多了，更美丽了！"

2.2.0版膳食营养健康成长营

学生的健康成长是学校一切教育的出发点。自学校实施半封闭式管理以来，膳食营养与健康教育就成为学校德育工作的重点内容之一。学校将膳食营养、健康教育与科学学科教学有效整合，建立健康生活意识；利用少先队活动（专题教育）课，邀请专家到校开展"健康饮食行为""多彩的食物""神奇的能量和营养素"等专题讲座，普及膳食营养知识；组织营养与健康知识家庭问卷调查；组织

"我是小小营养师"主题手抄报比赛；组织有氧运动比赛；开设水果拼盘等拓展性课程。学生健康知识知晓率、行为效率逐步提高，2016年5月，学校被评为全国"学生营养与健康"示范学校。

四、崇实少年激励性评价

评价内容多维：在品德知识、技能、情感、态度、价值观的某些方面获得进一步拓展或提高。

评价主体多元：自我评价、教师评价、学生互评、家长评价、社会实践基地人员评价相结合。

评价方式分层：绿星卡→金星卡→墨宝奖→崇实少年奖。

第一层面绿星卡：结合小学生守则、少先队章程细则、好习惯伴成长要求，各班级（学科）依据学生具体情况制定班级（学科）好习惯养成细则，学生达到要求，课任教师奖励学生好习惯卡；获得七色花的班级中的每个学生获得1张绿星卡；视学生在道德文化节、体育节、艺术节、科技节、读书节的具体表现，教师奖励学生特长卡；制订好习惯月养成计划，视学生习惯养成情况，教师奖励学生成长卡。每月德育处发给每班班主任50张绿星卡，发给语数老师80张，发给其他学科老师30张。

第二层面金星卡：学生集满20张绿星卡就可获得金星卡，获得金星卡的学生才有期末各类先进的参评资格。

第三层面墨宝奖：学生集满5张金星卡，可以换一个墨宝挂饰，由副校长颁奖。

第四层面崇实少年奖：集满5个墨宝挂饰的学生，被评为围山小学"崇实少年"。每学期开学典礼上，获奖学生由校长颁奖，与校长合影，并在校园之星橱窗上张榜表彰。

五、"1+X"德育课程实施阶段性成效分析

(一) 基本解决德育内容重复交叉问题

整合后的"1+X"德育课程,"品德与社会"22课时,"人·自然·社会"6课时,"浙江绿谷"5课时,"安全与健康"2课时,"小公民"4课时,"少先队活动"(专题教育)4课时,"囿山岁月"2课时,其他主题活动11课时,合计56课时(其中好习惯伴成长微课2课时)。春季社会实践考察1天,六一爱心义卖0.5天,峰源校区手拉手爱心互动1天。德育课程学期课时数统筹使用,基本解决德育内容重复交叉的问题,基本保障整合后的德育课程课时需求,德育教师备课节次减少。

(二) 课堂教学结构重建

"1+X"德育课程把品德教学从教的外在重心转移到学的内在重心上来,坚持"重参与、重实践、重体验"的德育方法,以活动为中心组织课堂教学,在活动中进行教学和教育,强调课程对学生学习经验的提升作用,尤其是学习方法与学习思维的优化。儿童通过活动学习,解决问题、获得经验、培养兴趣、发现奥秘、锻炼能力。主题模块式体验探究、崇实成长营体验项目,架起了品德教育与日常生活的桥梁,架起了校园学习与社会生活的桥梁,让学生在活动中动口、动眼、动手、动耳又动脑,多种感官得到协调活动,领略到不同领域知识之间的联系,身心得到主动和谐的发展。

(三) 学科联动,师生互动,教学相长

在世界之窗小导游主题活动中,品德教师从国家选择、人员组合、分工协同、资料筛选等方面给予建议与指导,提升学生梳理汇总资料、分析解决问题的能力。外教老师、英语老师与学生的面对面交流、采访,既锻炼了学生搜集信息的能力,又提高了英语口语对话水平,帮助学生突破不敢开口说英语的心理障碍。在信息技术课中,教师着重指导学生从网络中搜索、下载、分类保存、梳理编辑

的方法，让学生充分利用信息科技方面的功能。美术老师在小报制作、版图设计上进行指导。音乐老师引导学生欣赏世界音乐。语文老师则为学生把关主题的关联性、文字表达的通顺流畅性。少先队活动设法解决课时不足问题，确保每一组学生都有充分的交流展示机会。优秀小报在校内公共区域展示、推广，为学生提供更多更大的展示、交流平台。在整个主题活动中，多个学科教师联动参与、合力推进，在完成体验任务、开阔学生国际视野的同时，也强化了教师课程整合实施的意识与能力，真正实现师生互动、教学相长。

"1+X"德育课程的建构与实施，让学科本位转化为学生本位，使学生成长更加丰富。

点评

品德教育遵循"知、情、意、行"的基本规律，在德育内容与手段上，学校均需要注意整合与融合。学校把学生对道德知识的习得与处理日常社会生活中的各种复杂关系结合起来，避免了德育说教的通病。"1+X"的德育课程体系建构，避免了德育工作的零散、琐碎和随意等问题。学校以国家课程为核心，解决学生在理解和掌握德育知识过程中的难题，保证德育的正确方向；借助丰富多样的德育校本课程和德育专项活动，将纯知识转化为实践和体验，同时内化于心、外化于行。学校根据学生心理发展的特点，采取激励性德育评价，帮助学生形成和固化良好行为习惯。新时期的德育工作，一定要遵循心理学规律，将德育入心。

基于学科整合背景下的活动育人的探索与实践

北京师范大学实验小学

以往育人，往往以学科为呈现单位，具有很强的针对性、系统性。但是，与此同时，也不可避免地出现了知识分化与碎化、学科与学科之间相分离、学科与学生的兴趣和需求相脱节的现象。北京师范大学实验小学本着"乐学会学，健康发展"的教育宗旨，努力尝试构建"创新性主题活动育人"，即以主题活动为中心进行跨学科的整合，让学生在主题活动中综合语文、数学、英语、美术、音乐等学科知识不断学习、成长，从而激发学生的学习兴趣，满足学生的学习需求，加强学科与学科之间的优势互补，进一步优化已有的课程体系。

一、创新性主题活动育人的含义

舒梅克（Shoemaker）将跨学科课程定义为：打破学科界限，在所有学科的各个方面之间建立有意义的联系，并关注广泛的学习领域的课程，同时它促使教与学成为一个有机的不可分割的整体。

翟赛尔（Dressel）从跨学科课程的功用角度提出：跨学科课程应不仅能为学生提供关于跨学科知识（如模式、系统、文化结构）的统一观点，还应能够培养学生洞察并创建新联系、新结构、新系统、新模式的能力。

综合两位学者的意见，我们所说的创新性主题活动育人是指以一个学科为中心，在这个学科中选择一个中心主题，围绕这个中心主题，运用不同学科的知识，展开对所指向的共同题目进行加工和设计的育人。它是将两门或两门以上学科的学习方法以及内容融合在一起，通过探究性学习、体验性学习、交往性学习和综合活动性学习，以完成关于某个主题、难题、议题或话题等的任务。下面以"认识自我"主题活动为例做详细介绍（见下图）。

"认识自我"活动图示

围绕"认识自我"这一主题，学校根据一年级学生的年龄特征及研究能力，结合英语、美术、数学、语文、班会、综合几个学科，让学生运用学科知识和自己的亲身实践去解决这一问题。这种打破相近学科间的界限，把具有联系的内容结合在一起的主题活动，就是创新性主题活动育人。

二、创新性主题活动育人的背景

学科课程整合的理念首先由赫尔巴特提出。针对19世纪中后期分科课程的弊端，依据统觉心理学原理，赫尔巴特提出"科目中心整合课程"。后来学科整合的理论研究越来越多，学科整合的改革举措逐渐完善。

（一）课程改革的需要

长期以来，我国基础教育课程门类过多，过于分化、独立，各门课程的实施固守本领域完整的知识体系。学生所学的知识与生活脱轨，课业负担过重，学科与学科之间也缺乏联结，教师过分强调记忆、背诵，并以考试内容主导教育，课程不能适应社会的变迁。针对这一系列问题，我国也尝试大力推进基础教育课程改革，调整和改革基础教育的课程体系、结构、内容，构建符合素质教育要求的新的基础教育课程体系。其中一条就是：改变课程结构过于强调学科本位、科目过多和缺乏整合的现状，整体设置九年一贯制的课程门类和课时比例，并设置综合课程，以适应不同地区和学生发展的需求，体现课程结构的均衡性、综合性和选择性。

显然，跨学科整合是基础教育体系改革的一个不可逆转的趋势，旨在协助学校发展一套加强课程综合化的方法，消除科目之间的硬性界限和割裂，增加学习的趣味性，使学生能从不同的科目获取知识、实现全面成长。

（二）学生成长与社会整体性的需要

传统的分科育人将学科的界限划分得泾渭分明，从而造成了学科育人的"巴尔干化"。当支离破碎的学科知识灌输进人脑，人对世界的认知就是零碎散乱的，不利于形成完整的世界观。

进行跨学科整合的原因之一就是学生生活世界的整体性。学生生活世界的整体性，客观地要求育人活动的设计和实施要把学生从单一的书本世界和封闭的知识体系中解放出来，把他们对知识的习得过程与处理世界的各种关系的过程结合起来，引导他们通过知识的习得，从容地面对生活世界中的人与自然、人与社会、人与人、人与自我等各种复杂的关系。

北京师范大学实验小学跨学科活动育人调查问卷显示，在"我喜欢跨学科主题活动"这一项中，非常符合占 34.48%，符合占 41.38%，比较符合占 22.41%，比较不符合占 1.73%，不符合则为 0。这组数据表明学生是非常喜欢跨学科主题活动的。

（三）学生终身发展的需要

教育旨在教会孩子如何不断完善自己以便更好地适应、服务社会。创新性主题活动育人即从学生终身发展的角度出发，精选学生终身发展必备的基础知识和基本技能，为他们的人生发展奠定坚实的基础。

在实施层面上，创新性主题活动育人要求学生在获得终身发展必备的基础知识和基本技能的基础上，具备知识经济时代所要求的基本素养：收集和处理信息的能力、自主获取新知识的能力、分析和解决问题的能力、交流与合作的能力，以及关爱自然与社会、尊重人格、承担责任等基本的情感、态度、价值观。

北京师范大学实验小学跨学科活动育人调查问卷显示，在"跨学科主题活动对我有帮助"这一项中，有96.99%的学生表示赞同，这组数据充分表明跨学科主题活动在学生全方面发展中有巨大的作用。

三、创新性主题活动育人的实施

创新性主题活动育人倡导在活动的实施中转变学生的学习方式，使学生主动、多元地学习。学生应乐于探究、主动参与、动手实践。可是，现在有的人错误地认为语文与信息技术的整合就是通过动画视频来展示一个富有童趣的情境，通过激发学生的兴趣引入教学正题，事实上，这不是真正意义上的跨学科整合，它只是借用信息技术的工具为改善其他学科的育人而服务，是学科之间的一种相互借鉴。那么，如何实施真正的创新性主题活动育人呢？

（一）夯实学科的基础知识

基础知识是最基本的知识技能，包含运算、法则等各种基本规则。基础理论知识是源泉所在，是构建知识体系的基础。只有掌握了牢固的基础理论知识，学生才能发展、探索出解决问题的新方法、新思路。

在小学最基础的学习阶段，小学教师最重要的任务就是帮助学生构筑一个牢固的知识地基。教师要在掌握每一阶段的必学内容的基础上，实施跨学科主题育人活动。

（二）设定合适的主题中心

主题设定是创新性主题活动育人的核心概念，也是跨学科主题活动设计的枢纽。主题的设定是在同一年级教师团队共同研究教材的基础上，重组、重构部分育人内容，它并不脱离学生的学期课程。

主题中心设定的依据主要有两个。第一，社会发展的趋势和要求，如环保、健康、传统文化、人文关怀、公民道德等，这就要求确立的主题要有时代性、实效性和针对性。第二，适合小学生的生活经验和知识学习的规律。因此，选择的主题要让孩子利用已有的学科知识，通过探究性学习、体验性学习、交往性学习和活动性学习，开展探究、调查、访问、资料收集、操作、演示、实验、表演、交流与讨论、反思、创作、体会等学习活动，通过多样的学习活动方式，发展学生各种基本能力。

在倾听国光老师美术课"山水画"时，我们就联想到语文中的山水诗、音乐中的高山流水之音、书法中的题款、数学中的高度与长度等，由此，我们以"我国的山山水水"为主题，综合各个学科，让学生在探究过程中感受、了解我国的传统文化与地理情况。还有一些主题，如"我的午餐我做主""小鬼当家，体验当家的辛苦"等，能够激发学生参与的热情与动力。

另外，中山大学附属外国语小学以小学一至五年级课程作为研究对象，依照国家课程标准重新梳理、整合小学阶段课程，通过删减、融合、增补、重组，形成以自主性、体验性、生成性为主要特征的"主题模块"实施育人。学校拟定30个跨学科育人主题（见下表），设置跨学科主题育人目标，设计跨学科主题育人内容，打造跨学科主题育人的模式。

30个跨学科主题

一年级	二年级	三年级	四年级	五年级
我是谁	你好吗	让我们庆祝一下	重要的人	表达自己
节日	职业	食谱	声音和光	感受力量
我们的世界	度假	你住在附近吗	通往世界的道路	奥林匹克
园艺	种植	世代游戏	水	社区
食物塑造了我们	服饰	时尚	不同的时空，相似的生活	材料
生物	电	改变世界的发明	年轻企业家	历史的足迹

（三）制定完整的实施方案

主题设定之后，围绕这一主题，学校制定了完整的实施方案，确定创新性主题活动育人的研习内容、方法、过程以及评价和反馈。方案的制定，需要同一年级教师团队的研究与合作。整体而言，先要设定活动目标与活动大致过程，据此，同一年级的每一学科老师依据本学年的学科基础知识，设定相关的活动内容。

实施方案应包括总体设计思路、活动目的、活动形式与方法、活动内容、活动评价与反馈。依据此实施方案，教师可让学生在主题目标的引领下，以观察、实验、访问、体验等活动形式完成主题下的任务，完成探究的学习过程，并且以报告或档案袋等形式来进行评价与反馈。

四、创新性主题活动育人实施过程中应注意的问题

创新性主题活动育人是让学生在课程中体验学习，以各种活动获取整体的生活经验，是学习与生活建立起联系的有益尝试。可是在实施过程中应注意几个问题。

考虑目前的教育情况，创新性主题活动育人次数不宜过多，一学期两次即可。在小学教育阶段，基础知识的学习是最重要的，也是无可替代的。如果这一阶段的基础知识没有打牢，那么进一步的创新与发展将无从谈起。

活动的设计应尽可能避免浮躁，可多设计一些让学生静下心的内容。目前整个社会的浮躁之气已经泛滥，这不可避免地影响到学生。但是，一个活动的设计，如果教师的引导没有将孩子的心灵与活动真正地结合起来，浮躁、流于表面的东西就会自然而生。比如，观察一块石头，刚开始孩子肯定会认为一块石头有什么可观察的，但是如果教师引导恰当，观察角度、颜色、花纹等就会产生不一样的教学效果。

创新性主题活动育人是顺应社会、学生发展的必然趋势，在活动的具体实施中，如何充分发挥教师合作和学生自主学习作用，如何在活动中运用已有的知识与掌握更多的学习技能，值得我们进一步研究与实践。

点评

在课程改革走向深水区的今天，学科综合、跨学科学习等成为学校育人的热点。世界一些发达国家也纷纷在探索如何减少传统分科教学带来的不良影响。正如文中所说，跨学科整合是基础教育体系改革的一个不可逆转的趋势，旨在协助学校发展一套加强课程综合化的方法，消除科目之间的硬性界限和割裂，增加学习的契合性和趣味性，以便学生能从不同的科目中取得知识，全面成长。应该说，本案例提出的"创新性主题活动育人"方案，是学科德育基础上的发展和创新，是对当下强调学科综合课程思想的一种回应。案例从理论和实践层面深刻地揭示了为什么要做主题活动育人，什么是主题活动育人，怎么进行主题活动育人，尤其是在操作层面上，提供了详细的策略性的方案，并根据实践经验，总结了开展主题活动育人需要注意的问题。这些对于广大学校有较强的借鉴价值。

> 段老师常常告诉我们做人的道理，啰嗦却让我们仿佛看到了妈妈温暖的身影。

作者：王艺璇（三年级六班）　　指导教师：段　薇　　学校：云南省昆明市金康园小学

课程建设助力学生成长和学校发展

北京市清河中学

一、案例背景

北京市清河中学占地面积 17333 平方米，目前有学生 1000 名、教职工 126 人，属于北京市城乡交界处校园空间和办学规模均比较小的初中学校。

之前，学生全部来自电脑派位。随着学校办学质量的不断提升和北京市小升初招生制度的改革，近两年，起始年级有约 40% 的学生通过登记入学来校学习。学生家长以工人为主，主要是学校周边的老居民。近几年随着周边高档社区的新建与投入使用，逐渐有高学历家庭的子女来到学校就读。这样，家长对学生成长的期望与需求的差异性日益显著，越来越多的家长希望学生通过学校教育，除了能获得初中阶段必备品格外，还能得到潜力的发展和个性的张扬，并在全面合格的基础上发挥特长。

二、案例描述

学校在全面了解家长需求及学生发展状况的基础上，认真分析了学校教师的基本情况：年轻教师占专任教师的 60%，而且以硕士为主，区级及以上学科带头人与骨干教师超过专任教师的 25%，他们具备一定的跨学科意识和综合设计课程的能力。同时，学校重新设计空间布局，划分教学、活动、艺术体验、科技实验、阅览及拓展等功能区，更科学合理地划分校园空间，为学校选修课程的全面开设提供了人员、空间两个方面的保障。在此基础上，学校着手开展了以下几个方面的工作。

（一）成立学校课程组织机构

学校专门设立课程中心，由副校长牵头，统筹教学处、德育处、体育与艺术中心、信息中心、后勤服务中心等相关人员，吸纳骨干教师代表，共同组成学校课程研发与实施组织机构，具体包括四个课程工作小组，即学校课程指导组、学校课程研发组、学校课程咨询与审议组和课程保障组。课程工作小组需要完成学校课程发展规划，并在规划指导下做出具体计划和部署，建立学校课程研发、实施与评价等系列相关制度，建立既符合国家要求又有学校特色的课程体系，研究现有学科课程结构，拟定具体课程实施方案，定期对具体课程的实施过程进行评估等。

（二）分析课程需求

学校通过研读相关文件，如教育部颁布的《国家中长期教育改革和发展规划纲要（2010—2020年）》《关于全面深化课程改革 落实立德树人根本任务的意见》以及北京市教育委员会颁发的《北京市实施教育部〈义务教育课程设置实验方案〉的课程计划（修订）》和《关于本市中考中招与初中教学改进工作的通知》等文件，更新人才培养观念，了解国家对人才培养方式提出的要求；同时通过问卷、访谈、观察、检测等多种途径，了解学生发展现状，分析家长和学生对学校课程的需求与期待。

（三）建立学校课程结构体系

在了解学生及家长的需求后，学校梳理已有的课程门类，按照不同层次、不同类型、不同领域等构建学校课程体系。从管理权限体系上看，课程可以分为国家课程、地方课程和校本课程三类。从课程性质来看，课程可以分为认知性课程（学科课程）和实践性课程（活动课程）两类。依据教育部及市区课程改革精神，结合学校具体实际，围绕学校育人目标，以学生"自主发展、自主参与、文化基础"为核心，学校构建起了"三大类别、四个维度"的课程体系，即基础类课程、拓展类课程和实践类课程三大类别，人文与社会、科学与技术、体育与健康、艺术与审美四个维度，引领学校整体课程的建构与实施（见下图）。

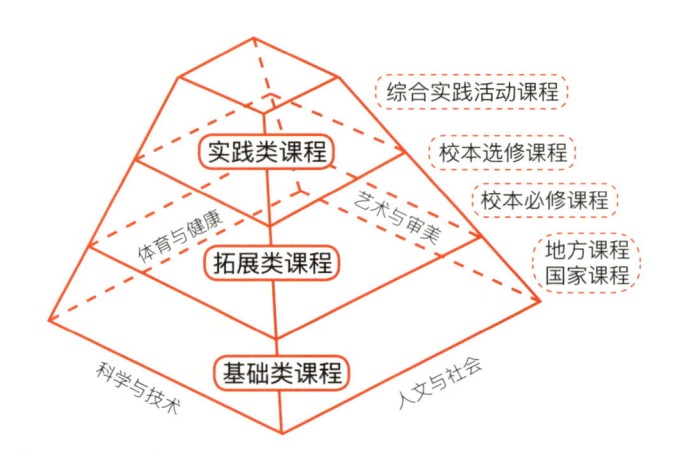

"三大类别、四个维度"课程结构图

1. 基础类课程

从课程开发主体来看，基础类课程属于国家课程和地方课程范畴，是为满足学生共性发展需求而设立的课程。基础类课程具体包括语文、数学、英语、物理、化学、生物、历史、地理、思想品德、音乐、美术、体育、劳动技术、信息技术等国家课程以及市、区级地方课程，还包括常规德育中的班会课程。基础类课程在整个课程结构中处于基础地位，起着指导作用。

基础类课程回归课程标准的本质要求，在实施过程中依据学科课程标准和《北京市基础教育部分学科教学改进意见》进行教学方式的变革，增加自主学习、体验式学习、探究式学习与合作学习的比重。在教材内容安排上侧重整合，语文、数学、英语学科形成大单元教学，理化学科重心下移。在具体实施过程中，基础类课程的重点在于夯实基础。

2. 拓展类课程

从课程开发主体来看，拓展类课程属于校本课程范畴，是为满足学生个性发展需求而设立的课程。从学生参与选择角度来看，拓展类课程又分为校本必修课程和校本选修课程。

《北京市实施教育部〈义务教育课程设置实验方案〉的课程计划（修订）》要求各学科应有平均不低于10%的学时用于开展校内外结合的学科实践活动，鼓励运用多样化教学方式、构建开放性的教与学模式。校本必修课程就是据此开设的。学校结合学生具体实际而开设的校本必修课程有有趣的物理实验、语文阅读、英语悦读、数学思维训练、科学等，同时还包括学校整合市、区级地方课程而形成的生命与健康课程。

校本选修课程在学校课程设置类别里属于拓展类课程，是学科课程的延伸，主要是依据《北京市基础教育部分学科教学改进意见》精神以及教育部关于落实立德树人根本意见实施策略要求而开设的。学生与家长在对学校的课程反馈评价中，对学校提供多样化、可选择的课程提出了迫切要求。基于此，学校在人文与社会、科学与技术、体育与健康、艺术与审美四个领域开设了丰富的选修课程，以满足学生全面发展的需求。这类课程为学生提供多样化的选择，学生自主选课，相同课程可以自行选择任课教师。校本选修课程在设计与实施过程中，注重激发学生学习兴趣、开发学生潜能、发展学生特长。

3. 实践类课程

从课程开发主体来看，实践类课程属于校本课程范畴，是基础类课程和拓展类课程的延伸，由学校自行开发。实践类课程在设计时更加注重跨学科综合或多学科融合；注重强化学科内容与社会、自然的联系，让学生习得鲜活的知识和技能；强调学生综合实践能力的培养，所以我们又称之为综合实践活动课程（见下页表），具体包括初中开放性科学实践活动课程和初中综合社会实践活动课程两部分。

初中开放性科学实践活动课程包括仿生机器人、漫游星空、无人机航拍、记忆特训营、火箭模型制作等。这些课程是学校按照上级部署要求，组织学生在指定平台选课，通过资源单位送课到校和学生选择到资源单位上课两种途径实施的，学生现场学习并完成任务单，教师评价后学生获得相应学分等。

初中综合社会实践活动课程的开设，主要依据中国学生发展六大核心素养，遵循实践课程设置的原则。学校一方面落实国家社会实践课程和"四个一"的任务，另一方面开展校本实践课程。根据学生不同学段的特点，课程以培养某一个核心素养为主，兼顾其他核心素养的培养。学校与社会大课堂实践基地、博物馆、科技馆、纪念馆等社会资源单位联合设计实践性课程。学生主要通过参观、体验、动手实践等方式学习，以任务单或作品展示等形式报告学习效果，学生、家长与教师参与评价，力争通过三年的校本实践课程实现对学生核心素养的全方位培养。

综合实践活动课程表

核心素养侧重	主题	地点
人文底蕴	走进首博，感受艺术魅力	首都博物馆
	走进国博，感受时空穿越	中国国家博物馆
科学精神	走进科技馆，领略科技发展	中国科技馆
学会学习	快乐实践之旅	海淀青少年活动中心
健康生活	学农体验研学活动	房山农业实验基地
责任担当	缅怀先烈，铭记历史	中国人民抗日战争纪念馆
	登古长城，感受自然力量	古北水镇
	登观礼台看升旗	天安门
	登百山之巅，迎百日中考	百望山
创新精神	野外生存体验	大兴区农业基地

（四）分层推进各类课程实施

基础类课程、拓展类课程和实践类课程均由学校整体设计、统筹，不同层次和门类的课程在承担不同教学功能的基础上相互融合，以培养学生的综合素养。

学校所有课程的研发与实施，全是学科团队集体智慧的结晶。具体体现为以下三个层面。

第一层面，根据学生当前发展的实际状况，学科组团队完成学科课程规划，包括本学科初中学生应该达到的发展要求，怎样通过必修课程提供学生综合素质，怎样通过选修课程发展学生兴趣特长等。

第二层面，备课组团队完成具体课程的设计，包括该课程的课程目标、所需课程资源（人力、场地、教学材料等）、教材来源、教学组织形式、课程评价形式等。

第三层面，年级组团队的课程协同管理。以年级为单元，在各类课程的实施过程中，年级组集中调配本年级任课教师与所有学生。

学校每学期召开课程建设专题总结会和课程专题培训会，主要通过家长及学生问卷与访谈教师的方式，听取教师、学生及家长对课程开设与实施的满意程度。

三、课程实施效果

（一）学生学有所长全面发展

学校的活动课需要依据课程的思路来设计，按照课程开发的流程进行申报、方案评估、学生选课、上课、效果评估等环节。不仅如此，学生活动的课程化设计，还提高了学生活动团队的训练效率，增强了每堂课的目标意识和反馈评价意识，激发了学生的潜力，张扬了学生的个性，全面提高了学生的综合素质，学生更加自信阳光。

学生团队参加国家级、市级、区级比赛取得优异成绩。近三年来，学生健美操队参加各级比赛，获得国家级一等奖4次、二等奖3次，获得北京市一等奖2次、二等奖6次。学生无线电小组参加各级比赛，获得国家一等奖1次、二等奖4次、三等奖6次。新组建的学生机器人代表队获得2015年北京市组织的机器人智能大赛一等奖。2014—2015年在纸飞机、田径、鼓乐、合唱等方面，学生参加各级比赛或展演均取得优异成绩。三位同学获得第28届北京市中小学生银帆奖。

（二）教师专业发展成长迅速

第一，教师的教学能力得到发展。一批优秀的青年教师脱颖而出，只有几年教龄的三位教师迅速成长为区级骨干教师，并代表海淀区参加北京市中小学第一届"京教杯"青年教师教学基本功展示活动。

第二，教师的团队合作意识增强。在学校课程建设中，学校按照"全员参与、集体研究"的思路，积极推进课程建设。任何一门课程的研发都是集体研究行为，在这个过程中，集体研究氛围逐步形成，教师的研究意识，特别是团队合作意识得到极大的促进。

（三）学校均衡发展质量提升

学校课程建设促进教师业务能力的提升，主要体现在教师科学的课程观、教材观与学生观的形成上。它促进了教师对教学的重新思考，提高了教师整合资源及研究与解决问题的能力。多样化课程学习机会极大地提高了学生的学习兴趣与学习热情，也推进了各个学科教学质量的稳步提升。从中考考试来看，近几年来，学校已经跃进海淀区中上发展水平学校行列。

在问卷反馈中，家长对当前学校课程开设的数量与质量给出了很高的评价。近几年来，所有派位来的起始年级学生，没有流失转学的现象。

学校的课程建设经验先后在《北京教育》和《人民教育》杂志发表。2016年11月学校被评为北京市课程建设先进单位。学校办学社会声誉也得到提高。

四、案例分析

（一）学生需求始终是学校课程建设的原点和基础

无论是哪类课程的学习，学生始终是学习的主体，因此，学生的需求始终是学校课程建设的原点和出发点。

首先要考虑国家对人才的培养要求。基础课程更加关注国家对中学生的培养要求，而拓展课程和综合课程的设计与开发更加关注学生的精神生活。它们是一个涉及学生认知活动、情感体验、意志品质等方面内容的整体，能提高学生的人文修养和综合素质，让学生享有真实生活的愉悦体验，让学生在科学世界与生活世界、现实生活与传统文化相结合的时空里得到充分的自主发展，从而使学生成长为具备个人修养，具有国家情怀、社会责任，能自主发展、团结协作、创新实践、关爱社会的社会主义合格公民。

其次要考虑学校所处地区的需求与家长的期待。从家长问卷中可以看出，家长对学生学业知识、个人发展能力等综合素养的提高有较迫切的期待。

最后还得考虑学生的实际发展水平。

（二）科学的课程组织机构是课程建设顺利推进的重要保障

理想的状态，是能打破原有行政管理界限，根据课程建设的发展需要建立学校课程中心，从学术视角来建立学校课程委员会，包括学校课程委员会、学科课程委员会、课程咨询委员会三个分支。

学校课程委员会是学校课程组织的最高决策机构，负责研究和讨论学校课程总体规划方案，讨论和审议学科课程方案，决定学校课程改革发展方向。学科课程委员会负责制定学科课程方案，组织实施及评价等工作。课程咨询委员会以专家为主体，由大学教授、市级区级专职教研员和科研员、家长代表等组成，负责咨询和审议学校课程改革方案，参与地方及校本课程实施指导，负责课程相关理论培训，参与校本课程实施评价。

学校课程委员会对每门课程的课程纲要、课程实施计划及课程实施效果进行评估，同时还通过带领学生参加校外相关比赛、展演、论坛等形式的反馈来激励师生。

科学的课程组织机构能有效保障课程建设的全面推进。

（三）在课程建设实践中创生了扎实有效的课程实施策略

学校在整个课程实施过程中，采取了整体设计、协同研发、分层推进的课程实施策略。学校统筹各级各类资源、根据人才培养要求和课程建设的一般原理，进行学校课程的整体设计与统筹，然后根据各阶段的工作任务目标，协同学科之间、年级之间及已有行政部门之间进行课程研发与实施，再按照课程领域或学段分层推进。

学校根据课程不同阶段的建设发展和需要，建立与课程建设阶段性目标推进相匹配的课程组织机构。组织机构的成员有明确的分工，然后进行充分的调研分析，在此基础上形成学校课程方案，并反复论证，最终使之成为学校课程建设阶段性纲领性文件。

整体设计、协同研发、分层推进的实施策略，符合基础教育学校的发展实际，在确保学校课程建设服务于学校的育人目标及国家对初中学生的培养要求的基础上，在充分发挥教师课程开发主体地位的同时能充分而有效地利用校内外各种资源。学校采用的边学习、边实践、边整理提升的方式，属于行动研究的范式。这种整体设计、调研实施与总结反思修正的方法，有利于促进教师养成系统思考的良好习惯，符合一线教师的成长实际。

（四）在课程建设过程中找到了因校制宜的学校发展路径

2006年，学校加入北京市初中建设工程。在当时政策利好的情形下，学校在硬件设施、师资队伍、课堂教学等方面出现了新的变化，而这些变化的动力源于外部，并且只是零星的一些探索经验。近年来，学校致力于课程建设。在当前深化教育改革的背景下，学校围绕落实立德树人的根本任务，基于学校的学情、校情研究教育发展态势，以为学生的终身学习负责的态度，站在为学生的一生奠基的视角来建设学校课程。这样的课程体系化建设，不仅给学生提供多样化学习的机会，更将这种以学生需求为目标指向的思路迁移到学校教育工作的方方面面。学校干部和教师的教师观、学生观、课程观，甚至对教育的本真理解，发生了变化。关注学生成长变化的学校评价变得更加科学，使师生共同受益。

点评

　　课程是一所学校的核心竞争力之一。北京市十一学校的李希贵校长曾说，课程、教师和管理机制是学校发展的"新硬件"。如何构建适合学校实际情况的课程体系并有效地实施，是当前一批学校面临的重要课题。北京市清河中学的探索，极具借鉴和参考价值。首先，学校将学校课程建设工作放到学校发展的战略层面。从领导组织机构上，保证课程建设工作的质量。我们看到，学校在课程开发阶段和实施阶段，都非常重视组织机构的搭建，以保证学校各方之力能形成合力，又各负其责。尤其在课程实施层面，学科组、备课组和年级组在课程实施职能上的划分，保证了最合适的人干最合适的事。其次，学校将工作重心落到课程实施的策略与方式上。当学校的"三大类别、四大维度"课程体系建构完成之后，学校将教师教学的重点放在了对各类课程实施的教学策略与方法上，形成了各种有效的适合本校学生的教学方法，促进了学生的真正发展。最后，学校善于从科研的视角审视学校的课程建设工作，注重收集证据，反思和评估课程建设的实际效果，借助专家资源，设计和论证学校课程建构的合理性。

加强学校课程建设　落实全学科育人

北京市平谷区第七小学

　　北京市平谷区第七小学本着"全学科"育人的理念，强化课程育人的功能。所谓全学科，指的是学校教育内容的总和，既包括课表上列的、课堂上教的以及学校开展的各种形式的教育教学实践活动等显性课程，还包括学校的办学理念、文化环境、规章制度、三风一训以及学校的办学历史等隐性课程。学校将这些显性课程和隐性课程结合起来，把学科课程和活动课程结合起来，把共性课程和个性课程结合起来，把基础性课程和拓展性课程结合起来，形成学校育人课程网，最大限度地发挥各类课程的育人功能。

一、基础性课程塑造健全人格

　　基础性课程是实施素质教育的主渠道，也是健全人格培养的主要途径。

　　第一，全面倡导"和谐"的教学原则。和谐的师生关系是学校更美教育的基础，因此学校要求教师在平时的教学中做到"五个必须""六进课堂"。

　　"五个必须"即"备课时必须对学生的问题及对策进行充分的预设，上课时必须营造和谐的教学氛围，合作学习中必须让每个学生充分发言质疑，辅导点拨时必须解决学困生的困惑，设计作业时必须针对不同学生进行分层布置，让全体学生获得成功的体验"。"六进课堂"即"微笑进课堂、尊重进课堂、民主进课堂、文明进课堂、合作进课堂、创新进课堂"。

第二，挖掘学科育人因素适时教育。各学科教师，根据不同的教材内容和学生的认知能力、心理状态等，结合学生年龄、情感、态度、价值观等实际，广泛研讨，深入研究，精心设计，将育人融入课堂教学各个环节之中，让学科育人如"涓涓细流"浸润学生的心田。

例如，语文教材第五册的《新加坡街头见闻》，写的是在一个倾盆大雨的早上，一个小女孩在没有交警、没有任何行驶汽车的街头，任凭大雨把衣衫打湿，在路口的斑马线前等待绿灯亮起时，才穿过路口的故事。我们的老师在设计读写结合这个教学环节时，呈现给学生三幅具有教育意义的图画，分别是"学生在捡拾垃圾""走楼梯靠右行""给小树苗撑支杆"。学生们对人物的行为进行点评之后，再用本课学习的其中一种描写方法选择画图进行描写。正确的价值判断就在学生进行人物描写的字里行间悄然形成。

再如，在学生的现实生活中，不管教师如何三令五申，教室"长明灯"现象总是不能杜绝，学生缺乏节约意识。为此，数学课上，老师设计了"浪费知多少"的综合实践活动课，引导学生一起来计算全校每年浪费的电有多少。学生调查全校各个教室和办公室吊扇、灯管的功率和数量，分多个小组观察并记录不同教室和办公室一天中用电浪费的时间，向老师请教一度电的计算方法，并计算出一天浪费的电量，然后把收集的数据进行整理，计算出学校全年浪费的电量。当计算结果出来后，学生都惊诧不已。不需教师说什么，学生早已意识到人离灯熄（扇停）的重要性。

二、拓展性课程引领意志品质提升

学校的拓展性课程包括学科拓展类、体育健康类、科技实践类和艺术教育类等30余门课程。

（一）茶艺课程——培养儒雅之风

学校开设了茶艺课程，专门装修了茶艺室，购买了茶艺设备。孩子们坐在古色古香的茶桌旁边，安静地倾听老师讲解关于茶叶的知识，学习冲泡的方法及礼仪。他们细心而有序地操作，气定神闲地品尝着茶的幽香，富有传统文化气息的、含蓄的美正默默地浸染着他们。

（二）武术课程——张扬个性自我

北京市平谷区第七小学是一所与精华武校联合创办的综合学校。学校依托武校的资源，在"武"方面，有拳术、棍术、剑术、刀术等丰富多彩的课程。学校充分利用各班在武校习武学生的资源，采取兵教兵的方式，让全校每名学生都学到自己喜欢的武术。随着年级增长，学生学习武术的内容逐渐丰富，小学毕业时每人至少掌握一种全套武术技能。

不仅如此，我们还利用武校教师的特长，开发了集体育、武术、舞蹈、音乐于一体的舞龙、舞狮、舞旗等特色校本课程，以此展现学生的形体美、姿态美、动作美和精神美。

（三）艺术课程——培养审美情趣

学校组建了民乐团和电声乐团，聘请了高水平的乐团辅导教师。孩子们在学习中，既掌握了器乐演奏的知识和方法，又感受到了演奏艺术的音韵美与形式美。

京西太平鼓是民间流传的一种艺术形式，它的舞蹈动作朴实，乡土气息浓郁，属于国家级非物质文化遗产。学校邀请太平鼓传人为学生授课。学生们左手持鼓，右手持鼓槌，边打边舞，伴随着"咚咚"的鼓声和清脆悦耳的"哗哗"金属声，击鼓抖环，腾挪跳跃。每个跳起都舒展挺拔，每个舞动都柔韧轻巧，充分展现了学生们的形体美、动作美和精神美。

（四）全科主题学习课程——培养探究精神

全科主题学习课程主要依托学校的"绿谷读书节""体育文化节""科技文化节"和"武术文化节"四个传统节日开展全科主题学习，内容涵盖了语文、数学、科学、劳动、体育、美术等多个学科。例如，在武术文化节活动中，学校确定了"我是'小小武术家'"的实践活动主题，体育学科开展班级武术竞赛及展演活动；语文教师鼓励学生利用红领巾广播站撰写"健康向上美少年介绍"以及武术节观后感等活动；品德与社会学科进行"我喜爱的武术项目的调查与研究"；劳动技术学科组织学生进行武术节的服务工作；美术学科进行"最佳武术人物"绘画竞赛与展示；音乐学科开展以武术为主的歌曲演唱及会演活动。在这样的活动中，学生们或写，或画，或演，或唱，不仅锻炼了综合运用知识解决问题的能力，而且培养了主动探究的精神。

三、隐性课程陶冶审美情怀

隐性课程以潜移默化的方式影响着学生的德行、态度、价值观、个性、情趣等各个方面，是学校教育不可忽视的重要内容。

（一）环境育人，校园文化熏陶美

为了充分发挥环境育人作用，让"我更美"的教育理念深入每一名师生心中，中楼主门厅的左侧墙壁以传统画轴的形式展示"我更美"的校园文化解读和办学理念，右侧墙壁展示三风一训，门厅左右两侧地面分别摆放以"诚信、友善、睿智"等为主题词和"美"字的立体雕塑，这既突出"我更美"教育特色，又强调了培养"我更美"学生的标准。

东西两座楼的门厅所展示的"文"和"武"两个主题，体现了我校文武兼修的办学特点。东楼门厅左侧以"德"为主题，表明我们对内在品德之美的追求；右侧以"书"为主题，表明我们对知识之美的崇尚。西楼门厅左侧以"武"为主题，表明我们希望学生通过练习传统武术拥有体魄健康之美；右侧以"舞"为主题，表明我们希望通过传承舞龙、舞狮、舞旗项目让学生舞出精气神，追求昂扬向上之美。

各楼层的主题分别为：传统文化浸润美、文武兼修展现美、科技艺术绽放美。

班级教室外悬挂班级合影及班风、班训，教室内安装展示板，用来展示学生"三美十好"形成性评价的过程和终结性评价的结果。

这样的设计，其目的就是让我们的师生随时随地都能受到"美"的熏陶，随时随地都能感受到"爱国""敬业""诚信""和谐"等基本价值导向。

（二）评价育人，养成习惯塑造美

学校将学生良好习惯培养与少先队雏鹰争章活动相结合，围绕社会主义核心价值观基本内容和要求，在全体少先队员中开展"三美十好少年"评比活动。引导少先队员"上好课、读好书、写好字"，争当"学习优秀美少年"；"说好话、走好路、敬好礼"，争当"举止文明美少年"；"做好操、穿好衣、练好武、净好身"，争当"健康向上美少年"。

"三美十好少年"评比活动采用学校、家庭、班组相结合的家校一体全方位评价方式。每学年，学校召开一次展示表彰大会，授予学生校级"美少年"学生的称号，邀请其父母来校进行表彰，并颁发"美少年"荣誉奖章和"优秀好家长"证书，引导学生逐步养成良好的行为习惯，注重自我内在与外在美的塑造。

（三）实践育人，动手动脑体验美

学校拥有花卉园、种植园和科技园三个实践活动基地。科学课程根据教材内容和学生的年龄特点，开展了有关植物生长和花的构造等主题研究，让学生直接感受大自然的神奇和价值，感受生命的意义；语文教师带领学生来到基地，通过亲身观察和实践体验，进行"寻美日记"写作训练；数学学科教师根据教材中的实践活动内容，在基地中开展实际测量、植树问题、面积计算等各类实践活动，既加深了学生对数学知识的理解，也使学生体会到数学带来的乐趣……

风雨多经志弥坚，关山初度路犹长。我们会举学校全体干部、教师之力，把全体学生培养成为崇尚美好、德才兼备的一代新人。

点 评

在基础教育阶段,学生健康成长,尤其是心理、性格和品质的健康发展更为重要。从某种意义上讲,小学最大的教育功能就是为孩子的幸福人生奠基。因此,在小学,德育从来不是一项单列出来的学校的某一个部门的工作,而是全校的工作。从学生一踏入校门开始,德育就发生了。对于初步探索这个世界的孩子而言,他接触到的一切,均有心智发展和品德形成的教育意义。北京市平谷区第七小学提出的全学科育人理念非常具有前瞻性。基础性课程的育人,回应了"学科育人"的教育方针,运用和谐教育引导教师们在学科课堂上切实关注孩子的品德形成,具有可操作性和借鉴性。实践类课程和隐性课程的提出,关注到了作为育人场所的学校应该发挥的育人功能。将德育工作视为学校教育功能最为重要的部分而渗透于学校工作的方方面面,是本案例带给我们的最重要启示。

作者:段楚涵(一年级二班)　指导教师:王　新　学校:黑龙江省鸡西市南山小学

开发综合实践校本课程，推进学校文化建设
——桂花岗小学"大自然教室"系列综合实践活动

广东省广州市越秀区桂花岗小学

一、明确"大自然教室"综合实践活动的基点和意义

一所学校，要想形成自己的特色，关键是找准点、定好位、选好路。桂花岗小学在成长中反复酝酿，最后确定以"立、真、和、雅"四字作为校训，以"任务驱动、导师引领、沟通合作、参与体验"为综合实践活动课程开发的结合点，利用学校周边的雕塑公园这个良好的大自然场所作为教室，根据学校的实际情况设计了适合小学生的"大自然教室"综合实践活动目标、活动内容、方案及反思总结等，体现了以下三个方面的价值：其一是关注学生的发展，满足学生成长的需要；其二是转变学生的学习方式，发展综合实践能力；其三是把综合实践与校本课程有机结合，构建学校的特色品牌。

学校通过在这个大自然教室中开展系列综合实践体验活动，运用团体心理辅导的理念，培养学生观察分析、团结合作、沟通交流、统筹规划等综合实践能力，让学生感受与大自然和谐相处、与同学和谐相处、与社会和谐相处的快乐。同时学校逐步形成一支具有现代教育理念、高综合素质能力、善于研究的综合实践活动教师队伍，进一步落实了素质教育，推进了学校的文化和品牌建设。

二、探索"大自然教室"综合实践活动的目标与内容

"大自然教室"系列综合实践活动是学校根据独特的优质资源——雕塑公园而研发的。学校以每两个年级为一个阶段制定课程活动目标，围绕目标设计相关的实践活动内容。学生经过这6年的12次综合实践活动，提高了综合实践能力，提升了综合素质。

（一）"大自然教室"综合实践活动的目标

桂花岗小学坐落在越秀区雕塑公园旁边，充分利用学校的后花园——雕塑公园这个优良的大自然资源，全校一至六年级每个学期都开展"大自然教室"综合实践活动。学校以"注重过程、热情参与"为活动宗旨，由每个年级的负责人和下级行政教师负责组织活动，每逢周四下午各年级轮流开展主题性综合实践体验活动。各负责部门通过体验学习方式，运用团体心理辅导理念，把书本的知识运用到实践中，加深了学生对书本知识的理解，培养了学生观察分析、团结合作、沟通交流、统筹规划等综合实践能力和解决问题的能力，提高了学生的综合素质，促进了学生全面发展。

我们都清楚学生的自主能力需要一个培养的过程，学生只有"能做""会做"才谈得上自主。所以我们根据学生的年龄特点、学科知识、综合能力等，制订了不同年段学生的目标。

低年段学生通过家长导师的带领，参观和认识公园内的道路、雕塑和植物等，培养他们的观察能力、聆听能力和记忆能力。目标是激发兴趣为主，在玩中学习。

中年段学生通过与家长导师共同参与，在熟悉公园的道路和环境后，进行寻找景点、定向运动、规划路线等有一定运动量的任务，在安全的前提下奔跑锻炼，培养时间观念和团体互助、沟通协调能力。目标是激发学生观察生活、发现与探究问题的兴趣，使学生学会交往与合作，关心他人与社会。

高年段学生对雕塑公园比较熟悉，主要通过自己分组，完成老师布置的有一定思考难度的实践任务，如测量雕塑的方位、距离，突破难关的挑战，寻宝等。目标是培养善于思考、敢于质疑、勇于表达、不畏挫折、挑战自我等综合实践能力。

(二)"大自然教室"综合实践活动的内容

学校坚持以"任务驱动、导师引领、沟通合作、参与体验"为实施综合实践活动课程校本化的基本原则,积极探索综合实践活动校本化的实施方式与路径。围绕学生"与自然的关系、与他人(同学、家长)的关系、与社会的关系、与自我的关系",将综合实践与语文、数学、英语及美术、科技、德育、传统文化等相结合,由校长亲自负责,学校的行政人员和各年级负责人落实每个年级的实践活动。活动运用体验学习的团体辅导形式,每个学期安排一次不同主题的"大自然教室"综合实践活动,12次的综合实践活动构成了学校综合实践活动与课程开发校本化的基本内容和形式。

(三)"大自然教室"综合实践活动的实施

在活动前班主任先把全班按6~8人进行分组,小组自主命名,推选组长,以小组为单位开展活动,班主任一般不事先向学生透露活动的内容和任务。每个年级的负责人和下级行政教师组织活动,每次活动前学校都会邀请家长导师带领小组活动。每逢周四下午各年级轮流开展主题性综合实践体验活动。

一年级的"认识雕塑"主要是通过家长导师对公园雕塑背景、故事等的介绍,培养学生的观察能力和聆听能力,同时也加强学生和家长之间的沟通,拓宽学生们的知识面。

二年级的"走进春天"主要是学生在公园踏青,观察植物的生长,用望远镜观鸟,听虫鸣鸟叫声,感受大自然的魅力,目的是增强学生热爱大自然、与大自然和谐相处的意识。

三年级的"演绎广府"主要是家长导师带领学生参观有岭南特色风情的雕塑群,学生在现场模仿雕塑的情景、神态、动作等,并充分发挥创造性和想象力,演绎一个具有广府文化味道的片段。

四年级的"寻找景点"是一项体力的挑战,每个小组根据没有明确标示景点名称的地图,寻找相应的景点,了解其名称并拍照,根据学生在规定时间内寻找数量的多少进行评奖。活动不单单需要体力,还需要学生统筹安排路线,合理安排时间，团结合作，互相帮助，必要时学会放弃某些景点来顾全大局。

五年级的"测量方位"是把刚学过的数学方位知识进行实际运用。教师选取部分雕塑让学生用指南针测量其正面朝向的方位，奖励测量准确率高、数量多的小组。"测量方位"活动在调动孩子的积极性的同时也增强了他们学习数学的兴趣和应用意识。

六年级的"突破难关"则是一个综合性比较强的活动，是用闯关的形式接受脑力和体力的考验。这些闯关任务包括趣味数学、小组造型、成语接龙、黄豆摆字等。这样的闯关挑战不但培养了学生善于思考、不畏挫折、挑战自我等综合实践能力，也培养了学生的团队合作意识、互助精神以及沟通交流能力。

三、课程校本实施，培养师生的综合实践能力，推进学校特色品牌建设

12次的"大自然教室"综合实践活动让学生走出课堂感受到成功的喜悦，成为孩子难忘的回忆。通过实践活动，学生在大自然中丰富了知识经验，锻炼了自身的综合能力，增进了人际交往关系。他们更加关注环境、关注社会，树立了环保意识，增强了社会责任感。

学校"大自然教室"综合实践活动宣传简介和照片已经刊登在2014年第3期的《教育导刊》上，并得到了同行的关注和赞同。通过两年反复的实践，学校把成功的综合实践活动案例汇编成综合实践校本教材，学校的"大自然教室"综合实践活动已成为学校教育的一大特色，使学校的素质教育更上一层楼，同时也推进了学校的特色品牌建设。

点 评

在小学阶段，学生处于智力发展的"浪漫阶段"。让学生充分地接触这个世界，是这个阶段的核心教育任务。校本课程是学校将其独特资源与学生发展结合的重要载体。而综合实践类的课程，是学生整体感知世界的必要途径。学校通过综合类校本课程的开发与实施，极大地促进了学生在智力发展"浪漫阶段"的"深度学习"。本案例中校本课程的目标，定位于学生全面发展需要，重点突出学生的实践能力与学习方式变革；根植于学校文化与地理环境资源，突出学校的办学特色。这样的目标定位，使得课程的开发建设得到了师生认同，具备了可行性。课程内容的选择与实施，面对的是全校学生，根据学生认识世界的不同维度，系统设计了分阶段的课程内容。在实施方式上，学校采取体验式、探究式、参与式为主的课程学习方式，突出实践活动课程的功能定位。本案例中校本课程的建设，值得我们学习和借鉴。

汲取儿童漫画营养　拓宽美育教学蹊径

黑龙江省齐齐哈尔市富裕县实验小学

美育作为教育教学的主要内容，对学生世界观、人生观、价值观的形成有重要的影响，可以促进学生自觉追求真善美，形成高尚的审美趣味。美育的发展水平决定了学校的办学水平和发展方向。十八届三中全会通过的《中共中央关于全面深化改革若干重大问题的决定》指出："改进美育教学，提高学生审美和人文素养。"2015年9月，国务院办公厅颁布了《关于全面加强和改进学校美育工作的意见》，明确了义务教育阶段学校美育课程要注重激发学生艺术兴趣，传授必备的基础知识与技能，发展艺术想象力和创新意识，帮助学生形成一两项艺术特长和爱好，培养学生健康向上的审美趣味、审美格调、审美理想。

基于以上认识，富裕县实验小学在教学工作中进一步更新观念，秉承"快乐学习，快乐成长"的办学理念，强化美育的重要地位，发挥校园主阵地和课堂主渠道的作用，以开发儿童漫画品牌校本课程为龙头，完善美育课程体系，实现课程设置的多样化和特色化，重新构建课程改革蓝图。以美育人，以情育人，使学生在审美体验的乐趣中培养高尚的道德情操，有力促进了学生的全面发展和健康成长。

一、开设儿童漫画课程的背景

（一）良好的社区环境

在美丽的嫩江左岸、九曲神奇的乌裕尔河畔，有一座被国家文化部（现为国家文化和旅游部）誉为"全国漫画艺术之乡"的小城，那就是我们的家乡富裕县。早在 1986 年，家乡漫画组就诞生了。之后，漫画组做出了轰轰烈烈的成绩，创作漫画作品三万多件，在各级各类报刊发表 5000 多件，参加国外展出 1000 多件，获国内外奖项 500 多件（次）；家乡漫画曾三次进省、两次进京办专展，一次进沪展出；县级的漫画作品出版漫画作品集；在县城召开全国基层漫画群体艺术交流会……这在中国和世界上都绝无仅有！如今，讽刺与幽默的漫画已深深地扎根在家乡这片沃土。

（二）扎实的师生基础

伴随着家乡漫画成长的足迹，学校的儿童漫画已走过了 27 年的风雨历程。先后有七位教师被聘为省美术家协会漫画专业委员会会员；其中一位教师还被聘为省美术家协会漫画专业委员会理事、省美术家协会会员。在他们的全力组织下，学校于 1988 年成立了儿童漫画创作小组。儿童漫画富有童真童趣，符合学生的年龄特点，深受学生的喜爱。很快学生们就在县里比赛中崭露头角，在全国各级各类比赛中获奖。2004 年，借助全国第八次基础教育课程改革的强劲东风，为进一步突出儿童漫画教育品牌，满足所有家长和学生的愿望，学校在以"快乐教育"为主旨的学校特色建设中，将儿童漫画开发为每名学生必修的校本课程，使儿童漫画真正走进课堂，真正成为学生成长的良师益友，为学生插上了想象的翅膀，让学生跳起了"思维的舞蹈"。学生们喜欢的就是最好的！对学生成长有益的就是最有意义的！儿童漫画给学生们带来了欢乐，学生们创作热情高涨，把进行儿童漫画创作当作一种快乐，一种享受。

（三）独特的育人功能

儿童漫画是小学美术教学中极富吸引力的课程资源，它有助于学生形成正确的世界观，能够加强学科联系及促进兴趣迁移。它是提高学生审美情趣和整体素质的宝贵资源，能有效地填补国家课程和地方课程的空白。学校看中的正是儿童漫画校本课程广泛的育人功能。

二、开设儿童漫画课程的实施策略

学生的世界很纯洁、很简单,喜欢就是喜欢,不喜欢就会表现出来,他们的天真率直令人向往。让学生们自己创作漫画,尽情地展示内心的爱,展现生活的美,是促进学生接受美德教育与熏陶,积累和升华对美的体验的有效方式。

(一) 准确定位儿童漫画,积极挖掘课程资源

漫画是介于文学与绘画之间的一种艺术,是幽默的艺术,是画思想、画智慧的艺术。漫画一定要合乎情理、出乎意料;漫画一定要含蓄,不能一览无余。儿童漫画则是以儿童为读者(受众)的漫画。儿童漫画的作者可以是成人,也可以是儿童自己。儿童漫画以儿童熟悉的生活为基础,以漫画的形式表现儿童对世界的认识和理解,表现他们对真善美的追求与向往,并可以通过漫画对儿童进行正能量的思想教育和审美教育,使儿童在享受快乐的同时受到启迪。好的儿童漫画既能让学生们在阅读的过程中体验快乐,激发他们的想象力;又能让学生们通过看漫画、写漫画、画漫画,进行一种有效、丰富的学习实践;还能让学生们在轻松愉快之中自然体会到"爱、关怀与责任"。

为了规范儿童漫画校本课程的管理,不断充实和积累课程资源,学校采取了卓有成效的做法:一是陆续编写了儿童漫画课程标准和儿童漫画系列校本教材;二是由美术教师编辑整理了《师生漫画作品》和《师生书画摄影作品集》两本集子,其中收录了师生摄影、绘画作品300件,漫画作品240幅;三是正式出版了《儿童漫画》一书(本书的第一部分是近十万字的文字介绍,全面科学地阐述了儿童漫画作为校本课程的开发历程,为校本课程的开发提供范例;第二部分是师生漫画作品500余幅,全面真实地精选了27年来学校师生发表和获奖的优秀漫画作品,向国内外漫画爱好者献礼);四是在学校环境文化建设中以儿童漫画为主题,营造向真、向善、向美、向上的艺术氛围。

(二) 合理确定教学内容,科学安排课程设置

为了保证儿童漫画教学的整体性、科学性及有序性,学校分年级确定教学内

容。漫画欣赏和漫画创作是儿童漫画校本课程的核心内容，需要随着年级的升高来增加漫画作品的难度。漫画的具体表现形式有单格漫画、多格漫画和系列漫画，涉及了人物漫画、卡通漫画、主题漫画、自由漫画等丰富的种类。分年级选择的特色内容是：幼儿园与一、二年级漫画基本技法，三、四年级成语漫画和漫画日记，五、六年级古诗词漫画和漫画作文。学校安排每班每周一节漫画校本课程，由美术教师承担教学任务，至此形成了学校独具特色的校本课程。

（三）专业研讨练就技艺，名家引领开阔视野

学校儿童漫画发展至今，离不开师德高尚、业务过硬的漫画教师队伍。他们在经常性的网络研讨和同伴互助中，练就了基本的漫画教学技艺；他们在外出参观学习、参加高水平大赛的洗礼中，开阔了视野；他们在多位名家大师会集学校考察指导中，更新了教学理念。专家的引领和关注，提高了漫画教师的整体素质。

（四）教学方法灵活，评价形式多样

在儿童漫画教学中，教师们遵循因人而异、因材施教、循序渐进的教学原则，借助"看、说、画、评、演"等多种形式，采用启发诱导、合作交流、构思指导、自由创作等教学方法，将学生短暂的兴趣转化成持久而稳定的情感态度。

该课程对学生的评价采用过程性评价与期末终结性评价相结合的方式，评价的形式根据教学内容的不同，尽量体现实践性和多样性。教师还积极鼓励学生参加各级各类漫画大赛，使其得到历练和展示。

三、开设儿童漫画课程的效果

漫画是智慧的艺术，漫画作者也比别人的脑子要灵一些，思路要宽一些。我们可以自豪地说：儿童漫画从最初的第二课堂活动发展至今，已由单纯的培养特长发展为普及教学，并陪伴着许多小朋友在学校乐园中度过了美好的童年时光！

学生中知名的小漫画家层出不穷，在国际、国内各级各类漫画比赛中获大奖的共计 800 多人次，有 1500 多幅作品在《儿童漫画》等国家级刊物上发表。获金奖的同学就有很多：一名 9 岁的学生获纪念"安徒生"诞辰 200 周年国际漫画大赛金奖；一名 10 岁的学生获 2013 年"新东方杯"全国漫画大赛金奖；有两位学生囊括了 2014 年《讽刺与幽默》杂志社举办的全国漫画大赛小学组的金奖。中央电视台、黑龙江省电视台等多家媒体慕名走进校园，对儿童漫画教学做了专题采访和报道。此方面的教学经验在省、市、县级教育教学工作会议上广泛交流，吸引了全国各地的教育同人来我校参观考察。（毕克官、缪印堂、黎青等漫画大师以及来自国家、省、市书法界和美术界的嘉宾曾齐聚我校，挥毫泼墨、题词作画，他们纷纷称赞道："学校的'小漫画'如今成了'大气候'！""学校的儿童漫画创作在全国独领风骚！"）2006 年 6 月，时任《儿童漫画》杂志主编的于大武专程为我校成为"全国儿童漫画教学创作基地"授牌，此基地当时是全国第 12 家，东北三省唯一的一家。

（一）儿童漫画增强了学生洞察生活的能力

漫画教学，让学生学会观察生活，学会留心身边的事物，学会动脑思考和用心思辨。学生们往往把现实生活幻化成小动物、卡通人物来表现生活、说明道理，意蕴深刻、童趣盎然。例如，在《顾头不顾尾》这幅漫画中，12 岁的小作者以一条戴着安全帽的蛇，尾巴被砖头砸伤为内容，将新奇的想象、奇妙的构思融入画中，引发人们思考，警示人们做事要周到细致，要全面考虑问题、解决问题。又如，在作品《无题》中，9 岁的小作者以一只飞出笼子的小鸟为主题，小鸟飞出笼子，看到严重的空气污染，又飞回笼中，无奈地说"还是这里安全"。这幅漫画中小鸟无奈的选择，折射了环境污染的严重。这种通过漫画艺术形式给人们的警示，引发的思考是无声的，但却深深地印烙在每一个欣赏者的心中，这是漫画所特有的育人功能。

（二）儿童漫画培养了学生的想象力和创造力

漫画不是写真，它更注重的是巧妙的构思、奇特的想象、辛辣的讽刺、悠长的回味、深远的教育……小学生是最富有想象力的，一幅幅生动的儿童漫画作品就是一个个真实的见证。

翻开学校的《儿童漫画》，你就会感受到一双双想象的翅膀正在摆动、飞翔。小作者们的想象大胆、天真、幼稚又不失情趣。例如，作品《我到月亮上去钓鱼》，让我们感受到学生对宇宙、太空的向往，新颖、大胆的想象超越了时空。小作者将自己的渴望和追求融于笔端，以漫画的形式展示给读者，他们的想象力真让成年人自叹不如。又如，漫画《如此飞翔》，小作者想象着自己被一条长长的绳子拴在飞机下面，由飞机带着飞翔。想象似乎并不合乎情理，但这正是学生内心世界的反映，学生想要看到外面更加精彩的世界，想要自由自在地完成各种飞翔的动作，坐在飞机里面会有局限，只有置身于飞机之外。静静地思考漫画的含义，我们会更加深刻地体会到学生们放飞心灵的那种畅快。还有很多作品让人看后感受颇深——一个个天真、稚气的小学生会有如此丰富而深刻的想象力、创造力，这都得益于儿童漫画！

（三）儿童漫画净化了学生的心灵，弘扬了正能量

在我们学校，漫画已经成为学生们表达心声、抒发情感的一种载体。学生们通过漫画颂扬生活中的真善美，揭露现实中的反面典型和丑陋现象，意义深远，耐人寻味，净化了自己的灵魂，潜移默化地提升了自身的道德品质，弘扬了社会主义核心价值观。

在纪念安徒生诞辰200周年，少年儿童"读童话、写童话、画漫画"主题大赛上，我校学生的漫画作品《不再没人买》获得了全国唯一的金奖。作品中充满了人间大爱，饱含对卖火柴的小女孩的同情。独特的构思，离奇的想象，特别是小作者善良的心灵跃然纸上，读后令人感动。童话与漫画的完美结合，故事与现实的浑然一体，真爱与童真的相得益彰，让人拍手叫绝。获得"天眼杯"全国儿童漫画大赛二等奖的作品《如此助人》，让人看后捧腹大笑。画面内容是一个小学生主动帮助一个拄着拐棍、背着米袋子的老人。小学生为了帮助老人扛起了拐棍儿，走在前面。虽然学生帮了倒忙，但是纯真、质朴、善良的本性得到了淋漓尽致的表现，捧腹笑过之后，一种人与人的关爱深深地刻在了我们的心中。

（四）儿童漫画提升了学生的表达能力和人文素养

学校的儿童漫画教学像一块磁石，时刻吸引着大批语文教师投身其中。他们的积极参与，促进了儿童漫画与语文学科教学的深度融合。例如，结合口语交际课，教师选择一些符合儿童心理的优秀漫画作品请学生欣赏，引导学生来"说漫画"。结合习作课，教师鼓励学生写图文并茂的漫画日记，选用易懂的优秀漫画作品，指导学生针对一幅漫画从不同的角度写漫画作文。"说漫画和写漫画"是"漫、语"结合的最高境界，有助于激发学生关心社会、明辨是非、爱国爱家的思想感情，培养学生高尚的审美情操，提升学生的人文素养和语文学习能力。

校本课程开发是新一轮基础教育课程改革的亮点之一，学校在儿童漫画校本课程的拉动下，美育渠道拓宽了，办学内涵丰富了，办学特色鲜明了……儿童漫画充满着纯情，充满着童真，充满着灵动。学生们汲取着儿童漫画的丰富营养，思维更加活跃了，看待问题的视角独特了，审美情趣、艺术修养和综合素质得到了和谐发展。

点评

富裕县实验小学以儿童漫画校本课程为载体，提高学生审美情趣和艺术修养，回应当前教育改革对学生美育的重视。在我国中小学教育传统中，艺术素养在一个人的成长中，是一个长期被忽视的话题。事实上，艺术修养对于人文、科学素养的培养具有极为重要的促进作用，一些伟大的科学家常常有着杰出的艺术素养。学校美育工作找到了适合学校特点的途径。其一，区域漫画历史渊源、师资以及学生内在需求为儿童漫画课程的开设奠定基础。其二，学校校本课程的开发与实施形成体系，探索了多种适合儿童的漫画教学策略。我们看到，儿童漫画校本课程的开设，极大地促进了儿童思维的发展、审美情趣与艺术素养的提升。同时，对儿童品德与性格的形成，也起到了重要作用。

探寻农业嘉年华的文化之旅

北京市昌平区巩华学校

一、活动设计，心中有关注

综合实践活动旨在发挥生活世界对人的发展价值，它所解决的基本问题是每个人的心理经验与活生生的现实世界的关系。在设计综合实践活动时，学校既关注学生的年龄特点，又关注学生的生活经验与能力，还关注学科间的知识整合。

（一）关注学生年龄特点，制订"低小实"的活动目标

活动目标的制订要充分考虑学生的年龄特点和思维水平，要符合学生的实际情况，要明确、适度、具体、可操作，关注个体差异，促进不同学生的发展。

以二年级和五年级活动目标为例，学段不同，目标难易程度不同，关注点也不同。

二年级：活动前，学生搜集有关花的古诗句，并提前读一读、背一背，感受中国诗词的无穷魅力。活动中，各班进行飞花令比赛，激发学生学习的兴趣。活动后，各班根据参观情况有针对性地创作绘本或绘画。通过一系列活动，学生都有所收获。

五年级：通过活动，学生在探究的过程中，了解关于中草药的知识，产生对植物的兴趣，感受知识的魅力，享受快乐。教师鼓励学生探究中草药的种植、使用以及相关的文化历史知识，让学生从中感受中草药文化的博大精深，受到爱国教育。教师努力培养学生收集处理信息的能力、善于观察环境的良好习惯、善始

善终相互协作的团队精神。

（二）关注学生生活经验，确定贴近生活的活动内容

陶行知先生说："生活即教育。"学生生活在信息丰富的社会里，无处不在的生活现象时时刻刻进入他们的认知领域，成为他们的生活经验，并作为学习者原有经验的一部分，构成进一步学习新知的"现实"。

农业嘉年华是一个集农业科技、农耕文化、创意景观为一体的实践大课堂，许多学习和体验内容与我们的生活息息相关。通过提前对实践基地的考察，各年级确定了贴近学生生活的活动内容，如五年级围绕"欢乐有我农嘉行——健康本草情"的活动主题，确定了如下活动内容。

按照以下任务单，小组自主活动，注意统筹安排。

在"本草华堂"馆内寻找含有十二生肖名称的中药，了解其功效并拍照。（10分）

在"本草华堂"馆内寻找名称中含有数字的中药，了解其功效并拍照。（10分）

寻找自带"小药盒"中的中药，了解其功效，记录并拍照。（找到一种记10分）

在"本草华堂"馆内寻找中国古代名医的介绍和故事。根据资料为一位游客或其他年级教师进行讲解，并拍照。（找到故事记10分，讲解记20分）

撰写我的发现。（每发现一个记10分）

这样的活动内容，是基于五年级学生自身的优势来考虑的。五年级学生有一定的自主探究能力，对新鲜事物的求知欲望强烈，对中草药及古代名医兴趣浓厚。家长中有从事医学工作的，能够给予专业知识方面的指导。

（三）关注学科知识整合，设计趣味盎然的活动形式

核心素养是一种跨学科素养，它强调各学科都可以发展的、对学生最有用的东西。学校围绕中医本草，整合多学科知识，让学生在综合实践活动中增加实际获得。

语文：搜集中草药和名医的资料与故事，培养现场讲解的口语交际能力。

数学：了解中草药的计量与用法，培养绘制地图的方位坐标的能力。

中华传统文化：了解中医药文化，弘扬民族精神。

科学：了解中医的发展、中西医结合及中药提炼的知识。

品德与社会：简单了解中草药的功效。

英语：植物的入药部位——根、茎、叶、花、果实各部分的英文单词。

美术：辨认中草药，手绘"本草华堂"馆的地图。

摄影：拍摄照片，录制视频。

二、过程实施，学生有所得

（一）诗情画意，丰富人文底蕴

学生在教师的指导下，将对自然和植物的探究兴趣与现代文、古诗词相结合，与摄影、绘画相结合，与小组合作学习相结合，学习中华传统文化，在人文情怀与自然探索中开阔视野，培养表达交流能力，提升观察能力与审美情趣。

走进"丝路花语"馆，馆内百花争艳，幽香怡人。正值春暖花开时，四年级的孩子们在繁花中吟诵花朵的赞美诗、春天的赞美诗，悠悠诗韵，令人心醉。"蔬香味道"馆里绿意盎然，各种蔬菜秧苗生机勃勃。学生们兴奋地观察着这些日常吃到口中的蔬菜"本来"的样子，感受着"归园田居"的恬淡，并在这浓浓的乡野氛围中开起了"田园读书会"，朗读着与乡村生活有关的文章，"蔬香"与"书香"相得益彰。

（二）求知探索，培育科学精神

生活中的科学无处不在。将学习实践与日常生活紧密相连，学习就变成了一件快乐的事情。

以探究中医本草的活动为例。活动前，学生查找了有关古代名医的资料和故事，收集了中草药的知识、生活中的药品包装上的中药成分。活动当日，学生根据任务单完成探究学习。任务单内容为：在"本草华堂"馆内寻找含有十二生肖名称的中药，了解其功效；在"本草华堂"馆内寻找名称中含有数字的中药，了解其功效；寻找自带"小药盒"中的中药，了解其功效，并做好记录。

（三）学会学习，体验学习乐趣

各个年级根据学生的年龄特点确定了小主题。一年级：欢乐有我农嘉行，百花齐放共争鸣；二年级：欢乐有我农嘉行，吟诗作画飞花令；三年级：欢乐有我农嘉行，春种秋收颂农情；四年级：欢乐有我农嘉行，走进田园话乡情；五年级：欢乐有我农嘉行——健康本草情；六年级：欢乐有我农嘉行，诗令飞花来助兴。根据活动主题设计任务单，活动有单人独立完成的，有伙伴互助同行的，也有小组合作探究的，形式多样，趣味十足。学生在积极主动的参与中享受"玩中学，学中玩"的愉悦。

（四）学以致用，构建健康生活

知识源于生活，又服务于生活。学生们在"本草华堂"馆内寻找关于中国古代名医的介绍和故事，根据查找到的资料为一位游客或其他年级教师进行讲解。活动过程中，孩子们按照任务单在场馆内进行小组合作活动，活动的热情点燃了整个场馆，工作人员、游客都给予了高度的评价。他们不仅完成了任务单上的内容，还有许多新的发现，如发现了中药称重单位为"钱"，发现了常见的"小鸡喝酒"原来是中药地黄，发现了牙膏中的两面针是一种中药。

（五）分工合作，培养责任担当

人的责任心是在完成一定任务的实践过程中逐渐培养起来的，它会随着实践活动的变化而变化；良好的行为习惯也是通过生活、学习、社会实践中一次次行为训练、一次次强化而逐渐养成、稳定下来的。因此，我们在教育中，一方面要从学生学习生活中的点滴小事抓起，对小事的责任心是对大事责任心的基础，抓紧小事不放松，日积月累，养成做事负责任的习惯；另一方面根据学生不同年龄特点，开展各项活动，给学生创造承担责任、体验责任的机会，使之在实践中不断增强责任意识，从而达到教育的效果。

针对三年级学生活跃、个性较强的特点，带队教师们时时刻刻关注学生，从学生坐车到参观的全过程，每位教师都不言辛苦。活动中分散和集中相结合，每到一个大厅就解散，以小组为单位活动，参观完一个大厅都进行一次集中，清点人数，保证不落下一个学生，这培养了学生们遵规守纪和安全自护的意识。吃完午餐，教师带领学生收拾场地，打扫干净，掉在地上的东西捡起扔进垃圾箱，时时处处培养学生的卫生环保意识和公民责任意识。以小组为单位，同学之间团结合作、互相照相、互相介绍各种景物，和谐友好，培养了学生合作互助的意识。

（六）实践创新，成果别具一格

通过一天的实践体验，学生收获颇丰，形式多样的学习成果凸显了学生的个性。有设计独特、实效突出的任务单；有独具创意、方位明晰的手绘地图；有活灵活现、栩栩如生的人物泥塑；有中英结合、画面唯美的手抄报；有抓拍最美瞬间，体现"友善"的摄影作品；有主题统一、创意各异的书法绘画；还有记录各自独特体验的原创绘本故事。

三、总结延展，寻找"生长点"

学生在活动中成长，在反思中寻找新的"生长点"。在教师的引导下，学生学习反思过程，领悟适合自己的学习方法；反思缘由，养成积极乐观的学习态度；反思经历，形成自己独特的情感体验。教师在活动中成熟，在反思中总结宝贵经验。

走进昌平农业嘉年华，犹如走进一个文化王国，只要用心挖掘，你就会发现无数文化瑰宝。文化浸润的实践活动就是提供给孩子成长最好的营养品。

点评

　　正如文中所说:"综合实践活动旨在发挥生活世界对人的发展价值,它所解决的基本问题是每个人的心理经验与活生生的现实世界的关系。"因此相比传统的学科课程,综合实践活动课程因其跨学科、强调动手、参与、探究的活动学习方式,受到学生的欢迎。本案例以农业文化为主题,充分挖掘教育资源,较好地体现和落实了综合实践活动课程的功能。在课程目标和内容的选择上,学校考虑到了学生年龄特征和已有生活经验,将多门学科知识技能相互融合。我们发现,综合课程所指向的,与当前学生发展核心素养的要点有很多呼应的地方,尤其是在学会学习和社会参与的维度上,更是利于学生的发展。在教育导向"全面发展的人"的今天,综合实践课程有着更为广阔的空间,值得学校和教师去进一步探索和实践。

浣书传递智慧　大集播撒书香

黑龙江省哈尔滨市南马路学校

　　哈尔滨市南马路学校"浣书大集"好书分享活动在 11 月 21 日拉开帷幕。"浣书"取自清代嘉庆年间的出版机构——"浣书堂",寓意读书要读得澄澈明洁,如洗过一般。"浣"谐音"换"。"浣书大集"旨在让书籍流动起来,如不息之水流动在学生的生命中。本次"浣书大集"创设体验情境,以活动为载体,让书籍流动起来,促进读书活动的深入开展。同时,把锻炼学生的实践能力、合作交流能力同"减轻学生过重课业负担""加强未成年人思想道德建设"结合起来,使同学们在体验中不仅受到"公平买卖""劳动快乐"等思想道德感化教育。学校通过"浣书大集"等活动致力于解放学生的思维,充分调动起学生参与活动的热情,开发学生们的潜能。

　　11 月 21 日,学生们在学校的走廊里以班级为单位设置摊位,并为摊位起了名字,挂了海报和标语。学生们手中拿着虚拟货币,仔细挑选自己喜欢的图书,场面异常火爆。

一、发现

(一) 形式也是生产力

　　浣书大集不仅给学生提供了一个交换图书的平台,更给学生提供了一个亲近书籍、爱上书籍的机会,也让即将束之高阁的图书变成了资源。我们创设的氛围也让学生产生了仪式感。低年级的学生没有办法参与热闹的售卖，但一样可以自得其乐。为了吸引别人与自己换书，他们尝试与未知的主人进行心灵的交流，"小豆包们"和爸爸妈妈一起制作海报、录制视频、制作道具。可以说是一、二年级吹起换书的号角，三、四、五年级紧随其后。家长、学生一起动手：三年级的造型气球，四年级的花篮、花柱，五年级特色的服装，还有创意无限的标语海报，"百味书屋""悦享时光""为好书找读者，为读者找好书""浣出新感觉 换出好心情""机会不是天天有，该出手时就出手""越浣越精彩"……一个个匠心独运的摊名、一句句创意无限的宣传口号使活动还未开场已让人热血沸腾。这种强烈的仪式感能唤起学生内心对生活的尊重，因而就能把平淡的日子过成"诗和远方"。

（二）浣书提升品位

浣书之前老师们曾担心会不会因为书籍装帧、赠品的好坏和价钱的高低影响学生的选择，因此在调查问卷中设计了这样的题目"你在买书时最关注什么？"结果超过90%的学生选择的是书的内容。四年级一班的一名学生说："有一本书标价9元，看到买家犹豫的样子，我立刻说便宜点给你，6元，还嫌贵就4元。我还开玩笑地说，1元卖给你吧！可是这位小顾客却一脸鄙视地说：'书的内容我不喜欢，多少钱我也不要。'"一年级二班的小大人说："书还得和老朋友换，臭味相投啊！不对，是品位相同。"五年级四班的调查问卷中有9名同学对换的书不满意，原因都是内容不太喜欢。小孩子容易被花花绿绿的东西吸引眼球，但是作为读书学校的学生还真是不一样，能理性对待书籍的选择，坚持自己的主张。

品位可以传染，它不仅来自自身品位的提高，还有环境的熏陶和伙伴的影响。学生通常很难做出选择，但是他们都有仿效性，常常看着身边那些爱读书的同学怎么选，还有的会找人帮忙选择。一些学生对书籍有一定的鉴赏能力，还能针对顾客的身份进行推荐，《孩子自觉我省心》这本书就是五年级学生推荐给袁老师的，"这本书适合您来读。""老师您家有女儿吧？《女儿的故事》适合您。"

学生怎样选书？老师们引导他们从目的、兴趣、理解、认识四方面考虑，就是选这本书的目的（我为什么要读这本书？）、兴趣（我喜欢这本书的主题吗？）、理解（我能理解这本书的内容吗？）、认识（我认识这本书里面的词语吗？）。选择中有智慧，品位的提升需要积累。

（三）活动中健全人格

1. 合作与担当

如果你剩下的钱不够买一本书了，此时你会把剩下的钱怎样处理？绝大多数学生的选择是与别人合着买。因而，随处可见两个学生一起商量着花钱，五年级六班的6个学生开始就把钱放到一起，一起选，一起买，再一起看，干什么都有劲儿。他们淘了十多本书，个个心满意足。也有学生坚持把剩下的钱给自己的朋友，这雪中送炭的5元钱让朋友不仅买到了书还得到了赠品——巧克力豆，两个好朋友一起品尝糖果和友谊的甜蜜。

各班的营销团队虽然队伍不大却五脏俱全，总经理、售货员、收银员、记录员、导购员都齐了，他们在家长的帮助下设计服装、制作海报宣传板、设计营销策略、购置赠品奖品。三年级八班的学生别看小，在嘈杂的大集中都能各司其职，有条不紊，对账的时候竟然本数、钱数分毫不差。

2. 鼓足勇气的第一声叫卖

《第一声叫卖》是语文书上的略读课文，学生们在学习时从未觉得这篇课文亲切。文中的"我"刚想开口，脸上就火辣辣的，咬着牙，憋足劲儿，叫卖的词哽在嗓子眼儿里，怎么也喊不出来。最后"我"脚一跺，眼睛一闭，憋出一头汗，才喊出第一声叫卖。这次，学生们也体验了一把小作者的感受。有很多学生一改上课时的害羞和胆怯，他们的第一声叫卖就是在那样的环境中自然而然地喊了出去。一旦喊出第一声，剩下的工作也就越来越好了，有向顾客极力推荐自己的书的，有拿着赠品到处动员同学去买他们的书的，还有鼓动老师到处借钱的，学校里特别内敛的一个老师都禁不住学生们的游说去四处借钱。学生的能力不可估量。

3. 自己找机会，争取自己的权利

老师们一度担心有的学生没有参加营销团队会不会有失落感，可是却发现学生的生存能力太强了，他们自己会找机会。一个学生几次竞聘都被淘汰，可是当他发现自己班级的摊位有点冷清时，就拿着礼品盒在走廊里到处游说，为班级拉来许多顾客，比营销团队成员的业绩都好，学生说自己通过努力就能做成想做的事。四年级一班人人都是营销员，管你选没选我，瞅准机会我就上。如此的生存能力、如此的感悟是老师在课堂上能教给的吗？以前买书大多数时候是家长说了算，今天学生能够自己做主了。三年级八班、五年级六班的"营销团队"管老师要工资，说付出要有回报。

对于谦让、内敛的中国人来说，有时他们不太知道如何争取自己的权利。老师一直教育学生谦让，可因为学生并没有理解谦让的真正含义，所以有时候虽然谦让了，心里还是不平衡。其实无论学习还是工作，学生都要学着自己争取机会和权利，勇敢地把自己想做的事情做好。

4. 高涨的学习热情

有了实实在在的生活，老师们再也不用担心学生的学习。二年级学生的日记中写道："看起来简单的事，不一定简单；看起来很难的事，不一定那么难。"三年级学生用 40 分钟写的感受里，不仅有收获的喜悦，还有大吐苦水的"牢骚"。高年级的调研报告有理有据，图书的走向、同学的喜好、营销的策略应有尽有。有的学生的销售分析中竟出现了销售收入结构分析、对比分析、成本费用分析、利润分析这些专业术语。一年级的学生在换书时，只换了一本。学生看到别人的好书心里痒痒的，周末，家长带学生到书店去选书，家长们将选书和看书的经历制作成电子相册，"刷爆"了老师们的朋友圈。有的学生还找到了有趣的软件，又是看书，又是介绍书，又是朗诵，比赛着根本停不下来。

（四）教师们收获满满职业幸福

幸福可以很简单，享受与学生在一起的时光也是一种幸福。教师们的智慧也在活动的策划与组织中绽放，他们与学生共同感受着活动的美好。

1. 团队合作中的幸福

本次"浣书大集"领导班子策划后将会场布置和徽标设计等具体工作交给四海方舟和推波助澜社团，印章的设计大家几易其稿，贾老师光设计稿就拿了5次，大家从寓意、美观等多个角度提出修改意见，才有了我们现在的既漂亮又有味道的图章。从海报的设计和悬挂、摊位的布置，到给每个学生的图书盖章都有社团成员们忙碌的身影。二楼醒目的大会会标出自美术组新来的教师之手，他们虽不是社团成员，但被大家的热情所感染，积极参与，出手不凡。英语老师加入五年级的团队，自己设计制作了课件，教学生英语口语，制作英文海报，让人眼前一亮。

2. 给书定价学问大

五年级数学团队将定价方法在课堂上教给学生们，全新书、8折书、6折书怎么定价，他们有一套公式据说是七年级才能接触到的内容，同样一本书因为新旧程度不同、出版社不同也会定价不一样，我这个教语文的对数字简直一头雾水，学生们却说得头头是道。

有的班主任还告诉学生，如果市场只有你这一本书，价格可以定得高一点。这不仅涉及公式，更涉及稀缺性问题，看到学生卖了个好价钱，班主任一个劲儿地竖大拇指。

3. 家长们空前团结

五年级三班的家长组织培训团队，对五年级的学生进行培训，分析顾客心理、设计营销策略、培训营销人员。4天的培训效果显著，五年级都赚钱了。家长们布置摊位、购买赠品，赠品卖的价没有买的一半多，花钱赚吆喝，但他们说学生的体验是钱买不来的。那么多的鲜花、海报、气球、宣传标语，只要我们做得对，家长都大大地支持。

二、冲击

（一）要诚信公平还是要营业额

有的学生从别的班低价买来书高价卖，有的学生把书价定高然后打折卖，因为这样做会让班级的营业额直线上升。"浣书大集"中有学生一味追求营业额而做出有失诚信的行为。在之后的活动中，诚信公平与营业额的冲突与平衡，将是老师与学生共同关注的话题。

（二）商业运营与静静地选书

琳琅的摆设、花哨的运营是否与买书搭调？书店应该是安静的，不管环境还是音乐，能让人安静下来，沐浴着书香，荡漾着雅乐，才能有心思找书，才会沉下心来，开启一段走心的阅读之旅。我们的大集是否缺少了秩序与安静？

（三）爱护图书与爱护人民币

学生们会爱护图书，可是老师们在留心观察学生手里的虚拟货币之后发现了货币被学生弄皱和弄脏的现象。推及我们日常生活中对人民币的使用，人民币是国家财产，人民币的整洁与否直接关系着国家货币的尊严和声誉。是否爱护人民币，从一个侧面也体现了精神文明建设的风貌。

"浣书大集"结束了，它给学生们留下了深刻的记忆与思考。在丰富多彩的活动中，学生参与的积极性高，能在活动中认识自己，在快乐中明白道理，在自主中学会做人。寓教于乐是最好的育人方法！浣书过后，书香悠远。

点评

生活无处不教育，学校生活更是如此。全民阅读时代，孩子的阅读再次成为焦点。而对于小学生而言，激发阅读兴趣成为首要任务。本案例中的"浣书大集"活动，以参与体验的形式，让学生全面感受因书而生发的各种乐趣。这些因书而起的阅读兴趣的种子，无形中埋藏在了学生的心中。学生们在宣传、推销、交换、购买的整个过程中，体会到了权利、公平等社会道德的含义，感受到团队、合作和分享的重要。这种基于生活真实情境的体验，对学生的全面发展极为重要，也是学生迁移和转化学科知识技能的应用平台。同时，活动也打破了学生与家长、学生与教师之间的隔膜，拉近了家长、教师与学生之间的距离。尤其对于师生关系的改善，效果明显。这对教师重新认识和发现学生，改变自己的学生观，产生了良好的影响。这样的活动设计，真正改善了学校的校园软性生态，为学生发展奠定了良好基础。

这就是我心中的好老师！

作者：王翕恺（四年级八班）　指导教师：张翼飞　学校：北京市昌平区昌盛园小学

每个孩子都是"客"
——"客+"卓越课程体系建构

北京师范大学卓越实验学校

北京师范大学卓越实验学校依托北京师范大学合作办学平台雄厚的教育资源和成熟的办学经验，在学校"客"文化的引领下，借助并融合国际课程的标准与框架，以引进和开发的方式来设计学校课程体系，培养具有科技创新力与全球竞争力的卓越学子。

一、课程理念

该课程尊重教育规律和学生身心发展规律，为每个学生提供适合的教育，专注"社会责任、国家认同、国际理解、人文底蕴、科学精神、审美情趣、身心健康、学会学习和实践创新"九大核心素养的提升。

二、课程结构

学校在开足开齐国家、地方课程的前提下，将国家课程、地方课程和校本课程合理规划、有机整合，给每一位学生提供展示才华的舞台，让学生树立富有挑战性的目标，使其个性特长得到充分张扬，使其潜能得到充分发展，最终把学生培养成具有"阳光健康、博学厚德、自信进取"特质的现代公民。

（一）人文素养课程

人文素养课程注重培养学生的人文知识与技能、人文能力与方法、人文精神与品质，塑造人的内在品质，培养具有"博学厚德"特质的现代合格公民。例如，小小慈善家的社会公益活动让孩子从内心深处感受人文情怀；组织学生参加义工社团，大手牵小手陪伴孩子快乐成长。

（二）身心发展课程

身心发展课程关注孩子的身体与心理健康发展，努力让每一个孩子养成运动的习惯，让学生享受幸福的童年。一年级游泳，二年级足球，三年级乒乓球，四年级羽毛球，五年级篮球，六年级排球，七、八、九年级组建学生社团及俱乐部活动。这些课程为每一个孩子提供展示的舞台，努力让孩子与运动为友，助其养成终身体育锻炼的好习惯。我们期待每一个在学校浸润过的生命永远充满青春活力。

（三）国际视野课程

国际视野课程使学生具备国际视野和通晓国际规则，尊重、理解、包容世界文化的差异，能够参与国际事务与国际竞争。通过国际游学课程，如北美全真体验课程等，家长、老师陪伴孩子走出国门，领略更广阔的生命视野与国际格局。

（四）科学精神课程

发展孩子的科学精神就是要帮助孩子树立明辨思维、掌握科学方法、勇于探索未来世界，敢于实践前沿科技。通过3D打印、机器人、航模等兴趣选修课和社团活动课，科学精神课程培养了学生的科技创新意识和科学探究能力。

（五）大家风范课程

大家风范课程为满足学生突出的兴趣爱好和个性特长发展需求，提供了广阔的发展舞台，如升旗仪式、六一晚会等平台，培养了学生的"大家"意识和"大家"情趣。课程结构具体见下表。

课程结构

课型 课程	基础型	拓展型	综合型
人文素养课程	品德与生活 品德与社会 思想品德 地理、历史 语文	公民道德与法律 吟诵、演讲与口才	社会实践、公益活动 社区交流、义工社团
身心发展课程	体育与健康	游泳 篮球、足球、排球 跳绳、武术 太极扇、太极拳 羽毛球、乒乓球	烹饪、女工 户外生存体验 穴位与健康
国际视野课程	英语	国际礼仪、英语绘本 英语绘画表演、英语脱口秀 全球即时新闻	模拟联合国 北美全真体验课程 国际游学
科学精神课程	数学、科学、生物 物理、化学	科学史话	校园科技节 3D打印、航模 机器人
大家风范课程	信息技术、综合实践 音乐、美术	立体水彩、剪纸 篆刻、插花 手工艺术、英文书法 中文书法	中国戏曲选唱 民乐、管弦乐 合唱 布艺与服饰设计 戏剧

三、课程实施

低学段采用班主任基于"专注力"的学科融合的形式，进行全课程开发与设计，发挥全员育人的优势，教师全程陪伴每一个孩子的成长，促进学生的兴趣爱好的培养。

中高学段采用基于"选择"的全学科、全员走班的形式，充分发挥全员育人的小班化优势。不管是行政班还是教学班，每一个班级均不超过 25 人，打造功能处室与学科教室，全方位塑造育人环境。学校通过"走班、选课"，营造以学生为中心的育人生态，让每一位学生打开自主规划学习旅程的通道，通过个性化的"选择"系列课程与项目学习的主题式学习课程，为孩子的未来提供支撑与保障。

四、课程评价

学校构建以发展性评价为主体的评价方式，从学生、教师、科研成果、学校方面，进行多元评价。针对学生，从学习习惯、核心素养等方面将过程性评价、发展性评价与定期评价相结合；针对教师的专业化发展，从理想信念、学生观、知识储备等方面进行发展性评价和诊断性评价；针对科研成果和学校，将自主评价和外部评价相结合，落实学校办学思想、理念、目标等内容。

北京师范大学卓越实验学校是一个充满童话的教育世界，学校生活中充满游戏、合作、欢乐、尊重、平等。在学校"客"文化引领下，学校在学生培养、教师队伍建设、课程开发、家校共育方面进行不懈探索，践行着每个生命都是"客"的理念。

点评

　　课程是一所学校留得下的"产品",好的办学思想需要通过好的课程体系来实现。本案例较为系统地阐释了学校课程体系建构的框架,即从理念、结构、实施与评价四个维度,清晰地呈现了学校在课程建设方面的探索。学校课程理念与学生发展核心素养高度契合,指向培养全面发展的人;课程结构中,基础课程能全面保证国家课程落实,拓展课程是基于学生需求与学校特点开发的校本课程,综合课程是符合当前课程改革趋势的一类课程。在课程的实施方式上,分学段进行不同的课程实施。全学科、全员走班的方式,是对满足学生"选择"的权利的重要体现。学校通过发展性评价,对课程实施的效果进行反思,由此完成学校课程建设的一个循环。

一至六年级主题教育课程

内蒙古自治区鄂尔多斯市准格尔旗薛家湾第九小学

一年级课程主题：我是小学生——入学课程

课程目标

一年级是义务教育的起点，通过开展此类课程，初步养成学生良好的生活习惯、学习习惯，让学生尽快适应小学生活。

课程内容：

生活技能类：学会整理书包、穿衣服、系鞋带、整理床铺等技能。

学习习惯类：阅读、听讲、发言、合作、书写、诵读、倾听等基本学习习惯。

我是九小学子：认识校园、爱护校园、常规养成。

单周校本课程简介

开发人	课程内容	课程简介
班主任	我是一年级学生	对学生进行安全、课堂常规、礼仪、队形等方面的培养，让孩子们能够快速地融入小学学习生活。
语文教师	我是整理小达人	主要培养孩子生活中基本的技能。
美术教师	我是制作小能手	学习简单的橡皮泥制作，学习色彩的搭配技巧，制作简易作品，学会与同学合作完成作品。
班主任	我是生活小达人	培养学生生活中必要的技能。
语文教师	我爱儿童诗	诵读儿童诗，感受阅读的乐趣，并能在诵读中读出韵律、节奏等。
语文教师	童心绘读	读绘本、讲绘本、演绘本。

双周校本课程简介

开发人	课程内容	课程简介
思想品德教师	我是生活小巧手	掌握学校生活必备的安全知识，参与行为练习，尽快适应小学学习与生活。
数学教师	我是快乐小学生	学会整理书包、文具、学具，学习小学生礼仪，学习课堂常规，做合格小学生。
班主任	我是一年级小学生	弘扬中华优秀文化，传承中华美德，教会学生做人的道理。
班主任	我的生活我做主	培养学生生活中必要的技能，培养学生细心观察、积极想象、大胆表现的能力。
美术教师	我是制作小能手	学习用橡皮泥制作简单的作品，学会与同学合作完成作品。
音乐教师	五线谱	学习五线谱基础知识，学习电子琴、葫芦丝演奏方法，学习吹奏简单的歌曲。

二年级课程主题：我是准格尔小主人

课程目标：

在观察准格尔的活动中，增进了解准格尔、热爱准格尔的情感，树立我是准格尔小主人的主人翁意识，激发我为准格尔做贡献的意识。

课程内容：

准格尔名胜、准格尔名人、我做准格尔小导游、心灵手巧绘准格尔、快乐阅读等。

单周校本课程简介

开发人	课程内容	课程简介
语文教师	跟我一起游准格尔	培养学生语言表达能力，了解准格尔风采，学做小导游。
语文教师	经典诵读，点亮童年	诵读经典，感受经典诗词的魅力。
社团辅导员	"棋"开得胜	明确围棋的起源，学会围棋的规则，会下围棋。
美术教师	巧手绘准格尔	观察准格尔，动手描绘准格尔，通过绘画、彩泥、剪纸等形式展示准格尔。

双周校本课程简介

开发人	课程内容	课程简介
语文教师	准格尔名胜	了解准格尔名胜，培养学生热爱家乡之情。
语文教师	爱我准格尔	学习我校爱我准格尔校本课程，激发学生热爱家乡的感情。
语文教师	快乐阅读	培养学生阅读能力。
英语教师	英语会话、阅读	培养学生英语阅读能力，提高学生学习英语的积极性。以英语短剧的形式展示学生学习成果。

三年级课程主题：走进传统文化——做个文化人

课程目标：

通过多种方式，了解祖国的传统文化，并且掌握一门技巧。

课程内容：

传统民风民俗研究、剪纸文化、传统工艺、故事、书法、诵读、科技、安全等。

单周校本课程简介

开发人	课程内容	课程简介
语文教师	小小书法家	书法艺术简介，学会正确的书写姿势，用毛笔书写基本笔画，练习书写作品。
语文教师	我爱"中国节"	每节课选择一个节日，探究它的来源、文化习俗及如何传承这种文化。
美术教师	趣味剪纸	学习剪纸，感受中国传统文化。
思想品德教师	发现之旅	了解大自然，探究大自然的奥秘，阅读有关大自然的书籍，感受大自然之美。

双周校本课程简介

开发人	课程内容	课程简介
语文教师	诵读经典	诵读、熟背诗文经典，获得中华文化的熏陶和修养。
美术教师	手工制作	掌握手工制作的技能，感受手工制作的魅力与成就感。
科学教师	科学探究	探究科学实验室各种仪器的使用方法，学习相关理论知识。
思想品德教师	地震科学探究	提高学生安全意识，使学生掌握自救自护知识、养成细心观察生活的良好习惯。

四年级课程主题：做有故事的人

课程目标：

选择不同的故事让学生去发现、感知、讲述、领悟自我与他人。了解历史、走进现代、畅想未来。

课程内容：

历史故事、名人故事、中外情景剧表演、创意故事、学科名人故事、科技发明故事等。

单周校本课程简介

开发人	课程内容	课程简介
英语教师	英语绘本表演	听、读、演英语绘本故事，排练和表演小话剧。
科学教师	发明与创造故事	讲发明小故事，看相关视频，感受发明家的优秀品质，激发自己的上进心。
思想品德教师	名人故事	收集和讲述古今中外名人故事，探讨成功背后的故事。
语文教师	勤奋好学故事	收集和讲述勤奋好学的故事，拓展知识，陶冶情操，提高认识，培养勤奋学习的习惯。
语文教师	名人故事	收集和讲述名人故事，学习名人身上的精神，培养学生从小做有志向的人。

双周校本课程简介

开发人	课程内容	课程简介
英语教师	英语绘本故事表演	听读英语绘本故事，排练和表演小话剧。
数学教师	趣味数学故事	探究和发现感受有趣有用的数学故事，体会中国古代光辉的数学成就，亲身感悟数学知识。
数学教师	数学家故事	收集和讲述数学家的故事，培养学生热爱数学的兴趣。
思想品德教师	兵器的故事	收集和讲述有关兵器的发展、演进过程、兵器发明的故事，丰富学生课外知识，发散学生思维，提高学生爱国热情。
数学教师	有趣的数学	收集和整理民间流传的数学趣题、智力题，挖掘数学学科的人文性，充实数学内容，充分展示并让学生感受数学的独特魅力。
科学教师	科学家的故事	收集科学家的系列故事，使学生了解科学知识，培养学生的实践能力、动手能力、创新能力。

五年级课程主题：我们小时候

课程目标：

学生的童年，父母的童年，不同年代的童年别有一番滋味和乐趣，挖掘童年的快乐因子，通过丰富多彩的游戏、手工、歌曲等活动，展现多姿多彩的童年。

课程内容：

童年的传统游戏、传统手工艺、各年代童年歌曲、老照片展览、棋艺世界、书画童年等。

单周校本课程简介

开发人	课程内容	课程简介
社团辅导员	棋艺世界	有趣、好玩、爱玩、会玩、善玩，培养学生思维能力。
音乐教师	想唱就唱	收集童年歌曲，了解不同时期、不同地域的儿童歌谣，感受不同地方的儿童歌谣风格。
社团辅导员	棋艺世界	锻炼学生的思维，培养学生的毅力，增强学生的竞争意识。
思想品德教师	历史名人故事	读中国历史故事，培养学生的爱国主义热情，认识名人风范，汲取革命精神。
美术教师	照片背后的故事	革命时期的照片，小时候的照片，老房子的照片等写真情、写成长。
数学教师	童年的传统游戏	了解七巧板、华容道、九连环的构造、起源、传说、故事，研究它们的玩法。

双周校本课程简介

开发人	课程内容	课程简介
美术教师	制作我们的成长相册	通过多种方法，创造标新立异、与众不同的作品。
语文教师	童年书画	感受书法文化，体会笔画之间的连贯性，欣赏汉字文化。
体育教师	传统游戏	体验传统游戏，突出童年欢乐，在创新中发展。
手工制作教师	创意纸盘手工	了解有关的纸艺知识，自己动手，利用各种彩纸制作绚丽多彩的纸艺作品，美化生活。
音乐教师	歌唱童年	学唱经典童年歌曲，感受不同地域的儿童歌谣的风格及特色。
社团辅导员	棋艺世界	掌握围棋、跳棋、象棋的玩法，开发学生的智力，培养学生竞争意识、团队意识。
语文教师	足尖上的中国	课程以旅行故事为基础，以历史发展为脉络，以人文关怀为背景，以人类发展文明足迹为主线，立体展现中华传统文化的独特魅力。

六年级课程主题：我们毕业了

课程目标：

回顾六年的小学生活，总结提炼学习方法、技巧、阅读积累、英语表达等方面的经验与"妙招"。

课程内容：

学习基础课程类：阅读与表达、方法与艺术。

生存（行为）基础课程：运动与健康、小课题研究、一项生活绝招。

德育（体验）基础课程：社会实践活动、九小小义工。

单周校本课程简介

开发人	课程内容	课程简介
语文教师	走进小古文	学习古文，培养学生潜在的气质，培养高雅而脱俗的审美情趣，感受文言文的魅力。
语文教师	妙笔书国学，双手写未来	了解硬笔书法的概念、书写工具、练习方法，在点画、结构、章法方面，提高学生的专业技法。
体育教师	轻羽飞扬	学习羽毛球的基本技能，培养打羽毛球的兴趣。
书法教师	携中华精髓，正汉字筋骨	收集有关书法的趣味故事，在汉字书写方面，提高学生的专业技法。
社团辅导员	棋艺世界	学习围棋、象棋等的基本技能，提高学生的思维能力。
美术教师	书法艺术	学习美术字，体会汉字的艺术之美。

双周校本课程简介

开发人	课程内容	课程简介
美术教师	画出精彩	水粉画是小学生非常喜欢的一项活动,它要求孩子既要动脑又要动手,做到手脑并用。
语文教师	品三国	读《三国演义》,交流反思,书写感悟。
社团辅导员	好玩的魔方	魔方是一种游戏,是一种运动,还是一种文化,培养学生的智力、想象力和创造力。
思想品德教师	花卉绿植的鉴赏与养护	提高学生的鉴赏水平,让学生选择适合自己的花卉盆栽,学习基本的花卉培植知识,做到学以致用。
英语教师	经典英文影片欣赏	启发学生的艺术思维,触发学生感悟人生、洞察生活的思想,使学生热爱生活、乐于体验生活、乐于思考。
英语教师	花体英文书法	丰富学生的英语学习,更好地感受西方文化,提高英语修养。
数学教师	有趣的数学	实现小学数学和中学数学的有效衔接,使数学更有趣。

点评

每个年级的学生由于年龄等差异,面临着不同的发展任务。学生能够发展出良好的能力和个性,需要多种学习和体验的方式,因此,班集体、课堂教学、艺术体验、体育运动等都是学生学习的路径,因此也更需要班主任、学科老师、社团辅导员等的共同努力和协同。

内蒙古自治区鄂尔多斯市准格尔旗薛家湾第九小学开设年级主题课程的方法正是符合了这一理念,几乎所有的老师都参与了课程的开发,同时充分发挥了不同教师的优势和资源。在小学阶段,美术活动是学生们非常喜爱也是有效的学习方式,不仅能够促进学生的表达,也能够促进同伴间的交流合作;体育老师在传统游戏中创新,拓展了学生们体验的丰富性。这样的尝试使育人落实到每个老师的教学和管理中,值得推荐。

让每个生命都精彩绽放

河南省濮阳市油田第一小学

濮阳市油田第一小学坐落在美丽的"龙都"濮阳,现有教学班50个,学生3900多人,学校环境优美、师资力量雄厚、教育成绩突出、办学特色鲜明,是一所"学园、乐园、家园"式的学校,是油田、濮阳市乃至河南省小学教育的一个窗口,被《中国教育报》誉为全国深入实施素质教育的一面旗帜。

进入21世纪以来,在校长马新功的带领下,全校教师以实施发展性教育,培养学生的全面和谐发展为目标,提出了让每个学生成为最好的自己的核心教育理念,创造了适合学生成长和发展的教育环境。学校开展了一系列常态化校本行动:开发和实施了五大类校本课程;开展了形式多样的校本研修活动,以校为本、以组为本、以师为本,助力教师发展;营造了根深叶茂的学校文化,努力把学校建设成师生共同求知的学园、健康成长的乐园、放飞心灵的家园。"三园"已成为学校文化教育之魂,彰显了学校鲜明的办学特色。学校选择了从校本建设研究逐步走向班本建设研究的道路,主要从以下五个方面进行班本建设。

一、开设丰富多彩的班本课程

朱永新老师说过:教师是一根扁担,一头挑着课程,一头挑着生命。在班本建设中班本课程的开发是第一位的。随着学校百余名老师,特别是班主任课程意识的唤醒和增强,他们在校本课程的基础上,以生为本,针对各自不同的班级学生群体，从学生的兴趣、成长需要入手，在班级中开设了更为丰富、适用于本班学生需要的课程，让学生的生活经验和生命体验不断丰富，让学生得到新的成长，获得新的幸福。例如，有的班级开发了"生日诗"课程，使班级的每个成员都收获了一份属于自己的独特关爱和尊重，增强了班级的凝聚力、向心力；有的班级全班参与每学期一部的童话剧的排练和演出，实现了全员参与，一个都不能少，期末的演出成为大家共同期盼的班级庆典；有的班级把父母作为特聘教师请进班级，开设内容丰富的国学大课堂，为学生打开了一扇扇认识和了解传统文化的精彩窗口。

教室内展览着一幅幅动人的剪纸作品和树叶贴画、一件件精美的青花瓷和花灯，回荡着动听的琵琶和葫芦丝曲；操场上舞动着整齐划一的太极扇，抖着生动有趣的空竹，排列着精神抖擞的小小特种兵……班本课程已经成为学校学生展示自我、提升自我、拓宽视野的良好平台，成为班级成员共同的学习资源。班本课程精彩无限！

二、倡导自主生本的班本课堂

课堂是学生学习的主阵地，是学生知识积累与能力提升的大舞台，是学生身心健康成长和美好心灵塑造的有机沃土。把课堂真正还给学生，让学习真正发生在每一个学生身上，让学生真正成为课堂的主人、学习的主人，是新课程的理念，也是班本建设的核心任务。学校的自主生本课堂是通过让学生成为课堂学习的行动者，让学生成为小组合作学习的参与者，让学生成为课堂疑问的探究者来实现的。

三、开展自主管理的班本建设

苏霍姆林斯基曾说过：最好的教育是让学生进行自我教育的教育。学校在"五自"教育深入开展的基础上，不少班级开始了班级自动化管理的探索历程。

教师们转变角色，培养消失的自我管理意识；他们健全机制，培养学生的自我管理能力；他们设计活动，给学生创造自我管理的机会，让学生们快速发展和成长为生活自理、学习自主、行为自律、安全自护、信心自强的"五自"好少年。

四、营造人文生本的班本文化

班级是学生生活和学习的重心，它是知识的集散地、人格的熏陶地、体质的培养地、心灵的归宿地。富有人性、感性、个性的班级文化，给学生带来更为人文的生命关怀，引领学生在学会学习、学会做人、学会生活的过程中，启迪智慧，陶冶性情，温暖心灵，充盈精神，在快乐中学习成长。

教室墙壁上张贴着发人深思的哲理名言和期待满满的班主任寄语，设立了散发书香的图书角和清洁整齐的卫生角。学生一起去敬老院慰问老人；一起为黄河滩区的小学送去图书和书柜，帮他们建立图书角；一起去贫困的学校过六一，为贫困学校的学生送文具、书籍、体育器材，与他们一起享受节日的快乐。此外，班级以寻找春天为主题开展"摘草莓""我和小树同成长"活动，以感受夏日为主题开展"赏荷""走近苗圃过六一"活动，以走近秋天为主题开展"小手托起秋的颜色""挖地瓜""野炊"活动，以活力冬季为主题开展"堆雪人""泡温泉"活动；以传承传统文化为主题开展"做花灯，猜灯谜""包粽子"活动。这些丰富多彩的班级活动，达到了润物无声的教育效果，成为学生生活中难以忘怀的美好经历。

在班级文化建设中，全校 50 名班主任努力让教室成为学生生活、成长的乐园，让爱成为班级的主旋律，让书香成为班级的文化，让活动成为班级的特色，让家长成为班级的助手。油田第一小学的老师们深切认识到：班级文化建设既是一种文化氛围创建，也是对学生心灵的一次塑造，有怎样的班级文化就会培养出怎样的学生。

五、建设合力育人的班本团队

苏霍姆林斯基有句名言:"没有家庭教育的学校教育和没有学校教育的家庭教育,都不可能完成培养人这样一个极其细微的任务。"为了让学校教育和家庭教育形成合力,实现无缝隙衔接,油田第一小学的班主任开阔思路,进行了有益探索:持证上岗,让家长成为帮手;亲子共读,使家庭溢满书香;特聘教师,使课堂丰富多彩;量身定制,使学生增强自信;足行千里,使学生开阔视野。合力育人的班本团队,让孩子们成长得更全面、更自信。

高品质的教育首先是尊重生命的教育。生命令人敬畏,生命的成长是有规律的,学校从"校本"走向"班本",是遵循了生命成长和发展的规律,是对班级价值的重新认识发现,是教育境界的一次飞跃,是教育实践的新高度。在以"让爱成为班级的主旋律""让书香成为班级味道""让学生成为班级的主人"等班级文化的滋养下,每一个生命都得到呵护,每一个生命都享受着快乐,每一个生命都一定会精彩绽放。

点评

如何在现代学校办学机制下,实现学生个性化发展,让每一个学生获得最大的发展,其实一直是现代教育面临的挑战。濮阳市油田第一小学尝试基于班级组织的教学,最大限度地克服因班级教学带来的不利影响。"班本"概念的提出,实质是关注如何最大程度贴近学生个性差异带来的教育教学策略的不同。一个班级,就是学生真实生活其中的小环境,良好的班级对小学生的成长作用尤其重要。学校从课程、课堂、管理和团队等方面进行适合本班学生的"班本化"探索,形成了许多富有操作性的实践策略。我们也注意到,在学生中培养学生自主管理意识和能力,是激发学生内在动机的有效途径。在班级团队建设中，家长资源的开发和利用也极为重要。学校与家长、社会形成合力，共同为学生营造适合他们自由生长的环境。只有这样才能充分发挥学生潜在能力，让他们成就最好的自己！

作者：姚羽泽（三年级四班）　　指导教师：赵　洁　　学校：北京市海淀区培星小学

推进课程育人建设　关注教师素养

北京市海淀区培星小学

一、学校课程建设的历程

1950年建校的培星小学位于北京市海淀区，是由两所部队子弟小学合并而成的，现为一校两址。学校现共有1200余名在校学生，将近一半是军人子弟，他们从小生活在部队大院，父辈血脉中的红色基因、耳濡目染的军营生活，让他们从小就懂得了保家卫国的含义。在长期的办学历史中，学校不仅要传承自身的优秀历史文化，更要用长远的眼光面对学生的成长与发展。那么，如何传承与发展？学校选择的路径就是课程。

从1995年少年军校、2000年假日小队活动，学校就开启了学生的学习教育活动。到2003年，学校在海淀区率先召开了校本课程现场会，在大会上学校推出了特色校本课程。2014年，伴随着课程改革的层层深入，我们又构建了体系化、结构化的"知行"课程体系。2015年，随着北京市义务教育课程设置方案的出台，学校重新反思了相关课程。为了落实实践能力、综合素质及核心素养的培养，我们又进行了深度整合融合，形成了学校培星知行课程体系。可以说正是这样的历史助推了学校的课程建设，让学校的课程逐渐从单一走向丰富、走向结构化系统化、走向全面融合的一体化。

二、"知行"课程体系的确立

（一）着眼未来，确立知行课程理念

我们始终在思考：六年的基础教育究竟要给孩子奠定怎样的人生基础和培养怎样的能力素质？同时我们也越来越意识到：随着信息技术的迅猛发展，我们每天都在接受挑战，不断地被超越，我们传授的知识是无法穷尽的。另外，我们发现即使有了更多的知识也不等于拥有了更高的能力，在知识与学生的能力和未来成长之间缺少一个直接的对接，而连接两者之间最重要的桥梁就是实践。在长期的课程探索中，学校已经深刻地认识到实践体验是孩子能力成长最重要的载体，陶行知先生也曾说过："行是知之始，知是行之成。"他特别强调了实践的重要性，由此我们以知行合一的育人观为培星人用心追寻课程建设的指导思想。我们的知行合一的育人观就是要跳出狭窄的书本知识，培养学生独立面对世界的能力。这些能力就是认识和改造世界的基本品质、基本思维和基本方法，也就是现在大家都在关注的核心素养。

我们理解的"知行"课程有三个要点："知"不仅是指核心知识和重要品质，也是"行"的重要前提和必要条件；"行"是实践体验，是学生获得基本品质和能力的重要途径和方法；"知行合一"即把认知与实践统一起来，把认识世界和改造世界统一起来，它体现了育人的完整特征，是学生核心素养形成及落实立德树人根本任务的重要载体。

这是我们的愿景树，如果把我们培星教育看成是一棵不断生长的大树的话，"做更好的自己，为幸福人生奠基"这一办学理念就是扎根沃土纵横交错的树根，"知行"课程就是不断为大树提供养分的粗壮的树干，因此才生发出了五个课程领域（人文与社会、科学与技术、艺术与审美、体育与健康、道德与修养）的茂盛的枝干，我们就一定能收获"健康、善学、负责、践行"的培星学生核心素养的果实，实现"厚德博学、知行合一"的育人目标。

（二）关注学生核心素养，建设知行课程体系

2014年年底，学校初步完成了对国家、地方、校本三级课程的整合优化，将

学校原有课程进行了系统化、结构化的调整。以"知行合一"的课程理念为核心，以学生的核心素养形成为目标，形成了人文与社会、科学与技术、艺术与审美、体育与健康、道德与修养五大课程领域。在开足国家和地区课程的基础上，以校本课程及学科实践活动的开发与实施为补充方式，最终实现学生在五个课程领域目标的达成。

三、"知行"课程的探索与实施

（一）一体化

依托学校办学理念和育人目标，我们统筹规划三级课程，建设"知行"课程结构体系，确定了培星小学"知行"课程体系的框架结构。

课程依据类型分为三大类：第一类，基础课程，含国家课程和地方课程两类；第二类，拓展课程，又分为必修课程（校本课程）和选修课程（兴趣社团）两类；第三类，实践课程，依据活动形式又分为学科实践活动课程、年级跨学科主题实践活动课程、校级主题综合实践活动课程。

（二）从课程内容的选择角度突出了两个特点

1. 实践性

一直以来，国家课程都是学校课程的主阵地，国家课程及配套教材的权威性、严谨性是毋庸置疑的，它在培养学生基本知识、技能等方面有着不可替代的作用。但是，我们在长期对国家课程的实施中，也发现存在离学生的真实情境较远、学习内容实践性不强等问题。针对这样的问题，我们立足学校的资源优势、学生实际，依托学科课程标准，研发具有学科性、实践性、综合性的课程，旨在改变教师教学方式和学生学习方式，弥补相关教材内容的缺失，引导学生利用多种能力共同参与来解决生活和学习中的真实问题，促进学生综合素养的形成。

例如，我们的数学课程坚持以国家课程及教材为基础，每周开足 4 课时的数学课，但是针对教材中缺少利用数学知识、方法解决学生身边真实问题的不足，我们每周利用自主排课的1课时，开设了数学实践活动课——智慧生活非你莫"数"。这门课程在内容的选择上与数学课程中的四个知识领域是一一对应的。以六年级上册统计学为例，学生们通过学习已经掌握了统计的基本知识和方法，在此基础上我们结合学生生活中真实的情境创设了"蓝天在哪里"生活中的统计学这一研究主题，让学生去发现问题自主探究，引导他们用各种统计方法分析数据，制定方案。这样的主题不仅让孩子学会了运用知识解决问题，也让他们树立了环保意识。

学校的语文教研团队在大量的调研中发现，学生在语文学习中，存在阅读量不足，特别是阅读经典名篇严重不足等问题。为此学校结合语文教材，进行语文1+1教学模式探索，学习于课内，应用于课外，实现知识的迁移。

科学教研团队，以"植物"主题的教学内容为研究课题，对科学教材有关植物的教学内容进行了梳理和统筹安排。他们将分散在不同年级教材中的植物主题内容进行了整合优化，安排在一个自然年中进行，让学生经历植物在一年中的生长变化，形成对植物生长、变化的整体认识，引导学生通过植物观察实践活动，掌握科学地观察、记录、研究的方法，提升学生的探究、实践能力。

2. 融合性

融合性主要体现在实践课程方面。学校打破学科间的界线，弱化学科间的边界，利用学习主题和项目，形成"走进自然科学，走进历史文化，走进社会生活"三个领域的主题实践活动，促进学生综合素养的提升，达到整体育人的教育效果。

培星小学 2015—2016 学年学科实践活动一览表

领域 级别	走进自然科学	走进历史文化	走进社会生活
校级	科技节 数学游戏节 "走进八达岭森林公园" "数学连环画" "走进海淀区气象观测站"	"一站到底" "成语故事大比拼" "主人公大游行" "了解饺子文化，喜迎快乐新年"	"安全自护自救" "爱牙护牙" "团结就是力量"主题实践长走活动 春、秋游实践活动
年级	低年级"走进林科院" 中年级"我让校园更美丽" 高年级"毕业季植树"	低年级"走进古诗" 中年级"中秋佳节话团圆" 高年级"脸谱中的文化"	低年级"少数民族" 中年级"人生必修课" 高年级"战争与和平"
学科	数学"智慧生活非你莫'数'" 科学"快乐科学"（植物篇）	语文"语文1+1" 语文"经典诵读" 语文"戏剧" 英语"绘本阅读"	品德与生活"一年级入学课程" 品德与社会"六年级毕业课程" 品德与生活、品德与社会"民族精神代代传"

在年级跨学科主题实践活动中，五年级开展"京剧脸谱"跨学科主题实践活动，语文、英语、音乐、美术等多学科教师都以"京剧脸谱"为主题开展了课堂教学与实践活动，同时学校还借助社会资源和专家资源，为孩子们带来脸谱文化、京剧文化、传统文化的专题培训，通过课上课下、校内校外的多学科共同合作与融合，引领学生运用多学科知识、多种方法、多种途径，形成对脸谱文化的整体认识。因而学生的收获不再是孤立片面的，而是立体丰满，甚至厚重的。

在校级实践活动方面，对于"主人公大游行"主题实践活动，学生在教师指导下，开展了选择书目共同阅读、梳理编排剧本、制作道具、合作创作、剧目展演、盛装游行等一系列活动。这些活动激发了他们对阅读的兴趣，使他们得到了美的享受与人文艺术的熏陶，也培养了学生团队合作、展示交流、语言表达等综合素质。

（三）从具体组织实施角度体现了三大特点

1. 灵活性

在研究中我们发现，过去以 40 分钟为标准的学时长度已不能满足新时期学校课程设置的要求。因此，学校依据不同学段学生的认知水平和心理特点，以及各学科课程的不同需求将学时长度分为了长课（90分钟）、标准课（40分钟）、短课（30分钟）和微课（10分钟）四类。

其中，长课学时长度为90分钟，中间休息10分钟。例如，学生在综合实践活动课、科学课、陶艺课程等课程内容实践性较强的学科的课上需要更多的时间完成实验探究或作品制作。而传统的40分钟的课堂，无法满足学生完成学习任务的需要，使学生的学习效果大打折扣。根据这些学科的特点，学校将科学学科每周2学时直接采用连排方式，将综合实践和陶艺学科采取单双周对排再连排的方式进行授课。长课的实施能够给予学生更多的实践活动时间，确保学生在实践活动类课程的学习效果。

2. 统筹性

由于学校所处地区的社会教育资源非常丰富，我们拓展学校教育资源，探索开放式教育。

学校统筹社区教育资源，将中国林业科学研究院、中国人民解放军军事科学院等确立为学生社会实践教育基地，学校定期组织学生到实践基地，参加森林环保、军营生活、科技探索等实践活动。

学校统筹专家、家长资源，为孩子们带来了内容丰富的实践活动。从"安全自护自救"到"爱牙护牙"，从"传统曲艺文化"到"认识动物科普讲座"，让孩子们足不出校就能享受优质高效的教育资源。

学校统筹社会大课堂资源，按照学生的实际需求，进行了筛选与规划，初步形成系统化的活动体系。针对不同年级和时间点，开展以博物馆、拓展体验、传统文化等为主题的实践活动。

3. 选择性

教育的根本目的和内在价值是促进每一个人的个性发展。因此在课程建设过程中，学校要努力适应差异、尊重差异，赋予每个学生选择课程的权利，努力促进每个学生的个性发展，使之成为更好的自己。我们的选修课的开设正是基于以上理念。学校围绕五个课程领域，开设60多门选修课程，还开发了网上选课系统，最大限度地满足孩子们的个性需求。

（四）知行课程的评价

1. 调整学生评价比例，促进学生学习方式的改变

学校大胆尝试改革学生学期成绩的评价方法，加入了10%的学生实践活动成绩，学生的成绩就由过去的两部分即平时成绩60%和期末考试成绩40%，改变为由平时成绩50%、实践成绩10%和期末考试成绩40%三部分组成。学生成绩比例的调整，促进教师更加重视学科实践活动的开发与实施，将教师传统的讲授式课堂转变为以学生项目学习、实践学习为主体的课堂，促进了学生实践能力的增长。

2. 发挥评价的促进作用，提升学生的核心素养

为了发挥评价的正向引导作用，学校从两个维度制定了"评价要素"。

①基础性评价指标，主要包括学生参与积极性、态度、能力、方法上的收获，更关注学习的过程和综合素养的形成。

②学科性指标，结合学科自身特点，采用多元化的评价手段，给予学生更多的展示、分享、交流的空间，形成相互学习、共同成长的氛围，落实核心素养和综合能力的提升，以评价方式的转变，带动引导教师、家长育人观的转变。

四、收获

通过课程建设，学校形成了结构化的思维路径，进而形成了结构化的课程，避免了碎片化，构建了三层级三领域的实践课程，有效地促进了学生的能力成长。

围绕知行合一的课程观和实践育人、整体育人、全面育人的思想，学校精心打造了三个课程群。

传统文化课程群

学校利用北校区始建于明代的董思娘娘庙成立了"培星书院",下设三个分苑("星娃棋苑""星艺陶苑""翰墨轩"),开设了经典诵读、戏剧、吟诵、国画、围棋、陶艺、书法7门课程。

阳光体育课程群

学校引入社会专业资源在不同年级开展有特色的体育课程,如足球、篮球、轮滑、乒乓球、武术等课,我们的目标是每一个在培星毕业的孩子至少要培养一项体育兴趣或特长,掌握相关的比赛规则。

实践体验课程群

①幼小衔接、小初衔接课程:一年级入学课程和六年级毕业课程。引导学生参与一系列的体验、实践活动,帮助学生尽快适应新环境下的新生活。②民族精神教育的德育校本课程:民族精神代代传。学校结合历史和地域文化,引导学生传承优秀的民族精神,培养学生的爱国心、责任心。③绿色生态教育的课程:我们与森林。自2013年,学校与中国林业科学研究院共同签署开展科普实践活动合作协议,双方共同编写教材,开展了一系列走进森林的实践活动,努力培养孩子尊重自然、热爱森林、低碳环保的态度与行为。

在课程的实施过程中,学校欣喜地发现了学生在学习上的几个改变:一是学生学习积极性的变化,学生从被动地接受教师的讲授,转变成自主地主动学习;二是学生不仅学会了学习,更学会了做事,他们在完成一个项目、任务及活动中,知道了如何综合运用自己所学,体验了完成一件事情的完整过程。

五、思考

如何实现学校"知行"课程从形式上的一体化向更深层次的实质性一体化转

变，如何建设满足学生综合素质成长的更加系统化、结构化的实践课程体系，这些需要我们在未来的实践研究中做进一步探索，也是我们下一步努力的方向。

在主题实践活动方面，虽然学校做了一些探索与实践，但是也存在着在同一主题下，各学科联系不够紧密的问题。如何能够加强学科之间的关联，甚至打破学段的限制，也是我们下一步要研究的课题。

如何完善学校的课程评价体系以切实实现评价对学生成长的促进作用？评价对课程自身发展、教师专业成长、学生素养提升都有着重要的诊断、促进作用，针对学科实践活动，更注重实践性、过程性的特点，学校的评价内容、形式、手段如何能够做到科学、准确，也是今后需要研究的课题。

点评

打破学科间的壁垒，增强学生动手实践能力是我国基础教育课程改革着力提倡的方向。这样的改革理念要实现，必须要依托于学校课程的整体设计，单靠某学科、小范围的散点改革是无法解决学生综合素质提升的重大问题的。培星小学的"知行"课程体系，在整体方向上与当下课程改革的理念相呼应，将三级课程打通，形成系统课程结构。在课程内容的选择上，突出实践性和融合性，在课程实施的方式上，强调统筹、灵活与选择。在课程评价上，学校也改变了传统学业评价偏重学科成绩的弊端，加入了实践活动成绩的考核，更加注重学生核心素养形成的引导性评价。综观学校的课程建设实践，遵循课程建设的基本规范，结构要素完整，取得了显著的实践成效，为更多学校的课程建设提供了值得借鉴的思路。

弘扬国球精神 点燃校园激情

青海省油田教育管理中心第三小学

为提升特色品牌，完善学校的建设，谋求学校特色发展的新抓手，油田教育管理中心第三小学把乒乓球活动作为学校发展的载体，通过对这项运动的普及与推广，提高师生身体素质和健康意识，培养学生的合作意识和知难而进的意志品质，促进学生德、智、体全面发展，推动学校各项工作全面健康有序发展，提高学校整体办学水平。

一、背景分析

一是创建特色学校提升办学品位的需要。正确的教育思想和先进的办学理念要建立在科学合理的活动载体之上。全面推进素质教育、推进教育课程改革是学校当前工作的重心，学校努力遵循"项目特色—学校特色—特色学校—品牌学校"发展轨迹，全面提升学校乒乓球特色办学水平，努力培植优质教育资源，促进每一个孩子健康快乐地成长。

二是谋求特色学校破冰之旅的需要。学校在寻求特色项目时，遇到各种各样的困难。经过艰难的摸索，学校扎实的体育基础、科学的管理和训练手段、蓬勃开展的体育运动、优秀的体育成绩，为争创乒乓体育特色学校奠定了坚实的基础，也是学校今后发展的优势所在。学校以乒乓球活动为突破口创建特色学校具有了一定的可操作性和可行性。

三是促进学生德育发展的有效手段。以球育德，促进学生良好品质的形成。乒乓球作为一项竞技运动项目，既需要整个团队的通力合作，又需要个人遵守一定的球场规则，刻苦训练；既需要队员们能分享成功的喜悦，又需要他们能勇敢地面对挫折。乒乓球运动能够使学生养成"刻苦、拼搏、合作、善思"的良好品质。学生们能够在乒乓球活动中，快乐参与、快乐体验、快乐成长。

四是培养学生身心健康的需要。以球健体，促进学生身体素质的提高。乒乓球运动对学生的身体素质的提高十分有益。各种动作技巧是平时刻苦训练的积累，能够强健身体。乒乓球运动使学生的动作协调能力、反应能力以及身体素质都明显提高，使学生的身体形态、生理机能等得到很好的发展。以球促智，促进学生学科成绩的提高。强健的体魄是学习的基础，凭借学生在乒乓球运动中养成的良好的意志品质更能促进其智育的良好发展，实现学生全面素质的提升。

经过学校领导和教师们的潜心研究、集体讨论，学校决定开展乒乓球特色学校创建活动，争取把乒乓球作为学校发展的载体，通过对这项运动的普及与推广，提高师生身体素质，培养学生的合作意识和知难而进的学习品质，提高学校整体办学水平，提升学生综合素质，从而推动学校各项工作全面、健康、有序地发展。

二、案例主题

（一）以乒乓球活动为载体，促进教育方式新变革

1. 乒乓活动进校园

一是体育组教师摸索编排出一套乒乓趣味艺术操，取代原有的校园集体舞，让其成为大课间学生活动的亮点和特色活动的展示窗口。

二是学校创编《油田三小乒乓球课程》校本教材，开设乒乓球校本课程，由体育组的专业教师任教。学生学习基本的乒乓球技能，交流心得，体会乒乓球运动的乐趣，学习奋斗精神，培养"爱国球、爱国家"的精神。

三是学校召开每学年一次的乒乓球运动会，成立乒乓球校级训练提高班，为学生乒乓球技能的提升和个性发展提供展示的平台。

四是学校广泛宣传"乒乓球特色实践教育"的目的、意义等，开设专栏，介绍乒乓球基本知识、基本技巧，介绍乒乓球发展史，介绍乒乓球奥运冠军等，弘扬国球精神和国球文化。

2. 乒乓活动进班级

班级开设乒乓专栏，将乒乓文化融入班级文化建设，形成各班鲜明特色。每学期开学对班级乒乓活动内容、形式、时间及掌握的乒乓知识和技能做出规划，对全体学生的乒乓活动做出规范要求。

每班开展班级内的乒乓球比赛，推选出各班的"乒乓小将"，树立身边的乒乓榜样。组成特色乒乓小组，绘制宣传小报、记录精彩瞬间、展示乒乓成果，将乒乓文化融入班级文化，将"团队、争先"校园文化精神融入班级活动。

3. 乒乓活动进课间

学校积极倡导学生在校每天锻炼一小时，认真组织和安排每天下午课外活动时间，开设有趣的乒乓趣味活动，一年级"托球"、二年级"颠球"、三年级"对墙颠球"、四年级"移动接球"、五年级"接球与传球"、六年级"运球、接球、传球"，在整体上形成了学校乒乓球活动内容，在实践中体现学生身心发展的特点。

各班按照学校安排的内容自主开展五彩斑斓的乒乓游戏活动，如"快乐传递我最棒""乒乓连着你和我""我是小勇士"等，飞舞的乒乓球、快乐的学生，共同构成了学校乒乓球活动大舞台。

（二）以乒乓球活动为载体，丰富校园文化新内涵

一是依托乒乓球活动，积极倡导"团结协作，勇于拼搏"的国球精神，培养学生的拼搏精神、团队意识、爱国精神，锻造学生坚强的意志品质，促进学生形成正确的人生观和价值观，营造和谐、健康的环境，为学生的终身幸福奠定基础。

二是依托乒乓球活动，营造乒乓文化氛围。学校以乒乓球运动为背景，宣传

乒乓球运动的发展史、乒乓球运动的优势以及当年我国老一辈革命家的乒乓球外交史等。学校张贴我国乒乓球运动世界冠军照片，宣传他们的成长历程，对学生进行潜移默化的感知教育，激励学生成长。学校还在德育展室中展示学校师生乒乓球运动风采，以此留作永久记忆。

三是依托乒乓球活动，积极开发课程资源。学校开发校本课程，将乒乓球纳入一至六年级的体育课程，编写教材，开设校本课程，每周利用一节体育课进行乒乓球技能训练；每周利用一节活动课进行乒乓球对抗训练。

四是依托乒乓球活动，在各科文化课的学习中渗透相关知识。音乐学科以"刻苦、拼搏、合作、善思"的乒乓精神为主题，自编轻快活泼的乒乓球操和优美的舞蹈；美术学科让学生创作队徽、队旗、队服；综合实践课让学生了解乒乓球的起源、发展，中外乒乓名将的故事、奇闻逸事等；科学课让学生探究怎样才能使球速加快，怎样才能发出旋转球等；信息技术学科让学生上网寻找乒乓球历史、人物、事件、器材、发展趋势等。

（三）以乒乓球活动为载体，创新教育管理新提升

学校通过"乒乓文化"在学校管理、教育教学活动、校本课程等方面的渗透，探索乒乓文化对学生德育、智力、体能等方面的功能。

学校党支部将乒乓球体育特色作为立项攻关项目，制定《乒乓球特色实践教育活动实施方案》，外派体育教师学习，搜集资料，在教研组内交流，对活动时间和内容、管理与考核评价做出明确详细的要求和安排，将乒乓球特色活动融入学生学校活动的方方面面。

学校以"乒乓球"为载体，加强学校特色发展的领导能力，健全各项工作机制，完善各项工作制度；制定《学校乒乓球特色学校管理制度》，制定《学校乒乓球校本课程实施考核评价制度》，建立《学生乒乓球特长生评价方案》；形成乒乓球课程体系，并得到有效实施；重视对乒乓球特色学校建设的课题研究，成立相关课题组；加强学生乒乓球社团的建设，开展丰富多彩的乒乓球活动。

学校通过努力按照一年搭架、两年成型、三年见成效的思路，形成以"乒乓球文化"为核心的独特的校园文化，成为乒乓球特色学校，促进学生综合素质的

提高，通过拜名师、带高徒、打比赛、出高手扩大学校知名度；走出去、请进来，加强与周边学校联系，广泛吸收外部优质资源，形成强大教育合力，全面提升教育质量，推动学校快速发展。

（四）以乒乓球活动为载体，描绘校园生活新画卷

学校自主创编乒乓球趣味艺术体操。课间操时师生齐跳韵律操，整齐挥舞的球拍、优美律动的身影、整齐划一的动作，组成了独特的校园风景。2013年4月至5月，学校在师生中开展了"强化训练、规范动作"的训练活动。学校成立了领导小组，合理科学地安排了训练时间和训练形式。通过体育教师示范动作、班主任跟班训练、领导现场指导，每天的训练做到了人员、时间和效果的"三落实"，为乒乓球艺术体操的展示奠定了坚实的基础。

庆"六一"活动中，学校举行了年级间的乒乓球艺术体操的比赛与展示，绿茵场上乒乓球拍挥舞，乒乓口号阵阵，形成了一道亮丽的风景线，学生的精彩表演赢得了家长的阵阵掌声。学校先后两次在青海油田教育管理中心的运动会上展示了乒乓球艺术体操，对学校的校园文化特色进行了很好的诠释和宣传。

学校每学期都会组织班级和年级间的乒乓球联赛，促进学生乒乓技能的提升，加强班级间的交流，展示学生的良好风貌。在比赛过程中队员们以饱满的热情和高度的积极性全身心地投入比赛，并且充分发扬了敢打敢拼的精神。每当队员们打出一个精彩的扣杀时，掌声、喝彩声响彻整个赛场！比赛不仅是同学之间技术的较量，更是他们心灵和言语的沟通。比赛中我们看到了同学们积极向上、努力进取、顽强拼搏的精神，更感受到了同学们高度的集体荣誉感和追求全面发展的上进心。

每学期的比赛都在充满了汗水、掌声和欢笑中落下帷幕。我们在多次比赛中获得了许多宝贵的经验，还积极组队参加各级乒乓球竞赛活动，取得了优异成绩。乒乓球交流赛激发了学生对乒乓球运动的兴趣，丰富了学生的课余生活，使学生学习了更多的乒乓球技巧，提高了学生的乒乓球水平，也让"团结协作、顽强拼搏、永不言败"的国球精神融入整个活动。

"乒乓球趣味运动会""乒乓球课间操""乒乓球课外活动""乒乓球文化宣

传"等，使学校的乒乓文化初具特色。如今的油田教育管理中心第三小学，依托"乒乓文化创建特色学校"，在"乒乓精神"的感染下，在教育、教研、教学等方面焕发出了新的活力，切实推动了学校工作的全面发展。近几年，学校先后获得"标杆单位""红旗党支部""优质课团体优胜单位""红领巾示范校"等荣誉称号。

三、思考

  我们虽然在建设乒乓球特色学校方面取得了一点成绩，但还是感到工作压力很大，要想提升"特色学校"建设的品位及知名度，确实还需要在这个特色项目发展上再下一番功夫，做出更大的努力。只有这样，学校的乒乓球特色学校建设才会向着健康的道路迈进，才能营造积极氛围，强化办学特色，提高学校层次，提升内涵，塑造形象，提高学校办学水平。

  学校要进一步开展国球精神系列教育活动，深入挖掘乒乓文化所蕴藏的丰富的育人功能，着力开展以乒乓活动为依托的素质教育，促进学生全面发展；学校要进一步有目的地开发乒乓课程资源，形成专业的训练团队，外聘专业的教师授课，形成完善的乒乓校本课程体系；学校要进一步宣传乒乓文化精神，加大校园乒乓活动与社会乒乓活动的良性互动，丰富学校乒乓特色，扩大学校影响，树立良好的社会形象，努力构建和谐、健康、积极向上的育人环境。

  特色建设是一个长期的过程。总的来说，学校的乒乓球特色开展得比较成功。几年来，学生在变，但乒乓情结依旧。学校通过乒乓运动的开展，强化了学校的特色建设，带动了其他教学工作的开展，既促进了学生的全面发展，又提升了学校的整体办学水平。我们会沿着这条路一直走下去。

点评

评判小学学校开展的任何一项教育活动的重要标准之一，就是看其是否受学生的欢迎，是否能激发学生的兴趣。学校借助"国球"——乒乓球运动这一项目，系统挖掘教育资源，形成了学校办学传统和特色。本案例有如下特点值得借鉴：首先，学校将乒乓球运动项目作为学校办学特色的高度来定位，而不是将其作为一个特色项目，因此运动项目针对的对象是全校的学生，而不是少数特长学生。这样的定位，能充分发挥乒乓球运动本身丰富的教育内涵，对学生的综合发展起重要作用。其次，本案例展示了学校办学特色打造的有效路径和策略。比如，学校开发校本课程，从知识、技能、文化等多个角度，系统规划一至六年级的课程目标内容，让学校的所有学生能通过课程了解乒乓球运动项目，激发其学习兴趣。又如，学校设计依托乒乓球的全校性的活动，通过课间操、运动会、课外活动、文化宣传等诸多形式，营造良好氛围。再如，学校借助乒乓球项目，积极吸纳校外资源参与学校办学，形成开放办学局面，为学校赢得声誉。最后，学校将乒乓球项目作为一个实践活动主题，将学科教学融入其中，更充分地突出了学校特色。